KB079999

미학 원전 시리즈 2

숭고와 아름다움의 관념의
기원에 대한 철학적 탐구

이 도서의 국립중앙도서관 출판예정도서목록(CIP)은
서지정보유통지원시스템 홈페이지(http://seoji.nl.go.kr)와
국가자료종합목록 구축시스템(http://kolis-net.nl.go.kr)에서
이용하실 수 있습니다. (CIP제어번호: CIP2019023719)

미학 원전 시리즈 2

숭고와 아름다움의 관념의 기원에 대한 철학적 탐구

에드먼드 버크 지음
김동훈 옮김

제1부

제2부

일러두기

1   이 책은 *A Philosophical Enquiry into the Origin of Our Ideas of the Sublime and Beautiful*, London: R. and J. Dodsley, 1759; 1757을 완역한 것이다.

2   원문의 이탤릭은 고딕으로 표기하였다.

3   본문의 각주는 버크의 것이며, 미주는 옮긴이의 것이다.

4   외국 인명이나 지명의 표기는 국립국어원의 외래어 표기 원칙을 따랐다.

5   소괄호( )는 버크 또는 인용문의 저자가 삽입한 것이다. 단, 원어 병기, 옮긴이 해제 및 미주의 소괄호는 부연 설명을 위해 옮긴이가 삽입한 것이다. 괄호 속에 다시 괄호를 쓸 경우 중괄호{ } 안에 소괄호( )를 삽입하였다.

6   대괄호[ ]는 원문에는 없지만 독자의 이해를 돕기 위해 옮긴이가 삽입한 것이다. 단, 대괄호 속 말줄임표 […]는 원문 중 일부를 생략했음을 뜻한다.

7   본문에 언급되는 원서의 제목은 한국어로 옮기고 본문 또는 미주에 처음 한 번만 병기하였다.

미학 원전 시리즈를 내며

예술에 대한 철학적 성찰의 흔적은 서양의 고대 문헌들에서도 찾아볼 수 있다. 플라톤의 『국가』와 『향연』, 아리스토텔레스의 『시학』이 그 대표적 예라 할 수 있다. 하지만 이런 저술들에서 예술이나 아름다움의 본질은 주된 고찰 대상이 아니었다. 플라톤은 이상적 국가나 사랑의 신 에로스를 고찰하면서 곁가지로 모방으로서의 예술이나 아름다움의 이데아를 다루었고, 아리스토텔레스는 훌륭한 비극이 갖추어야 할 바를 서술하면서 아름다움의 본질을 함께 다루었을 뿐이다.

　영국과 프랑스, 독일을 중심으로 철학자들은 예술이란 도대체 무엇인가, 예술작품에서 우리가 느끼는 아름다움과 숭고의 본질은 무엇인가 하는 물음을 17~18세기에 이르러 본격적으로 고찰하기 시작했다. 영국에서는 섀프츠베리, 조지프 애디슨, 프랜시스 허치슨, 에드먼드 버크, 데이비드 흄, 알렉산더 제라드, 아치볼드 앨리슨, 프랑스에서는 니콜라 부알로, 장-밥티스트 뒤보, 샤를 바퇴, 드니 디드로, 볼테르, 독일에서는 알렉산더 고틀리프 바움가르텐, 고트홀트 에프라임 레싱 등의 학자가 저마다 아름다움과 예술에 대한 새로운 이론을 쏟아냈다.

그전에는 서로 다른 영역에서 따로 다루어지던 여러 장르를 예술이라는 이름으로 묶어낸 것도, 미학이라는 학문 명칭을 처음으로 고안해내고 아름다움과 예술의 본질을 철학적 탐구의 대상으로 정한 것도 이때였다. 이들의 이론적 성과를 토대로 18세기 말, 19세기 초에는 칸트, 셸링, 헤겔 등의 독일 관념론자들과, 질풍노도에서 낭만주의에 이르는 시기의 문필가들 중에서 괴테, 실러, 슐레겔 형제, 노발리스 등이 폭발적으로 미학 이론을 발전시켰다. 이것이 니체, 베냐민, 하이데거 등에 이르러 철학 논의의 중심이 형이상학과 인식론에서 미학으로 재편되는 초석이 되었다. 데리다, 들뢰즈, 바디우, 지젝, 랑시에르 등 오늘날 현대철학자들의 논의 대부분은 예술과 밀접한 관련을 맺고 있다. 그러므로 근대 미학 형성기의 연구 성과를 제대로 고찰하는 것은 오늘날의 서양미학, 더 나아가 서양철학 전체의 흐름을 이해하는 데 매우 중요한 토대가 된다.

'미학 원전 시리즈'는 아직 한국에 소개되지 않은 미학 원전을 우선 번역해 소개하고, 각 나라의 학풍을 제대로 파악할 수 있도록 영국과 프랑스, 독일 학자들의 원전을 균형 있게 선택하는 것을 원칙으로 삼았다.

　　모쪼록 많은 독자가 '미학 원전 시리즈'에서 소개하는 저술들에 담긴 미학적 질문과 이를 풀어내려는 시도를 깊이 사색하면서 음미해볼 수 있기를 바란다. 거기에 철학적 탐구가 선사하는 묵직한 기쁨을 함께 느낄 수 있다면 금상첨화일 것이다. 그렇게 된다면 그때그때 유행을 따라 피상적으로 문제를 바라보는 데에서 나아가 문제의 근원을 찾아 그 심연을 들여다보게 되고, 이는 아름다움을 인식하는 우리의 감각과 이성을 더욱 갈고닦는 진정한 기초가 될 것이라고 믿는다.

옮긴이 서문

버크의 『숭고와 아름다움의 관념의 기원에 대한 철학적 탐구』는 현대예술 논의의 키워드로 떠오른 '숭고' 개념에 관한 한 필독서로 분류된다. 아름다움의 한 종류로만 여겨졌던 숭고를 그 본질이 아름다움과 다르다고 주장하고 그 근거를 체계적으로 제시했기 때문이다. 아름다움에 관한 전통적 논의를 거부하고 경험론적 입장에서 새로운 설명을 시도했다는 점에서도 이 책은 매우 중요한 학술적 가치가 있다.

이 책의 한국어판 초판이 출간된 지 벌써 10여 년의 세월이 흘렀다. 번역 의뢰를 받았을 때만 해도 막 유학을 마치고 돌아온 초보 학자였던 옮긴이도 이제는 꽤 나이 지긋한 중견 학자가 되었다. 세월이 이렇게 가는 동안 옮긴이는 이 책에 관한 몇 가지 마음의 빚을 안고 있었다. 우선 책 제목의 번역어가 잘못되었다는 사실을 뒤늦게 깨달았다. 본문에서는 idea를 영국 경험론에서 이 단어를 사용하는 맥락에 따라 '관념'으로 번역하고 그렇게 옮긴 이유를 설명했으면서도 제목에는 당시 통용되던 번역어에 따라 '이념'으로 옮겼던 것이다. 따라서 초판의 책 제목은 『숭고와 아름다움의 이념의 기원에 대한 철학적 탐구』였다. 당시 서울대학교 미학과 원로 교수셨던 오병남 선생님께서 지적해주지 않으셨다면 훨씬 뒤에야 실수를 발견했을 것이다. 이 기회를 빌려 중요한 오류를 지적해주신 오병남 선생님께 진심으로 감사의 말씀을 드린다. 또한 본문에 인용된 학자의 이름을 착각해 다른 이름으로 대체했음도 확인했다. 정확함이 생명인 학술서에서 매우 중대한 오류였다. 이번 개정판에서 잊지 않고 이를 바로잡았다. 한편, 초판 작업 당시 발견하지 못했던 기술적인 문제들도 바로잡았다.

개정판을 내게 되어 서문을 쓰자니 여러 가지 감정이 교차한다. 한편으로는 숭고에 관한 미학 논의에 있어서는 칸트의『판단력비판』다음으로 고전 중의 고전이라 할 수 있는 이 책을 한국어로 옮길 수 있었던 것 자체가 미학을 연구하는 학자로서는 영광이라 할 수 있는 데다 이렇게 개정판까지 내어 실수들을 바로잡을 수 있어 더할 나위 없이 기쁜 마음이다. 다른 한편 10여 년이 지나 번역에서 아쉬웠던 부분들을 확인하니 스스로의 역량 부족을 새삼스레 느끼게 되어 부끄럽기도 하다. 하지만 문제를 발견할 수 있었다는 사실 자체가 학문을 하는 사람으로서는 일종의 진보라고 할 수 있으니 뿌듯하기도 하다.

이렇게 우여곡절을 거쳐 출간되는 이 개정판이 아름다움과 숭고에 관한 철학적 사색을 감행하고자 하는 학생들과 학자들에게 조금이라도 더 나은 길잡이가 될 수 있기를 바란다.

번역어와 관련하여

1) pleasure, joy, delight는 현대영어에서는 의미상의 커다란 차이 없이 동의어나 유의어로 사용된다. 하지만 이 책에서 버크는 이 단어들의 의미를 엄격하게 구분하여 사용하고 있다. 따라서 이 단어들의 번역어로도 각각의 의미에 따라 '즐거움', '기쁨', '안도감'을 채택하였다. 본문에서 이 단어들과 관련된 논의는 제1부 제4절과 제5절에서 찾을 수 있다. delight의 번역어로 '안도감'을 채택한 이유에 대해서는 제1부 미주 3을 참조하라. 버크가 pleasure와 대비되면서도 독립적인 감정으로 파악한 pain과, joy의 대개념으로 파악한 grief는 pleasure와 joy의 번역어에 상응하도록 각각 '고통', '슬픔'으로 번역하였다.

2) emotion, passion, feeling은 현대영어에서는—물론 각자 다른 부가적인 의미가 있고 용례가 미묘하게 다르기도 하지만—모두 '감정'이란 의미로 특별한 구분 없이 사용된다. 그런데 버크는 feeling은 주로 촉각이나 촉감을 지시하는 경우에 사용하고 있다. 따라서 feel 동사의 일상적인 의미와 같이

'느낌'으로 번역되어야 하는 경우를 제외하고는 문맥에 따라 '촉각' 또는 '촉감'으로 번역하였다. emotion과 passion의 경우에는 수미일관하게 구별되는 의미상의 차이를 확정하기가 어려웠다. 보통의 경우 emotion은 '감정'으로, passion은 '정념'으로 번역되지만 이 경우 마치 둘 사이에 근본적인 의미의 차이가 존재하는 것처럼 오해될 수 있다고 생각해 둘 다 '감정'으로 번역하였다. affection은 문맥에 따라 '감정'으로 또는 '감정적인 영향'으로 번역했다.

3) astonishment는 보통의 경우 '놀라움'으로 번역된다. 하지만 버크가 이 단어를 특별한 의미로 사용하고 있기 때문에 그 의미에 가장 근접한 것으로 보이는 '경악'을 번역어로 선택하였다. 버크가 사용하고 있는 이 단어의 의미에 대해서는 제2부 제1절을 참조하라.

4) 버크는 idea라는 단어를 로크의 경험론에 의거하여 철저하게 '관념'이라는 뜻으로 사용하고 있다. 따라서 한국어 표현으로 어색해 보여도 논리와 의미의 일관성을 살리기 위해 '관념'으로 번역하였다. 관념의 의미에 대해서는 제1부 미주 1을 참조하라. 한편 representation은 문맥에 따라 '대변자' 또는 는 '표상'으로 번역하였다. notion도 문맥에 따라 '생각' 또는

'개념'으로 번역하였다.

5) imagination은 일반적으로 인간의 정신적 능력 중 하나인 상
   상력을 가리키지만 고어에서는 일상적으로 우리 마음을 가
   리키는 뜻으로 쓰이기도 했다. 따라서 보통의 경우에는 '상
   상력'으로 번역했지만 문맥상 후자의 뜻으로 쓰인 것이 분명
   한 경우에는 '마음'으로 번역하였다.

A

Philofophical Enquiry

INTO THE

ORIGIN of our IDEAS

OF THE

SUBLIME

AND

BEAUTIFUL.

LONDON:

Printed for R. and J. DODSLEY, in Pall-mall.

M DCC LVII.

제1판 서문

저자는 여기서 이 연구를 수행하게 된 몇 가지 동기를 언급하고자 하는데, 독자들이 이러한 언급을 부적절하다고 생각하지 않기를 바란다. 이 연구의 주제가 된 문제들에 대해서 저자는 전에도 지대한 관심을 가지고 있었다. 하지만 우리의 감정과 그것의 진정한 원천에 대해 정확한 이론을 가지지 못했기에 종종 어찌할 바를 모르고 헤맸으며 따라서 저자의 생각을 일관성 있는 확고한 이론으로 만들 수 없었다. 그리고 다른 사람들도 마찬가지 어려움을 겪고 있음을 알고 있었다.

저자는 숭고와 아름다움이 자주 혼동되고 있으며 서로 매우 다른 사물들이나 때로는 정반대되는 성질을 지닌 사물들에 무차별적으로 적용되고 있음을 간파하였다. 이 주제 중 일부에 관하여 어느 것과도 비교할 수 없을 정도로 훌륭한 논문을 쓴 롱기누스[1]마저도 숭고라는 하나의 명사 안에 서로 극단적으로 대립되는 사물들을 포함시켰다. 아름다움이라는 단어의 오용은 이보다도 훨씬 더 광범위하게 퍼져 있으며 훨씬 더 나쁜 결과를 초래하고 있다.

개념을 이렇게 혼동하게 되면 이러한 종류의 주제에 대한 우리의 추론이 매우 부정확해지고 아무런 결론에도 도달하지 못하게 될 것이 분명하다. 우리가 마음속으로 느끼는 감정들을 열심히 고찰하고, 우리가 경험적으로 확인하는 바에 따라 감정에 영향을 미치는 사물의 속성을 주의 깊게 고찰해야만 이런 상황이 개선될 수 있을 것이다. 또 그런 속성이 우리의 신체에 영향을 미칠 수 있게, 즉 우리의 감정을 자극할 수 있게 해주는 자연법칙을 차분하고 주의 깊게 고찰하여야 할 것이다. 만일 그렇게 된다면 이런 연구 결과들이 모방 예술이나 그와 관련된 다른 모든 분야에도 그다지 큰 어려움 없이 적용될 수 있을 것이다.

이 연구가 끝난 지 이제 4년이 되었다. 그동안 저자는 자신의 이론에 중대한 수정을 가해야 할 아무런 이유도 발견하지 못했다. 저자는 학자이면서 자신의 의견을 솔직하게 털어놓는 친구 몇 사람에게 연구 결과를 보여주었는데 이들도 이 연구가 아주 터무니없다고 생각하지는 않았다. 그래서 이제 저자는 이것을 감히 일반 대중에게 보이고자 한다. 하지만 저자는 여기 표현된 자신의 생각이 그럴듯한 추측이라고 여길 뿐, 확실하고 논의의 여지가 없다고 생각하지는 않는다. 만일 그 이상이라고 주장한 구절이 이 책 어딘가에 있다면 그것은 전적으로 저자가 주의를 게을리했기 때문이다.

제2판 서문

나는 이 책의 제2판을 제1판보다 좀 더 만족스럽게 만들기 위해 노력했다. 이를 위해 내 견해에 가해진 모든 비판을 아주 주의 깊게 찾아 읽어보았다.[2] 이 과정에서 나는 자신의 생각을 솔직하게 말해준 친구들에게 많은 도움을 받았다. 그 덕분에 이 책의 결함을 더 잘 발견할 수 있었다. 이런 결함에도 불구하고 이 책은 독자들에게 관대한 평가를 받았다. 한편, 내 이론을 실질적으로 바꿀 만한 이유는 발견하지 못했지만, 내용을 더 명확하게 하기 위해서 여기저기 부연해 설명하거나 예를 들고 논의를 보강할 필요가 있다고 느꼈기에 이러한 결함을 고치기 위해 최선의 노력을 다하겠다고 새롭게 다짐하였다. 그래서 취미에 관한 서론을 앞에 첨부하였다. 취미는 그 자체로도 흥미로운 주제이면서 자연스럽게 우리를 이 연구의 주된 주제로 이끌어주기 때문이다. 이 서론과 그 외에 여기저기 덧붙인 설명들로 인해서 이 책은 제1판보다 훨씬 두꺼워졌다. 그런데 이렇게 되면서 오류가 더 많아져서—내가 기울인 세심한 주의에도 불구하고—지난번보다 이번 책이 독자들의 더 많은 관용을 필요로 할지도 모르겠다.

우리가 연구하는 많은 대상은 그 자체로 애매모호하고 난해하며, 어떤 대상들은 그것을 연구하는 사람들이 논리적 치밀함이 부족하거나 대상에 대해 잘못된 정보를 가지고 있기 때문에 모호하고 난해해진다. 따라서 이런 종류의 연구에 익숙한 사람들은 연구의 특성상 이 책에 많은 오류가 있으리라 짐작할 것이고 그럴 수밖에 없었던 사정을 이해할 것이다. 또 그들은 주제 자체나 다른 사람들의 선입견, 심지어는 자신의 선입견 때문에 자연의 진정한 모습을 선명하게 보여주기가 결코 쉽지 않다는 사실도 알 것이고, 사물의 전체적인 틀에 집중할 때는 특수한 부분들은 무시되어야 한다는 사실, 주제 자체를 제대로 다루기 위해서는 종종 자신만의 독특한 문체를 포기해야 하고 명확하게 자신의 생각을 표현하는 데 만족하는 대신 글이 유려하다는 찬사를 포기해야 한다는 사실도 알 것이다.

자연의 여러 가지 특징을 우리가 읽어낼 수는 있다. 하지만 그것들이 그렇게 단순하지는 않기 때문에 아무렇게나 대충해서 읽어낼 수 있는 것은 아니다. 조심스럽게, 심지어는 거의 소심할 정도로 대상에 접근해야 한다. 겨우 기는 척이나 할 수 있을 정도인데 날려고 해서는 안 되는 법이다. 복잡한 문제에 접근할 때 우리는—우리 스스로가 자연적 조건으로 인해 엄격한 규칙과 좁은 테두리 속에 갇혀 있으므로—그 문제를 구성하고 있는 각각의 요소들을 구별하여 하나씩 자세히 조사해보아야 하며 모든 것을 아주 단순화해 고찰하여야 한다. 원리들이 미치는 영향에 따라 이 복잡한 문제를 고찰할 뿐만 아니라 이 문제가 미치는 영향에 비추어 다시 원리들을 고찰하여야 한다. 우리가 다루는 주제를 그와 유사한 것들과, 심지어는 그와 반대되는 성질을 가진 것들과도 비교해보아야 한다. 하나만 보아서는 포착되지 않는 것을 다른 것과의 대비를 통해 발견할 수 있고 실제로도 종종 그런 경우가 있으니까. 이런 비교를 많이 하면 할수록 우리의 지식은—더욱 광범위하고 완전한 귀납적 추리에 근거를 두게 될 것이기에—훨씬 더 보편적이고 확실해진다고 말할 수 있다.

어떤 연구든 이렇게 주의 깊게 수행하게 되면—진리를 발견하는 데는 결국 실패한다 할지라도—우리 자신의 오성이 얼마나 연약한가를 보여준다는 점에서는 유용할 것이다. 이러한 연구는 우리에게 지식을 제공해주지는 못해도 우리를 겸손하게 만들어줄 수는 있다. 또 실수를 하지 않게는 못하겠지만 최소한 잘못된 자세에서 벗어나게 해주고, 아무리 많은 노력을 기울여도 모든 게 불확실한 상황에서는 단정적으로 말하거나 섣부르게 말하는 것을 삼가게 해줄 것이다.

이 이론을 세우면서 내가 지키려고 노력한 방법론을 이 이론을 검토하는 사람들도 따랐으면 한다. 반론을 제기하려면 이 책에서 언급된 여러 가지 원리를 따로따로 고찰하고 그 원리들에 대해서 반론을 제기하든가, 아니면 그러한 원리들로부터 도출된 결론이 정확한가에 대해 반론을 제기해야 한다는 게 내 생각이다. 하지만 실제 비판들을 살펴보면 내 이론의 전제와 결론에 대해서는 아무런 언급도 하지 않은 채 그냥 건너뛰고, 내가 이 책에서 확립하려고 애쓴 원리들에 입각해서는 쉽게 설명될 수 없어 보이는 시구들을 늘어놓는 게 보통이다. 이런 식의 접근방식은 매우 부적절하다고 생각한다. 시인이나 연설가의 글에 나타나는 복잡한 문채(文彩)나 표현을 미리 다 해명해야만 어떤 원리를 확립할 수 있다면 그 작업은 무한정의 시간을 요구할 것이다. 내가 세운 이론은 이론의 여지가 없는 확실한 사실들에 근거한 것이기에, 이런 문채들과 우리가 세운 원리들을 화해시킬 수 없다 해도 그 이론 자체가 뒤집힐 수 없다. 가정이 아니라 실험에 근거한 이론은 언제나 그것이 설명하는 만큼은 훌륭한 이론이다. 그 이론을 무한정으로 밀고 나갈 수 없다고 해서 그것이 곧 그에 대한 반론이 될 수는 없는 것이다. 우리가 그렇게 할 수 없는 것은 이 이론을 그 시구들에 적용하기 위해 필요한 **매개개념들**(mediums)을 모르고 있거나 그 이론을 제대로 적용하지 못했기 때문일 수도 있고, 우리가 채택한 원리 자체의 결함이 아닌 다른 이유들 때문일 수도 있으니까. 실제로 이 문제는 우리가 그것을 다루면서 주장하는 것보다는 훨씬 더 각별한 주의를 요한다.

　나는 이 책을 숭고와 아름다움에 대한 본격적인 이론서로 의도하고 쓰지 않았다. 겉으로는 그렇게 보이지 않더라도 원래 생각은 그랬다는 것을 독자들이 알아주었으면 좋겠다. 이 연구는 이러한 개념들의 근원만을 다루고 있다. 만일 내가 숭고의 속성이라 열거한 것이 모두 서로 모순되지 않으면서 아름다움의 속성이라 열거한 것들과는 다르고, 반대로 아름다움의 속성들도 서로 모순되지 않으면서 숭고의 속성들과는 다른 것이라면, 나는 다른 사람이 내가 사용하는 용어들을 그대로 받아들여 사용하든 말든 상관하지 않는다. 내가 이렇듯 서로 다른 항목 아래 분류한 속성들이 실제로도 본질적으로 서로 다른 것이라고 그가 인정한다는 전제하에서 말이다. 내가 사용한 단어들이 너무 좁거나 너무 광범위한 의미로 사용되고 있다고 비난할 수도 있다. 하지만 그 단어를 사용할 때 내가 염두에 둔 것이 무엇인지를 잘못 이해할 수는 없다.

　결론적으로 말하자면, 이 주제에 관한 진리를 발견하는 데 약간의 진전이라도 이루어졌다면 내가 이 연구에 쏟은 모든 수고는 전혀 아깝지 않다. 이 연구의 결과는 매우 폭넓게 활용될 수 있을 것이다. 우리의 영혼으로 하여금 자신의 내면을 살피게 하는 모든 것은 영혼의 힘을 한군데로 집중시키고 그를 통한 학문의 힘찬 비상을 위해 적합한 것이 될 수 있다. 물리적 원인의 연구를 통해서는 우리의 정신이 활짝 열어젖혀지고 넓어질 것이고, 이 연구에서 성공하든 실패하든 이러한 노력에는 분명히 대가가 있을 것이기 때문이다. 키케로는 플라톤주의적 철학(Academic philosophy)에 충실했고 그 결과로 자연에 관한 물리적 지식뿐 아니라 다른 모든 유형의 지식의 확실성도 부정하기는 했지만, 물리적 지식이 인간 오성에 매우 중요하다는 사실을 거리낌 없이 인정하였다. "자연을 고찰하고 그에 대해 깊이 생각해보는 것은 우리의 마음과 지성에는 자연의 양식과도 같다."[3] 이렇게 고상한 사색으로부터 얻어낸 지식을—우리의 감정의 원천과 그 궤적을 살펴보면서—그보다 낮은 단계인 상상력에 적용하게 되면 취미에 철학적 견실성을 부여해줄 수 있을 뿐만 아니라 반대로 취미가 갖고 있는 우아함이나 세련됨을 더 엄밀한 학문에 부여해줄 수도 있을 것이다. 이러한 우아함과 세련됨이 없으면 이런 엄밀한 학문에 아무리 정통한 사람이라도 어느 정도는 교양이 없다는 인상을 주게 될 것이다.

서론

취미에 관하여

얼핏 보면 사람들은 논리적인 사유를 할 때 서로 매우 다르게 생각하고 느끼는 것처럼 보인다. 이것은 즐거움을 느낄 때도 마찬가지다. 하지만 이러한 차이에도 불구하고 이성과 취미 각각에 관해서 모든 인간에게 동일한 기준이 적용될 수 있다. 사실 이러한 차이는 실제적인 차이가 아니라 단지 차이처럼 보이는 것일 뿐이다. 만일 공통적인 판단의 원리나 감상의 원리가 존재하지 않는다면 다른 사람의 논리적 추론이나 감정을 파악할 수 없을 것이고 일상생활의 평범한 의사소통도 불가능할 것이다. 실제로 사람들은 참과 거짓에 관해서는 무언가 확고한 기준이 존재한다고 일반적으로 인정하는 것 같다. 논쟁을 하면서 사람들은 모든 인간이 날 때부터 가지고 있어서 누구나 사용할 수 있다고 생각되는 여러 가지 평가 기준을 사용한다. 하지만 취미에 관해서도 이처럼 확고한 원리가 있을 수 있는지에 대해서 사람들의 견해가 분명하게 일치하지는 않는다. 사람들은 보통 너무 변덕이 심해서 정의조차 쉽지 않은 이 섬세한 정신적 능력은 어떤 기준으로도 제대로 평가할 수 없으며 어떤 표준으로도 규정할 수 없다고 생각한다. 이성을 갈고닦아야 한다는 요구와 주장은 누구나 끊임없이 하고 있기에 아주 무지한 사람도 올바른 이성 사용의 몇 가지 준칙은 암묵적으로 인정하는 듯하다. 학자들은 이런 준칙들을 개선하여 체계화한다. 하지만 취미가 이처럼 잘 계발되어 있지 않다고 해서 취미의 대상 자체가 보잘것없는 것은 아니다. 그건 취미를 계발하는 사람들이 그 수가 적거나 게을렀기 때문이다. 사실 어떤 취미를 갖게 되는 이유가 다른 취미를 갖게 되는 이유하고 같지는 않다. 그리고 어쨌든 그에 대해 사람들이 서로 다르게 생각한다고 해서 심각한 결과가 초래되지도 않는다. 하지만 그런 경우가 아니라면 나는—이런 표현을 쓰는 게 허락된다면—취미의 논리를 잘 소화해서, 순수한 이성의 영역에 더 직접적인 관련이 있어 보이는 문제들을 다룰 때와 마찬가지 확신을 가지고 이런 문제들에 대해 논의할 수 있을 것이라 믿어 의심치 않는다. 그리고 지금 우리가 수행하려고 하는 것과 같은 연구의 서두에서는 실제로 이 점을 가능한 한 명확히 해두는 것이 매우 필요하다. 취미에 관해 아무런 확립된 원리도 존재하지 않고 상상력이 불변의 확실한 법칙에 따르지 않는다면—마치 변덕을 위해 규칙을 정하고, 변덕스럽고 망상에 사로잡힌 입법자에게 찬성하는 일이 어리

석지는 않더라도 쓸데없는 일인 것처럼—우리의 연구도 아무런 의미 없는 목적을 위한 헛수고가 될 테니까.

　　다른 모든 비유적인 표현들과 마찬가지로 취미라는 말도 아주 적확한 용어는 아니다. 우리가 생각하는 이 용어의 의미는 대부분의 사람이 마음속으로 생각하는 단순하고 명확한 내용과는 거리가 멀다. 그래서 이 용어는 불확실하고 애매하게 들리기 쉽다. 하지만 나는 사람들이 이런 혼란을 제거하기 위한 좋은 수단이라고 칭송하는 정의라는 방식을 그렇게 높이 평가하지 않는다. 정의를 할 때 우리가 그 대상의 본질을 제대로 서술하기보다는, 어쩌다 보니 우연히 또는 다른 사람의 말을 듣고서 또는 눈앞의 대상을 부분적으로만 관찰하고서 갖게 된 생각의 테두리 안에 가두고 말 위험이 있기 때문이다. 그렇게 되면 우리의 관념들을 확장하여 모든 자연 대상을 원래의 존재방식에 따라 관찰하지 못하게 된다. 하지만 우리의 연구는 처음부터 엄격한 법칙의 제한을 받고 있다.

　　우리를 둘러싸고 있는 일상적인 세계 안에 머물러네.
　　양심이나 행위의 원리가 우리를 거기서 떠나지 못하게
　　하기에.[1]

어떤 정의는 아주 정확하면서도 그 대상이 된 사물의 본성에 대해서는 우리에게 아무것도 알려주지 않을 수 있다. 그런데 그 가치가 무엇이든 간에 모든 정의는 연구에 앞서 미리 존재하는 것이 아니라 오히려 연구의 결과인 듯이 보인다. 연구방법과 가르치는 방법이 때로 서로 다를 수 있다는 것은 당연히 인정해야 한다.[2] 하지만 내가 확신하기로는 탐구방법과 가장 근접해 있는 교육방법이 가장 좋은 것이다. 왜냐하면 내용도 빈약하고 맥 빠진 몇 가지 진리를 되풀이하는 데 만족하지 않고 이런 방식을 택한다면, 그 진리의 근원으로 독자를 인도하며 독자 스스로 진리를 발견하는 길에 들어서게 하기 때문이다. 또 저자가 그 속에서 무언가 발견하고 그렇게 발견한 것 중에서 무언가 가치 있는 것이 있을 경우에 행복을 느꼈던 바로 그 길을 이제는 독자 스스로 선택해서 갈 수 있도록 이끌어주기 때문이다.

하지만 트집 잡을 만한 빌미를 주지 않기 위해 미리 말하자면, 내게 취미는 감성적 능력을 뜻하거나, 상상력의 산물이나 고상한 예술 작품에 대해 판단하는 정신적 능력을 뜻한다. 이것이 이 단어가 가진 가장 일반적인 관념이며 어떤 특수한 이론과는 거리가 멀다고 나는 생각한다. 그리고 이 연구의 주요 목표는 모든 사람에게 공통적으로 해당되고 우리의 본성에 너무나 확실히 뿌리박고 있는 원리들이 있어서 이러한 능력들에 대해 만족할 만한 이성적 추론방식을 제공할 수 있는지 알아보는 것이다. 나는 이런 원리들이 존재한다고 믿는다. 물론 피상적으로만 사태를 관찰하고는, 취미의 종류나 정도가 너무나 다양해서 어떤 것도 이보다 더 불확실할 수는 없다고 생각하는 사람들에게는 이런 생각이 모순처럼 보일 것이다.

우리 외부에 존재하는 대상들과 관련된, 인간의 내부에 존재하는 능력을 아는 대로 모두 열거하자면 감각 능력, 상상력 그리고 판단력을 들 수 있다. 우선 감각 능력에 대해 관찰해보자. 모든 인간에게 감각 기관의 구조는 거의 동일하기 때문에 외부의 사물을 지각하는 방식도 마찬가지로 동일하거나 거의 차이가 없다고 가정해야 하고 실제로도 우리는 그렇게 가정하고 있다. 어떤 사람에게 밝게 보이는 것은 다른 사람에게도 밝게 보인다고 믿는 것이다. 또 어떤 사람에게 달콤하게 느껴지는 것은 다른 사람에게도 달콤하고 이 사람에게 어둡거나 쓴 것은 다른 사람에게도 어둡거나 쓰다고 믿는다. 큰 것과 작은 것, 딱딱한 것과 유연한 것, 뜨거운 것과 차가운 것, 거친 것과 부드러운 것, 말하자면 모든 자연적 성질과 그에 대해 신체가 느끼는 모든 감각에 대해서도 마찬가지 생각을 갖고 있다. 만일 이와 반대로 감각을 통해서 사람들이 사물에 대해 저마다 서로 다른 이미지를 갖게 된다고 생각한다면, 어떤 주제에 대한 어떠한 이론적인 추론도, 심지어는 우리가 지각한 내용이 서로 일치한다는 점에 의심을 품게 하는 이런 식의 회의주의적 사고 자체도 전혀 소용이 없거나 부질없는 일일 것이다. 하지만 모든 물체가 누구에게나 동일한 이미지를 제공하리라는 걸 의심하는 사람은 거의 아무도 없을 것이다. 따라서 어떤 대상이 자연 상태에서 다른 대상과 섞이지 않고 독자적으로 어떤 사람에게 기쁨이나 고통을 불러일으킨다면, 그것이 다른 모든 인간에게도 마찬가지 기쁨이나 고통을 불러일으킨다는 것을 반드시 인정해야만 한다. 만일 이를 부정한다면 우리는 같은 종에 속한 주체들에게 동일한 방식으로 작용하는 동일한 원인이 다른 결과를 낳게 된다는 너무나 불합리한 결론에 이를 수밖에 없다. 우리가 고찰하고 있는 취미 능력(taste)의 명칭이 이 감각의 명칭으로부터 온 것이니까,[3] 우선 미각을 중심으로 이 주장의 타당성을 살펴보기로 하자. 식초가 신맛이 나고 꿀은 달콤하며 알로에는 쓴맛이 난다는 데는 누구나 동의한다. 이런 사물들에게서 그런 맛이 난다는 사실에 모두 동의하는 것과 마찬가지로 그것들이 즐거움을 주는지 고통을 주는지에 대해서도 사람들 사이에는 아무런 견해차가 존재하지 않는다. 단맛은 즐거움을 주고 신맛과 쓴맛은 불쾌감을 준다는 데 누구나 동의한다. 이렇듯 이 문제에 대해 사람들 사이에는 아무런 견해차가 존재하지 않으며 그것은 미각으로부터 생겨난 비유에 대해서 모든 사람이 같은 생각을 가지고 있다는 데서도 매우 분명하게 나타난다. 톡 쏘는(sour; 신) 성격이라든가 신랄한(bitter; 쓴) 표현이라든가 독살스러운(bitter) 저주라든가 쓰디쓴(bitter) 운명이라든가 하는 말은 누구나 아주 잘 이해한다. 상냥한(sweet; 달콤한) 마음씨라든가 상냥한 사람이라든가 상쾌한(sweet) 기분과 같은 말에 대해서도 마찬가지다. 습관이나 기타 이유로 이런 여러 가지 맛에 대해 자연 상태에서 우리가 느끼는 즐거움이나 고통이 변질될 수도 있다. 하지만 그럴 경우에도 우리는 자연 상태에서 느끼는 맛과 나중에 체득한 맛을 끝까지 구별할 수 있다. 어떤 사람이 설탕 맛보다 담배 맛을, 우유 맛보다 식초 맛을 더 좋아하는 경우가 심심찮게 있다. 하지만 그가 담배나 식초가 달콤한 맛이 나지 않는다는 사실을 의식하고 있고 자신이 오로지 습관에 의해서 이 낯선 맛에 길들여지게 되었다는 사실을 알고 있다면 그는 미각 자체에 대해서는 전혀 혼동하지 않는 것이다. 이런 사람과 함께라면 우리는 미각에 대해서 토론할 수 있다. 하지만 어떤 사람이 담배 맛은 설탕 맛과 같고 우유하고 식초 맛을 구분할 수 없다고 말하거나 담배나 식초는 단맛이 나고 우유는 쓴맛이 나며 설탕은 신맛이 난다고 말한다면 우리는 바로 이 사람의 감각 기관에 문제가 생겼고 입이 완전히 망가졌다고 결론을 내릴 것이다. 부분들의 총합이 전체와 같다는 사실을 부인하는 사람과는 수학적인 토론을 하지 않는 것과 마찬가지로 우리는 이런 사람과는 미각에 대해서 토론하려 하지 않을 것이다. 그리고 이럴 경우에 우리는 이 사람이 생각이 잘못된 게 아니라 완전히 미쳤다고 말한다. 하지만 이런 식의 예외가 있다고 해서 일반적인 법칙에 문제가 있는 것은 아니며, 양적인 관계나 사물의 맛에 대해 다양한 원리가 존재한다고 말할 수도 없다. 따라서 '미각에 관해서는 논쟁이 부질없다'는 말은 어떤 특정한 사물의 맛이 어떤 특정한 사람으로 하여금 어떤 즐거움이나 고통을 느끼게 할 것인가 하는 질문에 어느 누구도 정확하게 대답할 수 없다는 것만을 뜻한다. 여기에 대해서는 정말 어떤 논쟁도 있을 수 없다. 하지만 어떤 사물이 자연 상태에서 즐거움을 줄 것인지 불쾌감을 줄 것인지에 대해서는 논쟁이 가능하며 그것도 결론을 내리기에 충분할 정도로 아주 분명하게 논지를 펼 수 있다. 반면 어떤 특이한 맛이나 나중에 체득한 맛에 대해 말할 때는 그 맛을 느끼는 특정한 사람의 습관이나 선입견, 심신의 이상 여부에 대해서 알아야 하고 그로부터 결론을 도출해내야 한다.

미각에 대해서만 이렇게 모든 인간의 생각이 일치하는 것은 아니다. 시각적 대상에 대해서 느끼는 즐거움의 원리도 모든 사람에게 동일하다. 어둠보다는 밝음이 더 많은 즐거움을 가져다준다. 대지가 녹색의 초원이 되고 하늘이 밝고 고요한 여름날이 모든 것이 이와는 전혀 다른 모습을 보여주는 겨울보다는 훨씬 쾌적한 것이 사실이다. 사람이든 동물이든 새든 식물이든 아름다운 무언가를 아무리 많은 사람에게 보여주더라도, 그 사람들이 그것들이 자신들의 기대에 못 미친다거나 다른 것이 더 아름답다고 말하는 경우는 있어도 즉시 아름답다고 동의하지 않는 경우는 내가 기억하기로는 없었다. 백조보다 거위가 더 아름답고 암

닭이 공작보다 아름답다고 생각하는 사람은 없다. 시각적 즐거움은 사람들에 의해 더 일반적으로 받아들여지며, 시각과는 별개인 다른 요인들에 의해 자주 변질되지도 않는다. 따라서 시각적 즐거움은 미각적 즐거움만큼 복잡하거나 혼란스럽지 않으며, 나중에 체득된 비자연적인 습관이나 연상 작용으로 인해 변질되지도 않는다고 말해야 한다. 하지만 우리는 눈에 보이는 것처럼 그렇게 자연스럽게 미각기관을 통하여 사물들을 접하지는 못한다. 우리가 맛보게 되는 사물들은 대개 음식물이 아니면 약이다. 섭생이나 의학적 목적을 위하여 존재하는 이러한 사물의 성질들이 어떻게 결합되는가에 따라 우리가 느끼는 맛의 내용이 결정되는 경우가 종종 있다. 아편이 터키인들에게 즐거움을 주는 것은 그로 인해 그들이 느끼는 기분 좋은 환각증세 때문이다. 담배가 네덜란드 사람들에게 즐거움을 주는 것은 나른함과 기분 좋은 마취상태를 느끼게 하기 때문이다. 술은 보통 사람들을 즐겁게 해주는데, 술을 마시면 근심이 달아나고 미래에 대한 모든 걱정이나 지금 자신을 괴롭히고 있는 것들을 잊게 해주기 때문이다. 이 모두는 그것들이 지니고 있는 속성에 단순한 맛 이상의 의미가 없었더라면 완전히 무시되었을 것이다. 하지만 이 모두와 차와 커피 같은 것들은 약국을 거친 뒤에 우리의 식탁에 이르게 되었고 우리는 즐거움을 느끼기 위해 그것들을 복용하기 훨씬 이전부터 건강을 위해 복용해왔다. 어떤 약이 효과가 있으면 자주 사용하

게 되고 그러면 마침내 그것의 맛도 즐거움을 주게 된다. 그렇다
고 해서 우리가 혼란을 느끼지는 않는다. 최후의 순간까지 원래
의 맛과 체득하여 느끼는 맛을 구분할 수 있기 때문이다. 그때까
지 못 먹어보았던 과일의 맛을 묘사하면서 그것이 담배나 아편,
마늘처럼 달콤하고 기분 좋은 맛이 난다는 말은—이런 것들을
약으로 계속 복용하고 거기서 큰 기쁨을 느끼고 있는 사람들일
지라도—하지 않을 것이다. 모든 사람에게는 즐거움을 주는 원
래의 자연적 원인에 대한 기억이 충분히 남아 있으므로 감각 기
관을 통하여 접하게 되는 모든 사물을 이 기준에 맞춰 평가할 수
있으며 그에 따라 자신이 느끼는 감정이나 생각 들을 규정하게
된다. 입맛이 너무나 망가져서 버터나 꿀보다는 아편에 보다 큰
즐거움을 느끼는 사람이 있다고 하더라도, 아주 쓴 알약을 먹게
되었을 때 그가 이 메스꺼울 정도로 쓴 알약이나 아직 복용해보
지 못한 어떤 쓴 약보다는 버터나 꿀을 더 좋아하리라는 데에는
의심의 여지가 없다. 이것은 그의 입맛이 당연히 다른 사람들의
입맛과 거의 모든 면에서 다르지 않다는 사실, 어떤 특정한 면에
있어서 망가지기는 했지만 여전히 많은 점에 있어서 다른 사람들
의 입맛과 다르지 않다는 사실을 증명해준다. 어떤 새로운 사물
에 대해서 판단할 때—심지어 자신이 습관에 따라 좋아하게 된
맛과 유사한 어떤 맛에 대해서 판단할 때도—그의 입은 보편적
인 원리에 따라 자연적인 방식으로 반응하는 것이다. 따라서 모

든 감각이 주는 즐거움은—말하자면 시각이나 심지어는 모든 감각들 중에서 가장 모호한 감각인 미각이 주는 즐거움도—신분의 높고 낮음이나 지식의 많고 적음을 떠나서 모든 사람에게 동일하다.

인간의 정신은—어떤 관념들이나 감각을 통하여 관념들에 덧붙여지는 즐거움이나 고통 외에도—감각 기관을 통하여 사물들을 받아들이는 방식과 순서대로 그것들의 이미지를 떠올리거나 이 이미지들을 새로운 방식으로, 원래와는 다른 순서에 따라 자기 마음대로 결합하는 일종의 창조적 능력을 지니고 있다. 이것을 우리는 상상력이라 부른다. 재치(wit), 공상력(fancy), 발명력과 같은 것이 이에 속한다. 하지만 상상력도 절대적으로 새로운 것을 창조해내지는 못한다. 오직 감각을 통하여[4] 받아들인 관념들을 다르게 배열할 수 있을 뿐이다. 그런데 상상력은 공포와 희망, 그리고 그것들과 결부된 모든 감정이 나타나는 영역이기에 기쁨과 고통이 나타나는 가장 광범위한 영역이다. 그리고 이처럼 기쁨과 고통, 희망과 공포와 같은 관념들을 통하여 상상력을 자극하는 것은 무엇이든지 모든 사람에게 동일한 힘을 행사할 수밖에 없다. 그것은 이런 관념을 유발한 사물들이 자연적인 경로를 통하여 제공했던 최초의 인상 때문이다. 상상력은 감각의 대변자에 불과하기 때문에 감각이 실제 사물에 대해 기쁨이나 불쾌함을 느끼게 되는 것과 동일한 원리에 따라서만 자신이 떠올린 이미지들에 대해 기쁨이나 불쾌함을 느끼게 되는 것이다. 따라서 감각과 마찬가지로 상상력에 대해서도 사람들 사이에 아주 긴밀한 의견의 일치가 있을 수밖에 없다. 조금만 주의를 기울여 관찰해보면 필연적으로 그러하다는 사실을 알 수 있을 것이다.

그런데 상상력은 자연사물의 성질 자체 때문에도 즐거움을 느끼지만 모조품이 원본에 대해 갖는 유사성 때문에 즐거움을 느끼기도 한다. 내 생각으로는 상상력이 느끼게 되는 즐거움의 원인은 이것들 외에는 없다. 그리고 이러한 원인들은—어떤 사람의 특정한 습관이나 어떤 사물의 특정한 장점이 아니라—자연에 내재하는 원리들에 따라 작동하기 때문에 모든 사람에게 거의 동일하게 작용한다. 존 로크는 재치가 주로 유사성을 찾아내는 것과 관련이 있다는 사실을 정확하면서도 자세하게 밝혀내는 동시에 판단력이 하는 일은 오히려 차이들을 발견하는 일이라는 사실도 언급하고 있다.[5] 이렇게 생각하면 두 능력이 모두 동일한 비교 능력의 서로 다른 활동의 결과처럼 보이기 때문에 이 둘 사이에 어떤 실질적인 차이도 존재하지 않는 것처럼 보인다. 하지만 이 두 능력이 정말로 동일한 정신적 능력에 의존하고 있는가 여부와는 상관없이 둘 사이에는 많은 점에서 엄청난 실질적 차이가 존재한다. 따라서 재치와 판단력이 완벽하게 일치한다는 것은 이 세상에서 가장 드문 일 가운데 하나다. 서로 다른 두 대상이 닮지 않았다면 그건 우리가 예상한 바에 불과하며 이런 경우에 그 사물들은 우리의 상상력을 자극하지 못한다. 하지만 이 둘 사이에 유사성이 존재하면 우리는 놀라게 되고 거기에 관심을 기울이며 즐거움을 느낀다. 사람의 마음은 차이보다는 닮은 점을 발견할 때 훨씬 더 흥분하고 만족감을 느끼게 마련이다. 왜냐하면 우리는 유사성을 발견하거나 모방을 하면서 기존의 이미지들을 결합하여 또 다른 새로운 이미지들을 창조함으로써 우리의 지적 자산을 늘려가기 때문이다. 반면 차이를 발견하고 구별 짓는 행위는 상상력에 아무런 동기를 부여해주지 못한다. 이런 일 자체는 훨씬 힘들고 지루하며 거기서 느끼는 즐거움은 모두 부정적이거나 간접적인 성격을 띤다. 아침에 내게 어떤 소식이 전해진다. 그저 하나의 소식에 불과하지만 나는 내 지식창고에 더해진 하나의 사실인 이 소식을 통해서 약간의 즐거움을 느낀다. 그런데 저녁이 되어 나는 그 소식 안에는 사실 아무 내용도 없음을 깨닫게 된다. 그렇게 되면 속았다는 사실에 대한 불만 말고 내가 또 무엇을 느끼겠는가? 그래서 사람들은 천성적으로 다른 사람의 말을 의심하기보다는 그냥 믿는 경향이 강하다. 자신들이 지니고 있는 관념들을 분류하고 구분하는 능력이 모자라고 뒤떨어진 아주 무지하고 미개한 민족이라도 비유나 비교, 은유나 알레고리에는 아주 뛰어난 능력을 보이는 것은 바로 이런 원리에 입각해서 설명할 수 있다. 그리고 호메로스나 동방의 작가들이 비유를 사용하기를 아주 좋아하고 종종 정말로 경탄할 만한 표현들을 사용하긴 했지만 정확한 묘사에 신경을 쓰는 경우는 드물었던 것도 마찬가지로 설명할 수 있다. 그들은 대체적으로 비슷한 점을 취하여 그것을 강조해 표현했지만 비교된 사물들 사이에서 발견될 수 있는 차이에 대해서는 아무런 주의도 기울이지 않았다.

묘사하거나 비교하는 사물들에 대한 지식이 늘어갈수록 모든 사람들은 거의 비슷한 행태를 보인다. 그것은 유사성에서 느끼는 즐거움이 주로 상상력에 호소하기 때문이다. 경험과 관찰에 좌우되지 어떤 자연적 능력이 강하거나 약하다는 사실에 좌우되지는 않기 때문에, 이러한 지식의 원리는 아주 우연적이다. 따라서 이렇게 획득되는 지식에는 사람마다 차이가 생기게 마련인데, 이러한 지식의 차이에서 우리가 일반적으로 취미의 차이라고 부르는 것이 생겨난다. 하지만 우리가 이것을 차이라고 부르는 게 적확한 표현은 아니다. 그전에 조각품을 접해본 적이 없던 사람이 어떤 조각상을 보았다고 하자. 그는 인간의 형상과 비슷하게 생긴 어떤 사물을 보았기 때문에 곧 거기에 매료되어 즐거움을 느끼게 될 것이다. 그리고는 이 비슷한 형상에 익숙해져서 그것이 가지고 있는 단점에는 전혀 주의를 기울이지 않을 것이다. 모방된 작품을 처음 볼 때는 누구라도 그럴 것이다. 그런데 어느 정도 시간이 지난 후에 이 초심자가 더 솜씨 좋은 조각 작품을 접하게 된다고 가정해보자. 처음에는 감탄해 마지않았던 작품을 이제 그는 경멸의 눈초리로 쳐다보기 시작할 것이다. 그런데 처음에 그 작품에 감탄했던 것은 그것이 어떤 사람과 닮지 않았기 때문이 아니라 인간의 형상과 아주 정확하게는 아니라도 대체적으로 닮았기 때문이었다. 따라서 서로 다른 시점에 이렇듯 서로 다른 모습으로 나타나 그의 감탄의 대상이 되었던 것은 엄밀하게 말하자면 동일한 것이다. 이런 의미에서 보면 그의 지식이 개선되었더라도 그의 취미가 변한 것은 아니다. 이제까지 그가 실수를 저질렀던 것은 예술에 대한 지식이 부족했기 때문이고 지식이 부족했던 것은 경험 부족 때문이었다. 하지만 그런 지식이 개선되더라도 여전히 자연 사물 자체에 대한 지식이 부족해서 실수를 할 수 있다. 우리가 관찰하고 있는 문제의 인물이 여기서 멈춰버리면 위대한 조각가의 걸작이라도 기껏해야 저급한 예술가가 만든 그저 그런 작품들과 비슷한 즐거움을 줄 것이다. 이것은 더 낫거나 고급스러운 취미를 갖고 있지 못하기 때문이 아니라, 충분할 정도로 정확하게 인간의 형상을 관찰하지 않아서 그것을 모방한 작품을 제대로 판단하지 못하기 때문이다. 이렇듯 취미 판단이 사람들 속에 내재해 있는 더 높은 원리보다는 더 나은 지식에 좌우되는 경우의 예를 여러 가지 들 수 있다. 화가와 구두장이에 얽힌 아주 잘 알려진 옛이야기가 있다. 구두장이는 화가의 구두 그림에서 그가 구두를 그리면서 범한 몇 가지 실수를 지적하였다. 그런데 화가는 그림을 그리면서 그다지 정확하게 구두를 관찰하지 않았고 대강 비슷하게 그리는 데 만족했기 때문에 이 실수들을 전혀 알아채지 못했다. 하지만 이는 화가에게 구두제작 기술에 대한 지식이 어느 정도 결여되어 있었음을 보여줄 따름이다. 한 해부학 자가 화가의 작업실에 들어왔다고 상상해보자. 화가의 작품은 대체로 잘된 것이며 그가 문제로 삼은 그림 속 인간의 모습도 멋진 자세를 취하고 있고 여러 신체 부위들도 각자의 움직임에 잘 맞춰 그려져 있다. 하지만 자신의 직업과 관련해서는 매우 꼼꼼한 비평가인 이 해부학자는 어떤 근육의 솟아오른 모습이 특정한 동작에서 나타나는 형태와 정확히 일치하지는 않는다는 사실을 알아차릴 것이다. 이 경우 그는 화가가 관찰하지 못한 것을 알아채는 반면 구두장이가 주목한 것은 그냥 지나칠 것이다. 하지만 구두의 형태에 대한 정확한 지식의 결여와 마찬가지로 해부학에 대한 비판적 지식의 결여도 화가나 그의 그림을 감상하는 보통의 관람객이 천성적으로 지니고 있는 훌륭한 취미 능력에 영향을 미치지는 못한다. 목이 잘린 세례 요한의 머리를 그린 훌륭한 그림을 본 어떤 터키 황제는 여러 가지 면에서 이 그림을 칭찬하면서도 한 가지 결함을 지적하였다. 잘린 목 부분의 피부가 말려 올라가지 않았다는 것이었다. 이 경우 그 술탄의 관찰은 매우 정확했지만 그렇다고 해서 그가 이 그림을 그린 화가나 아마도 이 같은 결함을 전혀 지적하지 못했을 수많은 유럽의 미술품 감식가들보다 천성적으로 더 훌륭한 취미를 지닌 것은 아니다. 다른 사람들은 그저 상상만 해볼 수 있었을 저 끔찍한 광경에 대해 이 터키 황제는 잘 알고 있었을 수도 있다. 사람들이 싫어하는 대상은 서로 다르다. 이 차이는 그들이 지닌 지식의 종류나 정도의 차이에 기인한다. 하지만 화가와 구두장이, 해부학자와 터키 황제가 공유하고 있는 것이 있는데 그것은 잘 묘사된 자연 대상을 보면서 느끼는 즐거움이며, 마음에 드는 형태를 보면서 느끼는 만족감, 충격적이거나 감동적인 장면을 보면서 느끼게 되는 공감이다. 이처럼 자연스러운 취미는 거의 모든 사람이 공유하고 있다.

시라든가 상상력을 자극하는 다른 예술 작품들 속에서도 마찬가지 현상을 관찰할 수 있다. 어떤 사람은 『돈 벨리아니스』[6]에는 매력을 느끼지만 베르길리우스의 시에는 냉담한 것이 사실이다. 반면 다른 사람은 『아이네이스』에 심취되지만 『돈 벨리아니스』는 어린애들이나 읽는 거라고 생각할 수 있다. 이 두 사람은 서로 아주 다른 취미를 지니고 있는 듯이 보인다. 하지만 그들의 취미는 실제로는 그다지 많이 다르지 않다. 이렇듯 상반되는 감정들을 자아내는 이 두 작품 모두에는 감탄을 자아내는 이야기가 수록되어 있다. 두 작품 다 수많은 사건이 기록되어 있으며 정열적인 어조로 여행, 전쟁, 승리, 주인공의 운명의 부침을 기록하고 있다. 『돈 벨리아니스』에 찬사를 보내는 사람은 아마도 『아이네이스』의 세련된 언어를 이해하지 못하겠지만, 만일 『아이네이스』의 문체가 『천로 역정』 수준으로 그 격이 낮아진다면—『돈 벨리아니스』에 찬사를 보내게 만들었던 것과 동일한 원리로 인해—감동을 느끼게 될 것이다.

자신이 좋아하는 작가의 글이 계속해서 사실성을 결여하고 있으며 시대를 혼동하고 관습을 어기고 지리적 사실을 무시한다는 사실에 그는 충격을 받지 않는다. 왜냐하면 그는 지리학이나 연대기에 관한 지식이 전혀 없으며 사실성의 근거에 대해 깊이 연구해보지 않았기 때문이다. 아마도 그는 보헤미아의 해변에 난파된 배의 이야기를[7] 읽으면서 그 흥미진진한 사건에 완전히 몰입해서 주인공의 운명에 대해서만 걱정하지, 이 엄청난 실수에 대해서는 아무런 불편을 느끼지 않을 것이다. 보헤미아가 대서양 어딘가에 있는 섬일 거라고만 알고 있는 사람이 보헤미아의 해변에서 일어난 난파사고에 충격을 느낄 이유가 어디 있겠는가? 어쨌든 이러한 사실을 지적하는 것은 우리가 상정하고 있는 인간의 천부적인 취미에 대한 너무나 적절하지 못한 비난이다.

따라서 취미가 상상력과 관련되는 한, 그 원리는 모든 인간에게 동일하다. 그것이 영향을 받는 방식이나 그 원인에 아무런 차이도 존재하지 않는 것이다. 하지만 그 **정도**에는 차이가 존재한다. 이렇게 차이가 생기는 이유는 주로 두 가지인데, 하나는 어떤 사람의 천부적 감수성이 다른 사람보다 더 예민하기 때문이며, 다른 하나는 어떤 사람이 어떤 대상에 대해 다른 사람보다 더 자세하게 긴 시간을 들여 주의 깊게 관찰하기 때문이다. 이러한 현상을 마찬가지 차이가 나타나는 감각적 지각 과정을 예로 들어 설명해보자. 표면이 매우 부드러운 대리석 탁자가 두 사람 앞에 놓여 있다고 가정해보자. 두 사람은 모두 그것이 부드럽다는 것을 감지할 것이며 그러한 성질로 인해 쾌감을 느낄 것이다. 여기까지는 두 사람이 일치한다. 하지만 이보다 더 부드러운 탁자가, 그다음에는 더 부드러운 또 하나의 탁자가 그들 앞에 놓여 있다고 가정해보자. 이제까지 그들은 어떤 탁자가 부드러운가에 대해서 의견의 일치를 보였고 거기서 느끼는 쾌감에 대해서도 분명하게 의견의 일치를 보였다. 하지만 지금처럼 여러 탁자 중에서 어떤 것이 더 광택이 나는가를 결정해야 할 경우 이들의 의견은 서로 일치하지 않게 될 가능성이 상당히 높다. 실제로 여기서는—어떤 사물이 어떤 성질을 지나치게 많이 가지고 있는지 아니면 부족하게 지니고 있는지를 수치가 아니라 정도에 따라 가늠하게 될 경우에—취미의 현격한 차이가 존재한다. 그런데 이런 차이가 발생하기는 하지만 그 지나침이나 부족함이 뚜렷하게 드러나지 않는 경우에는 문제를 해결하기가 쉽지 않다. 만일 우리가 공통되는 척도에 의지할 수 있다면, 두 가지의 양에 대해 의견이 다를 때 이 척도가 아주 정확하게 문제를 해결해줄 것이다. 나는 이것이 수학적 지식에 다른 어느 지식보다 더 큰 확실성을 부여해준다고 생각한다. 그러나 그 과도함이나 부족함이 크거나 작음에 의해 판단되지 않는 부드러움이나 거칢, 딱딱함이나 푹신푹신함, 어두움이나 밝음, 색조 등은 차이가 어떤 식으로든 무시할 수 없는 정도일 경우에는 쉽게 구별되지만, 차이가 미세한 경우에는 그렇지 않다. 이것은 이들에게 공통되는 척도가 없기 때문인데 아마도 이러한 척도는 영원히 발견되지 않을지도 모른다. 사람들이 지니고 있는 감각의 예민함의 정도가 같다고 가정하면, 앞서 든 것과 같이 민감한 사안의 경우에는 이런 사물들에 대해 더 커다란 주의를 기울이거나 더 많이 익숙해 있을수록 유리하다. 앞서 든 탁자의 예를 들자면 대리석에 광택을 내는 직업을 가진 사람이 가장 정확한 결론을 내릴 것이라는 데는 의심의 여지가 없다. 하지만 이렇게 감각과 그 대변인인 상상력과 관련된 수많은 논란을 해결하기 위한 공통의 척도가 결여되어 있음에도 불구하고 모든 사람에게 동일한 원리가 적용되며, 우리를 판단의 영역으로 이끄는 사물들의 차이나 탁월성을 조사하기 전에는 사람들 사이에 아무런 취미상의 차이도 존재하지 않는다는 사실을 우리는 발견한다.

우리가 사물들의 감각적 성질에 관심을 가지는 한, 상상력 이상은 이것과 거의 관계되어 있지 않은 듯이 보인다. 우리의 감정들을 기술하는 경우에도 마찬가지다. 왜냐하면 이성적인 추론에 의지하지 않고 자연적인 공감에 힘입어 모든 사람이 그러한 감정들을 느끼며, 그 감정들은 [모두] 올바르다는 사실을 누구나 인정하기 때문이다. 사랑, 슬픔, 공포, 분노, 기쁨, 이런 감정들은 각각 알맞은 때에 따라 모든 사람의 마음을 사로잡는다. 이런 일은 자의적이거나 변덕스러운 방식으로 일어나지 않고 자연적이고 일정불변하는 원리들에 입각하여 일어난다. 하지만 상상력의 많은 활동은 지각 대상들의 재현이나 대상들이 우리의 감정에 미치는 영향에만 국한되지 않고, 인간들의 태도나 성격, 행위나 의도, 인간들 사이의 관계, 가치와 악덕 등에까지 확장되어 수행된다. 이런 경우 상상력의 활동은 판단의 영역과도 관계를 맺게된다. 그런데 판단은 우리가 그것을 주의 깊게 수행하고 이론적추론과 함께 수행하는 습관을 들이면 더욱 개선된다. 이 모든 것이 우리가 취미의 대상이라 여기는 것의 상당히 많은 부분을 차지한다. 그리고 호라티우스는 그것들을 가르치기 위해 우리에게 수많은 철학 유파들과 세상의 모습을 소개한다.[8] 도덕이나 삶에 관한 학문(science of life)에 대해서 확실한 지식을 얼마나 많이 얻을 수 있든지 간에, 모방된 작품과 관련해서도 우리는 그와 똑같은 정도로 확실한 지식을 획득할 수 있다. 실제로 우리가 따로 구별하여 취미라고 부르는 것은 대부분 관습을 잘 지키는 법이라든가 시간과 장소를 잘 지키는 법 그리고 예절 바른 언행을 가리키는데,[9] 이것은 호라티우스가 우리에게 추천하는 이런 철학 유파들에게서 배우기만 하면 되는 것이다. 우리가 취미라 부르는 것은 가장 일반적인 의미로 파악할 경우 단순 관념[10]이 아니며, 일부는 최초의 감각적 쾌감의 지각이고 그다음은 이차적으로 상상력이 느끼는 쾌감, 다른 일부는 이들이 갖는 다양한 상호관계나 인간의 감정, 태도나 행위들에 대해 이성적 추론 능력이 내리는 결론으로 이루어져 있다고 나는 생각한다. 이 모든 것이 취미 형성을 위해 필요하며 근본 원리는 모든 인간에게 동일하다. 우리의 모든 관념, 따라서 우리의 모든 즐거움의 주요 원천은 감각이기 때문에—만일 감각이 불확실하고 자의적이지 않다면—취미의 근본 원리는 모두에게 동일하다. 그러므로 이성적인 추론을 통하여 이 문제에 대한 결론을 내릴 충분한 근거가 존재한다.

취미의 특성과 종류에 대해서만 관찰하게 되면 우리는 그 원리들이 전적으로 고정불변한다는 사실을 발견하게 될 것이다. 하지만 개개인들에게 이 원리들이 적용되는 정도는 원리들 자신이 비슷한 것만큼이나 서로 다르다. 왜냐하면 우리가 보통 **취미**라고 부르는 것을 구성하는 요소인 감수성과 판단력이 사람마다 다르기 때문이다. 감수성에 결함이 있으면 취미가 결여된다. 판단력이 약하면 잘못된 취미나 나쁜 취미가 생긴다. 어떤 사람들은 감정이 아주 무디고 천성이 냉담해서 인생을 살아가면서 한 번도 깨어 있다고 말하기 어려울 정도인 경우도 있다. 이런 사람들에게는 아주 충격적인 대상들도 희미하고 불분명한 인상만을 남기게 된다. 또 어떤 이들은 추하고 관능적인 즐거움에 계속 취해 있거나 저속한 탐욕에 빠져서 또는 명예나 명성을 너무나 열렬히 추구한 나머지 이렇게 격렬하고 광포한 감정의 소용돌이에 익숙해 있어서 섬세하고 세련된 상상력의 유희에 의해서는 전혀 감동을 받지 않는다. 전혀 다른 이유에서이긴 하지만 이런 사람들도 앞서 언급한 사람들과 마찬가지로 취미에 관한 한 어리석고 무감 각해진다. 하지만 이들 중 누구라도 자연 대상이나 예술 작품에 나타난 우아함과 위대함에 감동을 받게 된다면 그것은 앞서 언 급했던 것과 마찬가지로 취미의 보편적 원리에 따라 그렇게 되는 것이다.

잘못된 취미의 원인은 판단력의 결함이다. 그리고 이것은 오 성적 능력이 (그 능력의 힘이 무엇에 있든 간에) 선천적으로 취약 하기 때문에 생길 수 있다. 아니면 그 능력을 제대로 지도를 받고 적절하게 단련하지 못해서—그렇게 해야만 취미 능력이 강화되 고 대상에 바로 적용될 수 있게 되는데—생길 수도 있다. 그 밖 에도 무지, 부주의, 편견, 경솔함, 변덕스러움, 완고함, 간단하게 말 하자면 이 모든 감정과 다른 문제들에 있어서 판단력을 흐리게 하는 모든 결함 있는 감정들이 훨씬 더 세련되고 격조 높은 이 영 역, 즉 취미의 영역에서도 오성적 능력을 그에 못지않게 손상시 킨다. 이러한 원인들은 오성적 인식의 대상인 모든 사물에 대해 서—우리로 하여금 그에 대해 확립된 이성적 원리가 존재하지 않는다고 가정하게 하지 않으면서도—서로 다른 견해들이 생겨 나게 한다. 그리고 실제로 보면 대체로 순전히 이성에 좌우되는 수많은 문제보다는 취미의 문제에 대해서 사람들 사이에 더 적은 견해 차이가 존재하며, 아리스토텔레스의 이론이 참이냐 거짓이

냐에 대해서보다는 베르길리우스의 묘사가 탁월함에 대해 사람들의 의견이 훨씬 더 잘 일치하는 것을 볼 수 있다.

어떤 사람의 예술 작품에 대한 판단이 정확하면 그가 훌륭한 취미를 가졌다고 말할 수 있는데 이러한 판단의 정확성은 감각의 예민함에 아주 많이 좌우된다. 왜냐하면 상상력을 통해 얻는 즐거움을 전혀 좋아하지 않는다면, 그런 유의 작품들에 대해 충분한 지식을 획득할 정도로 우리가 거기에 마음을 쏟지는 않을 것이기 때문이다. 하지만 어느 정도의 감수성이 훌륭한 판단력을 갖추는 데 필요하기는 하지만 훌륭한 판단력이 즐거움을 빨리 느끼는 능력에서 생기는 것은 아니다. 판단 능력으로는 아주 형편없는 사람인데도—단지 체질적으로 감수성이 더 예민하기 때문에—아주 형편없는 예술 작품을 접하고도 가장 훌륭한 감식가가 완벽한 작품을 접하고 느끼는 것보다 더 많은 감동을 받는 경우가 자주 있다. 새롭거나 비범하거나 장엄하거나 강렬한 모든 것은 이런 사람에게 감동을 주기에 적합하며 거기에 오류가 개입되어 있다고 해도 그에게는 별다른 영향을 미치지 않는다. 그가 느끼는 즐거움은 훨씬 순수하고 다른 것이 섞이지 않았기 때문이다. 그리고 그것은 단순히 상상력을 통해 느끼는 즐거움이기에 판단의 정확함에서 생겨나는 즐거움에 비해 훨씬 더 강렬하다. 판단력은 대부분 상상력에 방해가 되며 상상력을 매혹시키는 광경들을 사라지게 하고 우리를 구속하여 이성의 불유쾌한 멍에를 지운다. 인간이 판단을 통해 얻을 수 있는 거의 유일한 즐거움은 다른 사람보다 더 나은 판단을 하는 데서 얻는 즐거움이며 올바르게 사고했다는 데서 생겨나는 일종의 긍지나 우월감이기 때문이다. 하지만 이러한 즐거움은 우리가 관찰하는 대상으로부터 직접 얻는 즐거움이 아니라 간접적인 즐거움이다. 우리의 감각 기관이 녹슬지 않고 예민한 청년 시기에는 우리의 모든 신체 부위가 깨어 있으며 새로움의 광택이 우리를 둘러싸고 있는 모든 대상 위에 선명하게 나타난다. 이럴 때 우리의 감각은 얼마나 활기차면서도 우리가 사물에 대해 내리는 판단은 또 얼마나 그릇되고 부정확한가! 지금 내 판단으로는 하찮고 경멸할 만한 연극이지만 어렸을 때 그 연극을 보고 가장 뛰어난 천재의 공연을 보았을 때와 마찬가지 즐거움을 느꼈다. 하지만 지금 나는 다시는 그런 즐거움을 느낄 수 없을 거라고 생각한다. 아주 쾌활한 성격을 지닌 사람에게는 어떤 사소한 즐거움의 원인이라도 감동을 줄 수 있다. 그의 욕구는 너무나 강렬해서 그의 취미가 섬세해지도록 내버려두질 않는다. 그리고 그는 모든 면에서 고대 로마의 시인 오비디우스가 사랑에 빠진 자신에 대해 다음과 같이 노래한 것과 마찬가지 상태에 있다.

내 마음은 연약하여 사랑의 화살이 쉽게 명중하고
나에겐 언제나 사랑에 빠질 이유가 있네.[11]

이러한 성격을 지닌 사람은 결코 세련된 감식가가 될 수 없고 고대 로마의 어떤 희극 시인이 말하듯 아름다움에 대한 우아한 감식가(elegans formarum spectator)¹²가 될 수 없다. 어떤 작품의 탁월성이나 그것이 가지는 힘을 어떤 사람의 마음에 그것이 미치는 영향에 비추어 평가하게 되면 그 평가는 언제나 불완전할 수밖에 없다. 그 사람이 어떤 기질과 성격을 지닌 사람인지 아는 경우를 제외하고는 말이다. 시와 음악이 자아내는 가장 강력한 효과는 이러한 예술 장르가 아주 천박하고 불완전한 상태에 있을 때에 나타났고 아마 지금도 여전히 그러할 것이다. 예술적 소양이 부족한 청중은 이러한 예술 분야의 가장 미숙한 단계에서도 기능하는 원리들에 따라 감동을 받는다. 그리고 그는 결점을 발견할 정도로 충분한 소양을 갖추고 있지 못하다. 하지만 예술적 완성도가 높아갈수록 비평의 수준도 마찬가지로 높아지며 감식가들의 즐거움도 가장 완전한 작품들에서도 발견되는 실수에 의해 빈번히 방해를 받는다.

이 주제를 벗어나기 전에 나는 많은 사람들이 주장하는 견해 하나에 주목하지 않을 수 없다. 그들은 마치 취미가 인간 정신의 독립적인 능력이며 판단력이나 상상력과는 구별되는 것처럼 주장한다. 취미는 일종의 본능이며 그에 따라 우리는 본성적으로 그리고 첫눈에—작품의 뛰어남이나 결점에 대해서는 사전에 아무런 이성적 추론도 하지 않은 채—감동을 받게 된다는 것이다. 나는 상상력과 감정에 관한 한 이성이 거의 관여하지 않는 것이 사실이라고 생각한다. 하지만 성격이나 예법, 조화에 관한 한―간단히 말해서 가장 좋은 취미가 가장 나쁜 취미와 구별되는 곳에서는 어디서나―다름 아닌 바로 오성이 기능한다고 확신한다. 그리고 실제로 이럴 경우 오성이 언제나 갑작스럽게 작동하지는 않는다. 또 갑작스럽게 작동할 경우에는 종종 올바른 것과는 거리가 먼 판단을 내리게 된다. 인간의 마음은 중립적인 것이나 의심하는 것을 너무나 싫어해서 즉석에서 빠르고 경솔한 판단을 내리기를 좋아하는데, 훌륭한 취미를 지닌 사람은 나중에 심사숙고를 거쳐 이런 판단들을 자주 수정하게 된다. (그것이 무엇이든 간에) 취미는 우리의 지식이 확장되는 만큼, 우리가 관찰 대상을 꾸준히 주의 깊게 관찰하며 잦은 훈련을 통하여 판단력을 향상시키는 바로 그만큼 향상된다. 이런 방법을 택하지 않은 사람들이 취미에 관하여 섣부르게 결정을 내리게 되면 그 결정은 언제나 불확실한 법이다. 그리고 그들이 이렇게 빨리 결정을 내리는 것은 그들이 주제넘고 경솔하기 때문이며 한순간에 마음에서 모든 어두움을 몰아내는 갑작스러운 깨달음 때문은 아니다. 하지만 취미의 대상이 되는 지식을 갈고닦은 사람들은―다른 모든 경우에 있어서와 마찬가지로―건전할 뿐만 아니라 신속하게 판단하는 습관을 점차로 획득하게 된다. 그들은 처음에는 어떤 작품의 의미를 읽어내기 위해서 그 작품을 자세히 뜯어보아야 하지만 나중에는 쉽고 빠르게 그 의미를 읽어낸다. 하지만 이렇게 빨리 읽어낸다고 해서 취미가 별개의 능력이라는 것을 증명해주지는 않는다. 어느 누구도 순전히 이성의 영역 내에서만 문제를 다루는 토론 강의에 참석해본 사람은 없을 것이라고 나는 믿는다. 하지만 누구나 다음과 같은 사실을 틀림없이 경험했을 것이다. 순전히 이성만이 기능한다고 생각되거나 생각될 수 있는 곳에서도 논의의 모든 과정, 즉 근거들이 발견되고 반대 의견이 개진되고 그에 대한 답변이 주어지며 전제들로부터 결론이 도출되는 모든 과정이—마치 취미 능력이 기능한다고 생각되는 속도만큼이나—엄청나게 빠르게 진행된다. 겉으로 관찰되는 모습이 달라질 때마다 원리의 수를 늘리는 것은 쓸데없는 짓이며 대단히 비과학적인 짓이기도 하다.

이 문제에 대해 훨씬 더 상세하게 연구할 수도 있다. 하지만 그것은 우리가 다루려 하는 주제의 범위를 벗어난다. 하지만 어떤 주제를 정한들 그 범위가 무한히 확장되지 않는 것이 있겠는가? 따라서 우리는 우리가 세운 특정한 틀 안에서만 그리고 하나의 관점만을 가지고 그 주제를 연구할 것이며, 그러면 우리의 연구는 틀림없이 어딘가에서 멈추게 될 것이다.

제1부

제1절 새로움

인간의 마음속에서 제일 먼저 발견되는 가장 단순한 감정은 호기심이다. 여기서 호기심은 새로운 것에 대한 욕구나 거기서 얻게 되는 즐거움을 통틀어 이르는 말이다. 어린아이들은 끊임없이 무언가 새로운 것을 찾아다닌다. 자신들 앞에 나타나는 것은 대상을 가리지 않고 아주 열심히 살핀다. 이렇듯 어린아이들은 모든 새로운 사물에 관심을 보이는데, 그 시기에는 새로운 것이면 무엇이든 나름의 매력을 지니기 때문이다. 하지만 우리는 단지 새롭다는 이유만으로 관심의 대상이 되는 사물에는 그다지 오래 애착을 느끼지 않는다. 따라서 호기심은 인간의 감정들 중에서 가장 피상적인 것이다. 호기심의 대상은 끊임없이 바뀐다. 호기심은 아주 강한 욕구이지만 다른 한편 매우 쉽게 충족되기 때문이다. 그래서 호기심은 언제나 경박하며 침착하지 못하고 불안한 감정이라는 인상을 준다. 호기심은 본질적으로 매우 활동적이다.

호기심은 대부분의 대상들을 빠르게 스쳐 지나간다. 따라서 아무리 다양한 대상들이 있더라도―다양성과 호기심은 본질적으로 서로 잘 어울리는 개념이다―순식간에 전부 살펴보고 나서는 곧 싫증을 느낀다. 동일한 사물이 자주 반복해서 나타나면 우리가 거기서 느끼는 즐거움은 점점 줄어든다. 인생에서 벌어지는 어떤 일에 대해 점점 더 알아갈수록 우리에게는 혐오나 권태의 감정밖에 남지 않는다. 이와 다른 감정을 느끼려면 새로움과는 다른 성질이나 호기심 이외의 다른 감정을 통해서 우리의 마음이 움직여야 한다. 이러한 성질이나 감정을 우리는 각각 그에 적합한 장소에서 고찰할 것이다. 하지만 이런 성질이 무엇이든 또는 어떤 원리에 따라 이 성질이 우리의 마음을 움직이든, 이것이 우리의 마음을 움직이기 위해서 반드시 필요한 조건이 있다. 이런 성질이 진부한 대상에게서 나타나서는 안 된다는 것이다. 진부한 대상은 일상적으로 사용하는 것이라서 친숙하기는 하지만 별 감동은 주지 못하기 때문이다. 따라서 어떤 대상이 인간의 마음을 움직이려면 어느 정도 새로운 것이어야 한다. 호기심은 많든 적든 우리의 마음을 움직이는 모든 감정에 수반되는 감정인 것이다.

제2절 고통과 즐거움

어떤 대상이 상당한 정도로 성인의 감정을 움직이려면, 새롭다는 것 말고 다른 이유로 고통이나 즐거움을 유발시킬 수 있어야 한다. 고통과 즐거움은 단순 관념이기에 정의가 불가능하다. 사람들은 자신의 감정 자체에 대해서는 별로 실수하지 않는다. 하지만 그 감정에 이름을 붙이거나 그에 대해 논리적으로 추론할 때는 매우 자주 오류를 범한다. 예를 들어, 고통은 즐거움이 없어졌기 때문에 필연적으로 생기는 결과라고 많은 사람은 생각한다. 그들은 또 즐거움은 고통이 사라지거나 줄어들었기 때문에 나타나는 결과라고 생각한다. 하지만 나는 그렇게 생각하지 않는다. 고통이나 즐거움 모두 나름의 고유한 내용이 있는 독립적인 감정이다. 따라서 그런 감정을, 특히 아주 단순하고 자연스러운 고통이나 즐거움을 느끼기 위해 그에 반대되는 감정이 반드시 전제될 필요는 없다. 인간의 마음은 대부분 고통이나 즐거움과는 상관없는 무심한 상태에 있다. 이런 상태에 있다가 즐거움을 느낄 때 꼭 고통이 중간에 개입될 이유는 없다. 예를 들어, 무심함이나 한가함, 평온함 또는 다른 무엇으로 부르든 간에 이런 상태에 있다가 갑자기 음악 콘서트를 가게 되었다고 하자. 또는 멋진 모양에다 밝고 사랑스러운 색깔을 지닌 어떤 물건을 보았다거나 장미의 달콤한 향기를 맡게 되었다고 상상해보자. 목이 마르지는 않았지만 기분을 좋게 해주는 포도주를 마시거나 배고프지는 않았지만 맛있는 요리를 먹게 되었다고 생각해보자. 그러면 여러분은 이런 모든 감각, 즉 청각, 후각, 미각 등을 통해서 분명히 즐거움을 느낄 것이다. 하지만 이런 만족감을 느끼기 전에 여러분이 어떤 고통을 느꼈다고 말하기는 어려울 것이다. 또 이런 여러 가지 감각적 만족을 느끼고 난 뒤 즐거움이 완전히 사라졌다고 해서 우리가 어떤 고통을 느낀다고 말할 수 있을까? 반대로 무심한 상태에 있다가 갑자기 구타를 당한다거나 쓴 음료를 마신다거나 거칠고 귀에 거슬리는 소리를 듣게 될 경우를 생각해보자. 그 이전에 우리가 아무런 즐거움도 느끼지 않았기 때문에 즐거움이 사라졌다고 말할 수는 없지만, 우리는 각각의 경우에 그에 해당되는 감각, 즉 촉각과 미각, 청각과 관련하여 아주 생생한 고통을 느낀다. 이에 대해 다음과 같이 반론이 제기될지도 모른다. 사람들은 원래 그 전에 느꼈던 즐거움이 사라지게 되면 고통을 느끼게 되는데, 그 즐거움이 너무 미미한 것일 경우에는 그것이 사라지는 것만으로 그것이 존재하고 있었는지 여부를 확인할 길이 없다고. 하지만 내 생각으로는 그런 즐거움이 존재했다고 생각할 아무런 이유가 없다. 즐거움이란 건 느낄 때라야만 즐거움인 법이니까. 고통에 대해서도 똑같은 이유로 마찬가지로 말할 수 있다. 나는 즐거움과 고통이 오로지 상호 대립적인 관계 속에서만 파악될 수 있다고는 생각하지 않는다. 오히려 서로에게 전혀 의존하지 않는 실질적인 즐거움과 실질적인 고통의 존재를 분명하게 확인할 수 있다고 믿는다. 무심함과 즐거움 그리고 고통, 이 세 가지만큼 우리 마음속에서 뚜렷하게 구별할 수 있는 것도 없다. 나는 다른 것과의 관계를 살피지 않고도 이들 각각을 느낄 수 있다. 누군가가 복통이 일어나서 괴로워하고 있다면 그는 정말로 고통을 느끼고 있는 것이다. 그를 고문대 위에 눕히고 고문해보라. 그는 더 커다란 고통을 느낄 것이다. 하지만 이런 고통이 어떤 즐거움을 제거했기 때문에 생기는 것일까? 또 재미삼아 생각해보자면, 고문의 고통에 비교해볼 때 복통은 즐거움일까, 아니면 그래도 고통일까?

제3절 고통의 소멸과 실질적 즐거움 사이의 차이

우리는 이 생각을 한 단계 더 발전시켜 다음과 같이 주장하고자 한다. 고통과 즐거움의 존재는 반대편 감정의 감소나 소멸에 반드시 좌우되지는 않는다. 뿐만 아니라 즐거움이 줄어들거나 사라진다고 해서 실질적인 고통이 생겨나지도 않고, 고통이 사라지거나 줄어든다고 해서 그 결과로 실질적인 즐거움과 유사한 무엇이 나타나지도 않는다.* 고통이 줄어들거나 사라진다고 해서 즐거움이 생겨나지 않는다는 주장보다는 즐거움이 줄어들거나 사라진다고 해서 실질적인 고통이 생겨나지 않는다는 주장에 사람들이 더 쉽게 동의할 것이라고 나는 생각한다. 왜냐하면 즐거움이 사

---

* 존 로크는 『인간오성론』 I. 2.c.20.16에서 고통이 사라지거나 줄어들면 즐거움이 되고 즐거움이 사라지거나 줄어들면 고통이 된다고 주장한다. 우리가 여기서 살펴보려고 하는 것은 바로 이러한 견해이다.

라지면 우리의 마음이 즐거움을 느끼기 직전과 거의 유사한 상태로 돌아가게 되는 것은 아주 명백한 사실이기 때문이다. 모든 종류의 즐거움은 우리를 빠르게 만족시킨다. 그리고 그런 즐거움이 사라지면 우리는 다시 무심한 상태가 된다. 다른 말로 하자면, 우리는 방금 전에 느꼈던 즐거움의 여운이 남아 있는 부드러운 평온함의 상태로 빠져들게 되는 것이다. 이와는 반대로 커다란 고통이 사라진다고 해서 실질적인 기쁨과 유사한 상태를 느끼지는 않는다는 사실은 얼핏 보아서는 그렇게 분명하지 않다. 이것은 나도 인정한다. 하지만 어떤 절박한 위험이나 지독한 고통에서 벗어날 때 우리 마음이 어떤 상태에 있었던가를 돌이켜 생각해보라. 내가 아주 잘못 생각하는 게 아니라면 이런 경우에 우리는 실질적인 즐거움을 느낄 때와는 아주 다른 기분을 느낀다. 우리 마음은 이때 상당히 절제된 감정을 지니게 되고 일종의 경외감, 두려움의 그림자가 드리워진 평온한 느낌을 갖게 된다. 얼굴 표정이나 몸짓도 이런 마음 상태에 아주 잘 들어맞는다. 따라서 그런 모습이 나타나는 이유를 잘 모르는 사람은, 그런 표정이나 몸짓을 보고 우리가 실질적인 즐거움을 느낀다기보다는 오히려 무언가에 놀랐다고 생각할 것이다.

마치 자신이 죄를 지었음을 알고 있으면서
살인죄로 기소되어 조국을 떠난 불행한 사람이

신천지를 만나 숨을 헐떡이며 얼굴이 창백해지고 아연
　　실색해서는
모든 걸 황홀하게 느끼고 기적이라 생각하듯이.[1]

이제 막 절박한 위험에서 벗어났다고 생각되는 사람의 이런 모습을 통해 호메로스는 관객들에게 깊은 인상을 심어주는데, 이때 묘사되고 있는 공포와 놀라움이 뒤섞인 감정은 이와 유사한 상황에서 우리 자신이 어떠한 감정을 느끼는지 아주 잘 보여준다. 우리가 아주 격렬한 감정으로 인해 고통을 당하게 되면 최초에 그런 감정을 불러일으켰던 원인이 사라진 다음에도 우리 마음속에 얼마간 이와 유사한 상태가 지속된다. 폭풍우가 지난 다음에도 바다가 얼마간 여전히 요동치는 것처럼 말이다. 공포의 감정이 완전히 사라진 다음에야 어떤 사건으로 인해 느꼈던 다른 모든 감정이 함께 사라지고, 그렇게 되면 우리 마음은 보통 때의 무심한 상태로 돌아오게 된다. 간단하게 말하자면, 즐거움의 원천은 결코 어떤 고통이나 위험의 소멸이 아니다. (여기서 즐거움은—내면에서 느끼는 감정이든 표정이나 몸짓에서 드러나는 무엇이든—어떤 실질적인 원인으로부터 비롯되는 즐거움이다.)

제4절 서로 상반되는 감정인 안도감과 즐거움

하지만 그렇다고 해서 고통이 사라지거나 줄어들더라도 언제나 고통만을 느낀다고 해야 할까? 또 즐거움이 없어지거나 줄어들더라도 언제나 즐겁다고만 해야 할까? 전혀 그렇지 않다. 여기서 내가 주장하고자 하는 바는 다음과 같다. 첫째, 실질적인 내용을 지니면서 서로 독립적인 즐거움이나 고통이 존재한다. 둘째, 고통이 사라지거나 줄어들 때 느끼는 감정은 실질적인 즐거움과 본질적으로 같지도, 같은 명칭으로 부를 수 있을 정도로 비슷하지도 않다. 셋째, 이와 마찬가지로 즐거움을 제거하거나 제한한다고 해서 고통과 비슷한 무언가가 느껴지지는 않는다. 전자의 감정(고통의 제거나 완화)이 괴롭다거나 기분 나쁜 것과는 다른 성질을 갖는다는 건 분명한 사실이다. 그런데 많은 경우 기분을 좋게 해주기는 하지만 실질적인 즐거움과는 아주 다른 이 감정에 합당한 명칭은 존재하지 않는다. 그렇다고 해서 이 감정이 실재적인 감정이 아니라고 말할 수는 없다. 또 다른 감정들과 다르지 않다고 말할 수도 없다. 느껴지는 방식이 아무리 다르다 해도 모든 만족감이나 즐거움이 그것을 느끼는 사람의 마음속에 실제로 존재한다는 것은 너무나 자명한 사실이다. 하지만 앞으로 살펴보게 될 예에서 분명히 알 수 있듯이 그 원인이 일종의 **결핍**일 수는 있다. 따라서 어떤 용어를 사용하든 이렇게 성질이 다른 두 가지 감정, 즉 아주 단순하게 고통과 아무런 관계없이도 존재하는 즐거움과 고통에 대한 관계가 없이는 존재할 수 없는 즐거움을 구분하는 것이 합리적이다. 이렇게 원인과 결과가 분명히 다른 감정들을 통속적으로 같은 용어로 지칭하다고 해서 실제로도 혼동해서 생각한다면 그건 아주 잘못된 일이다. 후자의 즐거움을 나는 언제나 **안도감**(delight)[2]이라 부를 것이다. 그리고 다른 어떤 뜻으로도 이 단어를 사용하지 않도록 각별히 주의할 것이다. 보통의 경우 이 단어가 이런 의미로 사용되지 않는다는 것은 나도 알고 있다. 하지만 이미 사람들이 알고 있는 단어를 취해서 그 의미를 제한하여 쓰는 것이 일상적인 어법에 잘 맞지도 않는 새로운 낱말을 만들어 쓰는 것보다 낫다고 나는 생각한다. 물론 언어의 본성이나 여기서 다루는 주제의 특성 때문에 어쩔 수 없이 그래야 하는 경우가 아니라면 나는 우리가 일상적으로 사용하는 단어들의 의미에 어떠한 변경도 가하지 않았을 것이다. 나는 앞으로도 용어 사용과 관련하여 우리에게 허용된 자유를 가능한 한 아주 신중하게 사용할 것이다. 고통이나 위험의 소멸에 수반되는 감정을 표현하기 위해서는 **안도감**이라는 단어를 사용하고 실질적인 즐거움에 대해 말할 때는 그것을 그냥 **즐거움**(pleasure)이라고 부를 것이다.

제5절 기쁨과 슬픔

즐거움이 사라지게 될 때 사람의 감정은 세 가지 형태로 변한다. 즐거움이 적당한 시간 동안 지속되다가 그냥 사라질 경우에 나타나는 감정은 **무심함**이다. 즐거움이 갑자기 중단되면 **실망**이라 불리는 불쾌한 감정이 생겨난다. 즐거움의 대상이 완전히 사라져버려서 그것을 다시 즐길 수 있는 가능성이 전혀 없을 경우에는 **슬픔**이란 감정이 생겨난다. 이 감정들 중 어느 것도, 심지어는 가장 격렬한 감정인 슬픔마저도 실질적인 고통과는 아무런 유사성도 지니고 있지 않다. 슬퍼하는 사람은 자신의 감정이 커지도록 내버려둔다. 그 안에 빠져 그 감정을 사랑하기조차 한다. 하지만 실제 고통의 경우에는 이런 일이 절대로 일어나지 않는다. 고통을 일정 시간 이상 기꺼이 참아낸 사람은 아무도 없다. 즐거움과는 거리가 먼 감정인데도 사람들이 슬픔은 기꺼이 견뎌내는 것을 이해하기란 그리 어렵지 않다. 잃게 되면 슬픔을 느끼게 되는 대상이 가장 큰 즐거움을 줄 때의 모습을 계속해서 보여주고 그에 수반되는 모든 상황도 아주 상세하게 반복해서 보여주는 게 슬픔의 속성이다. 즐거웠던 각각의 순간으로 돌아가서 거기 머물고, 그전에는 충분히 이해하지 못했던 새로우면서도 완벽한 온갖 즐거움을 찾아낸다. 이렇듯 슬픔 속에서 **즐거움**은 여전히 최상의 가치를 지니고 있다. 그리고 여기서 겪는 괴로움은 절대적인 고통과는 전혀 다르다. 절대적인 고통은 언제나 혐오스러운 것이라서 우리는 그것을 가능한 한 떨쳐버리려하기 때문이다. 호메로스의『오디세이아』는 자연스러우면서도 감동을 주는 수많은 이미지로 가득 차 있는데, 그중에서도 메넬라오스가 자기 친구들이 겪은 비참한 운명과 이에 대한 자신의 감정을 표현하는 대목이 가장 인상적이다. 그는 자신이 이토록 우울한 사건을 되돌아보는 일을 잠시 멈추는 경우도 종종 있음을 인정하면서도, 그러한 우울한 회상이 때로는 기쁨을 주기도 한다고 말한다.

> 짧은 간격을 두고 반복되는, 기쁨을 동반하는 슬픔 속
>   에서
> 여전히 내가 지고 있는 우정의 빚을 생각하면서
> 영원히 사랑하는 영광스러운 사자(死者)들에게
> 감사의 눈물을 바치노라.[3]

다른 한편, 건강을 회복하거나 긴박한 위험에서 벗어날 때 우리가 느끼는 것이 기쁨일까? 어쨌든 이 경우 우리가 느끼는 감정은 즐거움을 느낄 확실한 가능성이 있을 때 찾아오는 부드럽고 관능적인 만족감과는 거리가 멀다.

제6절 자기 보존과 관련된 감정에 관하여

단순한 즐거움이나 고통이든 아니면 이들의 변형된 형태든, 사람의 마음에 강한 인상을 심어줄 수 있는 관념들 거의 대부분을 우리는 자기 보존과 사회라는 두 가지 항목 아래 분류할 수 있다. 모든 감정은 이 두 가지 목적 중 하나를 이루기 위해 존재한다. 그중 자기 보존과 관련된 감정들은 대부분 고통이나 위험이 있을 때 느끼게 된다. 고통, 병, 죽음과 같은 관념들은 강한 공포의 감정으로 사람의 마음을 사로잡는다. 반면 살아 있다는 사실이나 건강하다는 사실로 인해 사람들이 즐거움을 느낄 수는 있지만, 단순히 그것을 향유한다고 해서 당연히 즐거움을 느끼는 것은 아니다. 따라서 개인의 보존과 관련된 감정들은 주로 고통이나 위험이 있을 때 생겨나며 모든 감정 중에서 가장 강한 감정이다.

제7절 숭고에 관하여

어떤 형태로든 고통이나 위험의 관념을 불러일으킬 수 있는 모든 것은 우리가 느낄 수 있는 가장 강한 감정인 숭고의 원천이다. 공포의 감정을 불러일으키는 모든 대상, 그런 대상과 관련된 모든 것, 공포와 비슷한 감정을 불러일으키는 모든 것이 여기에 속한다. 가장 강한 감정이라고 말한 것은 즐거움보다는 고통이 훨씬 더 강한 감정이라고 생각하기 때문이다. 아주 학식이 높으면서도 육체의 쾌락을 추구하는 사람이 그려낼 수 있는 온갖 쾌락이나, 우리가 매우 활기찬 상상력이나 아주 건강하고 감수성이 예민한 신체를 통해서 향유할 수 있는 온갖 즐거움보다도 고통이 우리 몸과 마음에 훨씬 더 강한 영향을 미친다는 데는 의심의 여지가 없다. 가장 완벽하고 만족스러운 삶을 살 수 있더라도, 그 대가로 지난번에 프랑스에서 불행한 대역죄인[4]에게 재판을 통해 가해진 것과 같이 몇 시간 동안의 극심한 고통 속에서 생을 마감해야 한다면, 과연 그렇게 할 사람이 있을까? 하지만 고통이 즐거움보다 효력이 더 강한 것처럼, 죽음은 일반적으로 고통보다 훨씬 더 강한 효력을 지닌다. 아무리 격심해도 죽음보다 낫다고 생각되지 않는 고통은 거의 없다. 아니, 그렇게 말할 수 있다면, 고통 자체가 더 고통스러워지는 것은 보통 그 고통이 공포의 왕인 죽음의 사자라고 생각될 때이다. 위험이나 고통이 너무 가까이에서 압박해 오면 우리는 아무런 안도감도 느낄 수 없으며 그것들은 그저 공포의 대상일 뿐이다. 하지만 우리가 거기에서 일정한 거리를 두게 되어 그 압박이 어느 정도 완화되면 그런 고통이나 위험도 안도감을 줄 수 있고 실제로도 안도감을 준다는 사실을 우리는 매일 경험하고 있다. 앞으로 나는 그 원인이 무엇인지 밝히려 시도할 것이다.

제8절 사회적 감정에 관하여

우리가 느끼는 감정들을 분류하는 또 하나의 항목은 사회이다. 이러한 감정은 두 가지로 나눌 수 있다. 1. 성(sex)과 관련된 감정으로 종족 번식의 목적에 봉사한다. 2. 우리가 다른 사람들이나 동물들, 어떤 의미에서는 무생물계와 함께 구성하기도 하는 더 일반적인 의미의 사회와 관련된 감정. 개체의 보존과 관련된 감정은 전적으로 고통이나 위험과 관련이 있다. 반면 생식과 관련된 감정의 원천은 만족과 즐거움이다. 이 목적에 가장 직접적인 연관이 있는 생생하고 열광적이면서 격렬한 즐거움은 감각으로 느낄 수 있는 최고의 즐거움이라 말할 수 있다. 하지만 이토록 엄청난 즐거움을 느끼지 못한다고 해서 불쾌함을 느끼는 경우는 거의 없으며 특별한 경우를 제외하고는 그것이 우리 감정에 아무런 영향도 미치지 못한다는 것이 나의 생각이다. 고통이나 위험으로 인해 어떤 감정을 느끼는지 설명할 때 사람들은, 건강의 즐거움이나 안전이 주는 안락함에 대해 구구절절 설명하고 나서 그러한 만족감이 **사라진 것**을 한탄하지는 않는다. 모든 것은 그들이 겪고 있는 실제 고통이나 공포에서 비롯된다. 반면 버림받은 연인의 하소연을 듣노라면 그가 향유했거나 향유하기를 바랐던 즐거움에 대한 이야기나 그의 욕구의 대상이었던 연인의 완벽함에 대한 이야기가 주를 이룬다. 그의 마음에 언제나 가장 먼저 떠오르는 것은 바로 이런 대상을 **잃어버렸다**는 사실이다. 그렇다고 해서 사랑으로 인해 생겨나 때로는 사람을 미치게까지 하는 이 격렬한 감정이 우리가 확립하고자 하는 규칙에 반하는 것은 아니다. 어떤 사람의 상상력이 어떤 관념에 오래 영향을 받으면, 그 관념이 그의 마음을 완전히 사로잡아 다른 감정을 점차 거의 전부 배제시키고, 그것을 제어할 수 있는 모든 정신 영역을 압도해버리는 것이다. 사람을 미치게 만드는 무수히 많은 원인을 보면 분명하게 알 수 있듯이, 어떤 관념도 이런 일을 생기게 하기에 충분하다. 하지만 이것은 기껏해야 사랑이란 감정이 아주 특별한 효과가 있을 수 있다는 사실을 증명할 수 있을 뿐이지, 그렇게 해서 나타나는 감정이 실질적인 고통과 어떤 형태로든 관련이 있다는 것을 증명해주지는 않는다.

제9절 자기 보존과 관련된 감정들과 성적 결합과 관련된 감정들 사이에 존재하는 차이의 궁극적 원인

자기 보존과 관련된 감정들과 종족 번식과 관련된 감정들 사이에 존재하는 차이의 궁극적 원인을 알게 되면 앞 절의 내용을 더 잘 이해할 수 있을 것이다. 그리고 이것은 그 자체로도 고찰의 대상이 될 가치가 있다고 나는 생각한다. 온갖 종류의 의무를 수행하려면 살아 있어야 하고, 힘차게 그리고 효율적으로 의무를 수행하려면 건강해야 한다. 따라서 이 둘 중 어느 하나를 위협하는 모든 것은 우리에게 아주 강한 영향을 미친다. 하지만 우리가 생명과 건강만을 추구하도록 창조되지는 않았기 때문에, 그저 그것들을 향유하기만 해서는 어떤 실제적인 즐거움도 느낄 수 없다. 그래서 우리는 살아 있고 건강하다는 사실에 만족하여 나태해지지는 않는다. 다른 한편, 종족 번식은 매우 중대한 사안이기에 이를 추구하기 위해서는 강한 동기 부여가 있어야 한다. 그래서 여기에는 아주 강한 즐거움이 수반된다. 하지만 종족 번식이 우리가 매일 신경 써야 할 일은 결코 아니기에, 이런 즐거움이 없다고 해서 고통이 수반되는 것은 적절하지 않다. 인간과 짐승의 차이는 이 점에서 뚜렷하게 나타난다. 사람들은 사랑의 즐거움을 마음껏 누리는 시간이나 방식에 있어서 이성적인 추론의 인도를 받을 수 있기 때문에 언제나 그 즐거움을 추구하려는 경향을 거의 동일하게 지니고 있다. 그런데 만일 이 만족감이 결여되었다 해서 커다란 고통을 느낀다면 이성이 그 직무를 수행하기가 아주 어려워질 것이다. 하지만 동물이 자연법칙에 따라 행동하는 데는 이성이 아무런 역할도 하지 못한다. 그래서 이들에게는 정해진 짝짓기의 때가 있다. 이때는 그 목적이 꼭 달성되어야 한다. 그렇지 않으면 많은 짐승이―짝짓기 하고자 하는 욕구는 일정한 때에만 생기기 때문에―아마도 영원히 그 목적을 달성하지 못할지도 모른다. 따라서 그런 즐거움을 느끼지 못할 때 이 짐승들이 아주 불편한 감정을 느끼는 것이 전혀 황당한 일은 아니다.

제10절 아름다움에 관하여

생식과 관련된 감정은, 단지 그 자체로는, 성적 욕구만을 가리킨다. 그 감정의 체계가 인간보다는 훨씬 덜 복잡하고 자신들의 목적을 우리보다 훨씬 직접적으로 추구하는 동물들의 경우에는 이것이 분명하게 드러난다. 이 동물들을 그들의 짝과 비교했을 때 나타나는 유일한 차이는 암수의 구별이다. 그 동물들은 다른 종보다는 같은 종의 이성에 끌리는 것이 사실이다. 하지만 이러한 경향은—애디슨[5]이 가정하는 것처럼 자신의 동류에게서 발견하는 아름다움 때문이 아니라—동물들이 따르고 있는 어떤 다른 법칙 때문에 생겨난다고 나는 생각한다. 이것은 동물들이 선택할 수 있는 대상의 수가 종의 장벽으로 인해 제한되어 있어 선택의 여지가 별로 없다는 사실에 비추어보아도 정당한 결론이다. 하지만 훨씬 더 다양하고 복잡한 관계를 맺도록 창조된 인간은 동물들과 공유하는 보편적인 감정에다가 몇 가지 **사회적인** 자질을 결합시킨다. 이런 사회적 자질은 인간이 다른 모든 동물과 공유하고 있는 본능적 욕구를 더 고상하게 만든다. 인간은 동물들처럼 닥치는 대로 살도록 창조되지는 않았기 때문에 자신이 선호하는 것이 무엇인지 정할 수 있는 기준을 가져야 하며, 이를 토대로 실제로 좋아하는 것을 선택해야 한다. 이러한 기준은 일반적으로 감각과 관련되어 있다. 다른 어떤 것도 이렇게 빠르고 확실하게 효과를 나타내지 못하기 때문이다. 따라서 우리가 사랑이라 부르는 이 복합적인 감정의 대상은 이성(異姓)의 아름다움이다. 인간들이 일반적으로 이성에게 끌리는 것은 우리에게 공통된 자연의 법칙이다. 하지만 다른 한편으로 우리는 개인적으로 생각하는 아름다움에 따라 각자 다른 이성에게 끌린다. 나는 아름다움을 사회적인 성질이라고 부른다. 왜냐하면 남자나 여자, 그리고 단지 그들뿐만 아니라 다른 동물들을 바라보면서 기쁨이나 즐거움을 느낄 때(그리고 그런 사람이나 동물들은 많이 있다), 우리 안에서 이들을 향한 상냥함과 애정의 감정이 생겨나기 때문이다. 그렇게 하지 못할 이유가 없다면 우리는 그들을 가까이 두고 싶어 하고 기꺼이 그들과 관계를 맺는다. 하지만 많은 경우 어떤 목적으로 이런 일이 이루어졌는지 나는 모른다. 아주 매력적으로 자신을 치장한 동물들과 인간이 맺는 관계가, 그런 치장을 전혀 하지 않거나 훨씬 덜 치장하는 다른 동물들과의 관계보다 더 돈독해야 할 이유가 내가 보기에는 전혀 없기 때문이다. 하지만 창조주가 이렇게 구별을 둔 어떤 커다란 목적이 있을 수 있다. 창조주의 지혜가 우리의 지혜와 다르고 그의 길이 우리의 길과 다르기에 우리가 그 뜻을 분명히 알 수는 없지만 말이다.

제11절 사회와 고독

사회적 감정들 중 두 번째 부류는 사회 일반과 관련된 감정이다.

이와 관련하여 사회 자체는 어떤 실질적인 즐거움도 우리에게 제공해주지 않는다. 하지만 절대적이고 전적인 **고독**은—말하자면 모든 사회로부터의 총체적이고 영원한 배제는—우리가 생각할 수 있는 가장 커다란 고통 중 하나다. 따라서 보통의 **사회**가 주는 즐거움과 절대적 고독이 주는 고통 중에서는 고통이 훨씬 더 강력한 것이다. 하지만 사회적인 즐거움의 결여가 야기하는 불쾌한 감정보다 그 즐거움이 훨씬 강한 경우도 있다. 이런 경우 우리가 어떤 특수한 **사회**와 관련하여 느끼는 가장 강한 감정은 즐거움이다. 예를 들자면, 훌륭한 사람들과의 교제나 활기찬 대화, 우정은 우리의 마음을 커다란 즐거움으로 가득 채운다. 반면 일시적인 고독도 그 자체로 유쾌한 경우가 있다. 이렇듯 고독 자체가 사람들과의 교제만큼이나 즐거움을 준다는 사실은 우리가 행동만이 아니라 명상을 위해서도 창조되었음을 보여주는 것인지도 모른다. 반면 죽음이 인생 전반에 걸친 고독보다 더 많은 두려움을 느끼게 하는 경우가 드물기에, 그런 고독은 우리의 존재 목적에 어긋남을 알 수 있다.

제12절 공감, 모방 그리고 야망

사회적인 감정들은 사회라는 거대한 틀 안에서 그것들이 기여하게 되어 있는 다양한 목적에 따라 여러 가지 형태로 분화된다. 이

런 감정들 중에서 가장 중요한 세 가지는 **공감, 모방** 그리고 **야망**
이다.

제13절 공감

이 중 첫 번째 감정을 통해서 우리는 다른 사람들의 일에 개입하
게 된다. 그들이 감동받으면 우리도 감동을 받으며, 그들이 능동
적으로 행하는 일이나 수동적으로 겪는 거의 모든 일을 무심하
게 구경만 하지는 않는다. 공감은 다른 사람의 입장이 되어 일종
의 감정이입을 하는 것을 의미한다. 이러한 감정이입을 통해 우리
가 느끼는 감정은 자기 보존과 관련이 있는 경우에는 고통이 될
것이고 따라서 숭고의 원천이 될 수 있다. 그렇지 않은 경우에는
즐거움을 느낄 것이다. 후자의 경우에는—사회 전반이든 아니면
사회의 특수한 몇 가지 양상들에만 관련된 것이든—사회적 감정
들에 대해 앞서 서술한 모든 내용이 적용될 수 있다. 주로 이 원
리를 통해서 시나 회화, 기타 예술 장르의 작품들이 한 사람의 가
슴에서 다른 사람의 가슴으로 그 감동을 옮겨주며, 비참이나 불
행, 심지어는 죽음 자체와 안도감을 결합시킨다. 실제였다면 충격
을 주었을 대상들이 비극이나 그와 유사한 장르를 통해 묘사되
면 매우 고상한 즐거움의 원천이 되는 것을 우리는 잘 알고 있다.
이 사실은 지금까지 많은 이성적 추론의 대상이었다.[6] 우선은 그

토록 우울한 이야기가 허구에 불과하다는 사실에서 사람들이 위안을 얻고, 그다음으로는 거기서 묘사되는 불행으로부터 벗어나 있다는 사실이 우리에게 만족감을 준다는 것이 일반적인 견해였다. 하지만 이것은 단순히 신체의 물리적인 구조나 정신의 자연적인 성질로 인해 발생한 감정을 대상에 대한 이성적 추론으로부터 생겨난 것이라고 주장하는 것과 같다. 나는 이런 성격을 지닌 연구 분야에서 그러한 관습이 지나치게 일반화되어 있는 것을 유감스럽게 생각한다. 이성이 우리의 감정에 미치는 영향이 사람들이 일반적으로 생각하는 것처럼 그렇게 광범위하지는 않다고 믿기 때문이다.

제14절 다른 사람의 고통에 대한 공감의 효과

이 점을 제대로 고려하여 비극의 효과를 연구하려면, 우선 실제로 고통을 받는 이웃들의 감정에 우리의 감정이 어떻게 영향을 받는지 생각해보아야 한다. 나는 우리가 다른 사람들의 실제 불행이나 고통에서 어느 정도, 그것도 적지 않은 안도감을 느낀다고 확신한다. 겉으로 보기에는 어떤 감정을 느끼든, 그 감정으로 인해 우리가 이런 대상을 피하는 것이 아니라 오히려 그것에 다가가서 거기 머물게 된다면, 이런 대상에서 우리가 안도감이나 즐거움을 느끼는 것이 틀림없다고 나는 생각한다. 다른 사람들

이 실제로 경험한 고통이나 불행에 대한 역사적 서술을 읽을 때
도 우리는 그 내용이 허구인 로맨스나 시7를 읽을 때만큼이나 많
은 즐거움을 느끼지 않는가? 어떤 왕국의 번영이나 어떤 왕의 위
엄도 마케도니아의 멸망과 불행한 마케도니아 왕자8의 고통만큼
우리를 유쾌하게 해주지는 못한다. 이런 역사적 재난은 전설 속
에 나오는 트로이의 멸망에 관한 이야기만큼이나 우리의 마음을
움직인다. 이런 경우 우리가 느끼는 안도감은, 고통받는 사람이
뛰어난 인격의 소유자이면서도 자신에게 합당치 않은 운명 속에
몰락해가는 경우에는 더욱 커진다. 스키피오와 카토는 모두 훌
륭한 덕을 갖춘 사람들이다. 하지만 한 사람의 갑작스러운 죽음
과 그가 대변했던 대의가 몰락하는 이야기가 다른 한 사람이 당
연히 거둘 만한 승리를 거두고 계속 성공하는 이야기보다 우리에
게 훨씬 더 깊은 감동을 준다. 지나치게 가까이에서 우리를 압박
하지만 않으면 공포는 언제나 안도감을 준다. 반면 연민은 사랑이
나 호의에서 비롯되는 감정이기에 언제나 즐거움을 수반한다. 우
리가 천성적으로 추구하게 되어 있는 어떤 실제적인 목적이 있을
경우, 이 목적을 추구하게 북돋아주는 감정에는 안도감이나 일종
의 즐거움이 수반된다. 창조주는 우리를 묶은 공감의 끈을 그에
상응하는 안도감으로 강화시켰다. 우리의 공감이 가장 필요한 다
른 사람들의 고통을 볼 때 이러한 유대감은 더욱 강화된다. 만일
이런 감정이 고통스럽기만 하다면 이런 감정을 불러일으키는 사

람이나 장소를 우리는 아주 세심한 주의를 기울여서 피하려 할 것이다. 너무 무기력해져서 어떤 강한 자극도 견디지 못할 정도가 된 사람들은 실제로 이렇게 하기도 한다. 하지만 대부분의 인간 들에게서는 사정이 매우 다르다. 드물게 일어나면서도 엄청나게 피해가 심한 재난만큼 사람들이 열렬하게 보고 싶어 하는 광경 도 없다. 그래서 그 불행이 직접 우리 눈앞에서 일어나든지 아니 면 역사를 통하여 접하게 되든지 상관없이 우리의 마음은 그것 을 보고 감동을 느끼게 된다. 이러한 감동에는 순전히 안도감만 이 아니라 적지 않은 불쾌감도 섞여 있기는 하다. 그렇지만 우리 는 이런 것들에서 느끼는 안도감 때문에 불행한 장면을 피하지 않는 것이다. 그리고 우리 자신도 그 고통을 함께 느끼기에 우리 는 고통당하는 사람들을 구해주고 우리도 고통에서 해방된다. 그 런데 이 모든 과정은 이성적 추론에 앞서서―동의할 사이도 없 이 자신을 따르도록 우리를 몰아대는 본능에 따라― 일어난다.

제15절 비극의 효과에 관하여

앞 절에서는 실제 불행한 일이 일어나는 경우에 대해 서술하였 다. 이와는 달리 다른 사람의 고통을 모방하는 경우와, 실제 불 행한 사건이 일어난 경우 사이에 존재하는 유일한 차이는 모방 의 효과로 인해 우리가 느끼는 즐거움이다. 모방이 그다지 완벽하지 않더라도 그것이 모방이라는 것을 알아채면 우리는 거기서 어느 정도 즐거움을 느낀다. 그리고 어떤 경우에는 실제의 경우에 느끼는 즐거움과 비슷하거나 그보다 훨씬 더 큰 즐거움을 얻게 된다. 하지만 그렇다고 해서 우리가 비극에서 느끼는 만족감의 상당 부분이 비극은 속임수이고 비극이 묘사하고 있는 사건도 실제가 아니라는 생각 때문에 생겨난다고 주장한다면 그건 매우 잘못된 생각이다. 실제와 비슷해지면 비슷해질수록, 그리고 그 이야기가 허구라는 생각을 더 많이 몰아내면 몰아낼수록 모방의 힘은 더 완전해진다. 하지만 모방의 힘이 어떠하든 간에 모방은 결코 묘사하는 대상과 같아질 수 없다. 우리가 알고 있는 가장 숭고하고 감동적인 비극의 상연 날짜를 잡고 가장 유명한 배우들을 캐스팅하는 한편, 무대연출이나 무대장식에 돈을 아낌없이 지출하고 대사나 그림, 음악에 공을 있는 대로 들여보라. 그리고는 이제 관객들이 극장에 모여들어 기대에 가득 차 마음이 들떠 있는 바로 그 순간, 지체 높은 중죄인이 근처의 광장에서 곧 처형당할 것이라는 소식을 흘려보라. 순식간에 극장이 텅 비게 될 것이다. 이를 통해 우리는, 모방 예술이 실제 사건에 비해 사람들에게 미치는 영향력이 상대적으로 미약하고 모방 예술보다 실제 사건에 대해 느끼는 공감이 더 크다는 사실을 알 수 있을 것이다. 우리가 실제 사건을 통해서는 단순한 고통만을 느끼지만 그에 대한 묘사를 통해서는 안도감을 느낀다고 판단하는 것은, 우리가 절대로 하지 않을 일을 한번 일어나면 꼭 보고 싶어 할 일과 충분히 구별하지 못하기 때문이라고 나는 생각한다. 우리가 절대로 일어나기를 바라지 않고, 실제로 일어나면 상황이 다시 그 일이 일어나기 전과 같아지기를 진심으로 바라는데도, 그것을 보면서는 즐거워하는 일들이 있다. 자신이 그 위험으로부터 아주 멀리 벗어나 있다 해도, 영국과 유럽의 자랑거리인 이 훌륭한 도시가 큰 불이나 지진으로 인해 파괴되는 것을 보고 싶어 할 정도로 악한 사람은 없을 것이다. 하지만 실제로 그런 엄청난 사건이 일어났다고 가정해보라. 원근각처에서 수많은 사람이 그 폐허를 구경하려고 몰려들 것이다. 그리고 그 가운데서 이전에는 런던의 화려한 모습을 보지 못해도 아무 상관이 없던 사람도 많을 것이다. 그리고―실제든 가상이든―고통으로부터 벗어나 있기 때문에 우리가 안도감을 느끼는 것은 아니다. 내 마음속에서는 그 비슷한 것도 찾아볼 수 없다. 나는 이런 잘못된 생각이 우리가 종종 빠져드는 일종의 궤변 때문에 생긴 것은 아닌가 하고 생각한다. 어떤 일을 하거나 겪기 위한 일반적인 필요조건과 어떤 특정한 행위의 **원인**을 구별하지 못하면 이런 오류를 범하게 된다. 어떤 사람이 나를 칼로 찔러 죽이려면 그 사건이 일어나기 전에 두 사람 모두 살아 있어야 한다는 것은 이 사건이 일어나기 위한 필요조건이다. 하지만 우리 둘 다 살아 있다는 것이 그의 범죄와 나의 죽음의 원인이라는 것은 터무니없는 말이다. 실제든 가상이든 다른 사람들의 고통을 보면서, 아니면 어떤 이유에서든 안도감을 느끼기 이전에 내가 급박한 위험에서 벗어나 있다는 사실이 절대적으로 필요하다는 것은 분명하다. 하지만 그렇다고 해서 어떤 경우든 위험에서 벗어나 있는 일이 안도감의 원인이라고 주장하는 것은 궤변이다. 어느 누구도 그런 이유로 만족감을 느끼지는 않는다. 오히려 격심한 고통을 느끼거나 직접적으로 생명이 위태로운 상황에 노출되어 있지는 않더라도, 우리 스스로가 고통을 겪고 있을 때 다른 사람의 고통에 공감할 수 있는 법이다. 그리고 자신의 불행으로 마음이 부드러워져 있을 때 다른 사람의 불행에 가장 많이 공감하게 된다. 심지어 우리는 자신에게 일어났더라면 감수했을 고통에 대해서도 연민을 느낀다.

제16절 모방

사회와 관련된 두 번째 감정은 모방하고자 하는 욕구와 그 결과로 얻게 되는 즐거움이다. 이 감정은 공감과 마찬가지 원인에서 생긴다. 왜냐하면 공감으로 인해 우리가 다른 사람들의 감정에 관심을 갖게 되는 것과 마찬가지로, 이 감정도 우리로 하여금 사람들이 하는 일을 모방하게 부추기기 때문이다. 그 결과 우리는 모방이나 모방과 관련된 모든 일에서 즐거움을 얻게 된다. 이때 우리는 이성적 능력의 개입 없이 본능적으로 순전히 모방 자체에서 즐거움을 느낀다. 창조주는—우리의 존재목적과 연관되어 있는 모든 대상의 성질에 따라 즐거움이나 안도감을 느끼도록—이런 본능을 우리에게 부여해주었다. 우리는 다른 사람의 가르침보다는 모방을 통해 많은 것을 배운다. 이렇게 해서 우리의 배움은 더 효율적이 될 뿐만 아니라 더 즐거워지며, 이것을 통해 우리의 행동양식과 소신, 생활방식이 생겨난다. 모방은 사회를 이어주는 가장 강력한 유대 관계 중 하나이다. 이를 통해 사람들은 억지로가 아니라 자발적으로 서로 양보하게 되고, 그것이 모두에게 엄청난 즐거움을 주게 된다. 회화나 기타 우리를 즐겁게 해주는 예술 장르들이 지니는 힘의 중요한 원천 중의 하나가 바로 이것이다. 이렇듯 우리의 행동양식이나 감정에 많은 영향을 미치기 때문에 모방은 매우 중요하다. 그러므로 나는 이 책에서, 모방 또는 단순히 모방자의 솜씨에서 느끼는 즐거움 때문에 예술이 우리에게 영향을 미치는 때와, 공감이나 그와 연결되어 있는 다른 원인 때문에 예술이 우리에게 영향을 미치는 때가 언제인지 아주 분명하게 보여줄 규칙을 서술하고자 한다. 시나 회화에서 묘사된 대상이 실제 현실에서는 전혀 보고 싶지 않을 정도인 경우, 그 대상이 시나 회화 작품 안에서 힘을 발휘하는 것은 분명히 모방 때문이지 대상 자체 때문은 아니다. 화가들이 정물화라 부르는 작품들 대부분의 경우가 그렇다. 이런 작품들 안에서는 오두막이나 퇴비더미, 가장 하찮고 평범한 주방 도구들이 우리에게 즐거움을 선사한다. 하지만 회화나 시의 대상이 된 실제 사물이 우리가 그것을 보고 싶어 할 정도일 때에는 사정이 다르다. 이때는 단순한 모방의 효과나 모방자의 솜씨가 아무리 뛰어나다 하더라도, 그 솜씨에 대한 고려 때문이 아니라 사물 자체의 본성 때문에 시나 회화 작품이 힘을 지니게 된다고 확신할 수 있다. 그런데 『시학』에서 아리스토텔레스가 모방의 힘에 대해 매우 자세하고 분명하게 서술하였으므로[9] 여기서 이 주제에 대해 더 이상 논의할 필요는 없겠다.

제17절 야망

조물주가 우리를 온전케 하기 위해 사용하는 중요한 도구 중 하나가 모방이다. 하지만 순전히 모방에만 집착하여 모두가 다른 사람을 따라 하고 그래서 서로가 돌아가면서 영향을 미치기만 하면 아무런 진보도 없을 것이다. 그러면 인간은 짐승이나 마찬가지고 오늘날이나 세상이 시작될 때나 결국은 같은 모습이어야 한다. 이것을 막기 위해 신은 인간에게 야망을 심어주어 모두가 가치 있다고 여기는 어떤 일을 자신이 동료들보다 더 잘한다고 생각하게 되면 만족감을 느끼게 해주었다. 이 감정으로 인해 사람들은 온갖 방법을 동원하여 자신을 알리려 하며, 다른 사람에 비해 자신이 탁월하다고 생각하게끔 해주는 모든 것은 사람들에게 아주 큰 즐거움을 준다. 이 감정이 아주 강하게 인간을 사로잡기 때문에 아주 비참한 처지에 있는 사람이라도 자신이 세상에서 가장 비참하다는 사실로 위안을 삼을 정도다. 실제로 우리에게 다른 사람보다 뛰어난 무언가가 없으면 이러저러한 종류의 독특한 약점이나 우둔함, 결점에서 만족을 얻는다는 것은 분명한 사실이다. 이런 이유로 아첨이 그렇게도 널리 퍼져 있는 것이다. 아첨을 들으면 실제로는 없지만 있으면 좋겠다고 생각하는 것이 우리 안에 있다는 생각이 들기 때문이다. 이렇듯 좋은 이유에서든 나쁜 이유에서든 우리 자신에 대한 평가를 높이는 데 도움이 되는 모든 것은 일종의 의기양양함과 승리감을 자아내는데, 그러면 우리는 기분이 한껏 좋아진다. 우리가 위험에 맞닥뜨리지 않으면서 무시무시한 사물과 관계를 맺을 때 이런 의기양양함이 가장 잘 느껴지고 가장 힘 있게 나타난다. 사람의 마음은 언제나 자신이 바라보는 사물의 위엄과 중요성을 어느 정도는 자신에게도 요구하기 때문이다. 어떤 시인이나 연설가의 숭고한 글을 읽을 때면 언제나 독자의 마음을 가득 채우는 의기양양함과 내면의 위대함의 감정에 대한 롱기누스의 서술도 이런 식으로 전개된다.[10] 실제로 이런 경우에는 누구라도 틀림없이 그런 감정을 느낄 것이다.

제18절 요약

지금까지 서술한 내용 전부를 몇 가지로 요약해보자. 자기 보존과 관련된 감정들은 고통이나 위험에서 생겨난다. 그 원인이 직접 우리에게 영향을 미칠 경우 그러한 감정들은 그저 고통스러울 뿐이다. 하지만 실제로 그런 상황에 처해 있지 않으면서 고통이나 위험을 느낄 경우 그러한 감정들은 우리에게 안도감을 준다. 이러한 안도감은 고통에서 생겨나며 실질적인 즐거움과는 다르기 때문에 나는 그것을 즐거움이라고 부르지 않았다. 그리고 나는 이렇게 안도감을 불러일으키는 모든 것을 **숭고하**다고 부른다. 자기 보존과 관련된 이러한 감정들은 모든 감정 가운데서 가장 강한 것들이다. 감정의 궁극적 원인과 관련하여 제시된 두 번째 항목은 사회이다. 사회에는 두 가지 종류가 있다. 첫째는 남녀 양성으로 이루어진 사회이다. 이에 속한 감정은 사랑이라 불리며 성적 욕구가 그 안에 뒤섞여 있고 그 대상은 여성의 아름다움이다. 두 번째는 인간과 다른 모든 동물로 이루어진 더 광범위한 사회이다. 여기에 기여하는 감정도 마찬가지로 사랑이라 불리지만 거기에는 성적 욕구가 섞여 있지 않다. 그 대상은 아름다움인데, 이 경우 우리에게 애착과 상냥한 마음 또는 이런 감정들과 유사한 다른 감정을 불러일으키는 사물의 모든 성질을 나는 아름답다고 부른다. 두 경우 모두 사랑은 실질적인 즐거움에서 생겨난다. 그런데 사랑의 대상에 대해서 생각할 때 그와 동시에 그 대상을 회복 불가능할 정도로 상실했다는 생각이 떠오른다면, 즐거움에 기원을 둔 다른 모든 감정과 마찬가지로 사랑도 일종의 불쾌감과 뒤섞일 수 있다. 이렇게 즐거움과 함께 섞여 있는 불쾌감을 나는 **고통**이라 부르지 않는다. 왜냐하면 이런 감정은 실제의 즐거움에서 생겨나며 그 원인과 대부분의 결과가 고통과는 전혀 다른 성질을 갖기 때문이다. 공감이라는 특별한 감정은―우리가 사회에 대해서 갖는 일반적인 감정이나, 대상에서 느끼는 즐거움으로 인해 우리가 취하는 선택의 범위 말고는―사회라는 항목으로 다루어지는 감정 중에서 그 적용범위가 가장 넓다. 공감의 특징은 우리로 하여금 다른 사람이 어떤 경우에 처해 있든 그 사람의 입장이 되어 그 사람이 느끼는 것과 유사한 감정을 느끼게 하는 것이다. 그래서 이 감정은―그때그때 상황에 따라―고통 아니면 즐거움에 따라 생겨난다. 하지만 이때도 고통이나 즐거움은 그대로가 아니라 제2절에서 몇몇 경우와 관련하여 언급한 대로 변형을 거쳐 이 감정에 영향을 미친다. 모방이나 야망에 대해서는 더 이상 말할 필요가 없다.

제19절 결론

나는 앞에서 우리가 느끼는 감정들 중에서 가장 중요한 것들을 분류하여 체계적으로 설명하려 시도하였다. 이러한 시도가 이 책에서 앞으로 행하게 될 연구를 위해 좋은 준비가 되었을 것이라고 믿는다. 감정의 종류가 매우 다양하고 어느 감정이나 세심하게 조사할 만한 가치가 있기는 하지만, 내가 앞에서 언급한 감정들은 현재 우리 계획 속에서 고찰할 필요가 있는 거의 전부를 망라한 것이다. 인간의 내면을 더 자세히 살펴볼수록 우리는 도처에서 창조주의 지혜의 흔적을 발견하게 된다. 신체의 여러 부분들이 어떻게 사용되는가를 밝히는 일도 창조주에 대한 찬미라 생각될 수 있다. 정신의 한 기관인 감정을 사용할 때도 조물주에 대한 찬미가 없을 수 없다. 과학과 찬미의 고상하면서도 보기 드문 결합은—이성적인 정신이 창조주의 무한한 지혜로 이루어진 일들을 관찰함을 통해서만 얻어질 수 있는데—감정을 통해서 일어난다. 또 우리 자신의 내면에서 발견되는 모든 의로움이나 선함, 공정함을 창조주의 몫으로 돌리고, 우리 자신의 연약함이나 불완전함 속에서도 그의 힘과 지혜를 발견하며, 그의 능력과 지혜를 발견할 때마다 그것들을 기리고, 우리가 연구를 하다가 길을 잃고 헤맬 때 그의 능력과 깊은 지혜를 찬양함을 통하여, 우리는 꼬치꼬치 캐물으면서도 조물주에게 무례하지 않을 수 있고 오만하지 않으면서도 고상할 수 있다. 그러면 우리는 전능자가 행한 일을 보면서 그의 깊은 뜻을 헤아릴 수 있게 된다. 모든 연구의 주 목적은 정신의 고양이어야 한다. 만일 이것이 어느 정도라도 이루어지지 못하면 우리의 연구는 아무런 소용이 없다. 하지만 이런 커다란 목적 외에도 확실하고 굳건한 원리에 근거하여 감정에 영향을 미치려는 목적을 지닌 모든 사람에게는 감정의 근본적 원리에 대한 고찰이 매우 필요하다고 나는 생각한다. 감정의 일반적 원리를 아는 것만으로는 부족하다. 섬세하게 감정에 영향력을 행사하기 위해서, 또는 영향력을 행사하기 위해 고안된 것들을 제대로 평가하기 위해서 우리는 감정의 여러 가지 영역들 사이의 경계를 정확하게 알아내야 한다. 그러기 위해 감정이 기능하는 다양한 영역들을 추적하여, 외면적으로는 접근할 수 없어 보이는 우리 본성의 내밀한 부분까지 꿰뚫어보아야 한다.

> 내 비밀스러운 내면에 감춰져 있어 말해질 수 없는
> 그것.[11]

이 모든 것이 없이도 때로는 자기가 한 일의 진실성에 대해—명확하게는 아니더라도—자기만족을 얻을 수는 있다. 하지만 자신이 따를 확고한 규칙을 갖게 되거나 자신의 주장을 분명하게 남에게 전달할 수는 없다. 시인이나 연설가, 화가나 기타 이와 유사한 인문학 분야의 일을 하는 사람들은 이러한 비판적 지식이 없이도 자신들의 영역에서 훌륭하게 성공을 거두었다. 그리고 앞으로도 성공할 것이다. 장인들 중에서는 기계들을 지배하는 원리에 대한 정확한 지식이 없이도 많은 기계들을 만들고 심지어는 발명까지 하는 사람들이 있다. 이론상으로는 틀리지만 실제로는 옳은 경우가 드물지 않다는 것을 나도 인정한다. 그리고 우리는 사실이 그러하다는 것을 다행으로 생각한다. 또한 감정적 측면에서는 올바르게 행동하지만 나중에 그 감정에 대해 원리를 따라 이성적으로 사고할 때는 오류를 범하는 경우가 종종 있다. 하지만 이성적으로 사고하려는 시도를 피할 수 없고,[12] 그것이 우리의 실천에 어느 정도 영향을 미치는 것을 막을 수도 없기에, 확실한 경험의 토대 위에서 올바르게 이성적 사고를 하기 위해서는 분명히 어느 정도 노력할 필요가 있다. 예술가들 자신이 우리에게 가장 확실한 안내자가 되어줄 것이라고 기대할 수도 있다. 하지만 예술가들은 지나치게 자신들의 일에만 매달리고 있다. 철학자들은 거의 아무것도 하지 않았고, 해놓은 일이 있다 해도 대부분 자신들의 계획이나 철학체계와 관련된 것뿐이다. 비평가라 불리는 사람들은 대개 잘못된 곳에서 예술의 규칙을 찾고 있다. 그들은 시나 회화, 판화, 조각이나 건축물 들 가운데서 그런 규칙을 찾고 있다. 하지만 예술 자체가 예술을 예술이게끔 하는 규칙들을 제공해줄 수는 없다. 이것이 대개의 예술가들이, 특히 시인들이 아주 작은 테두리 안에 갇혀 있는 이유이다. 그들은 이제까지 자연보다는 서로를 모방해왔다. 게다가 아주 먼 과거의 것을 변함없이 충실하게 모방해왔기 때문에 어느 것이 원형인지 말하기도 어려울 정도이다. 비평가들도 이들을 따라 하고 있기 때문에 우리에게 안내자의 역할을 할 수 없다. 어떤 것이든 그 자체 외에는 아무런 기준도 없이 판단할 경우 그에 대한 판단은 서투를 수밖에 없다. 하지만 예술의 진정한 기준은 누구나 얻을 수 있다. 가장 평범하고 보잘것없는 자연 사물이라도 그것을 느긋하게 관찰하면 누구나 이런 기준을 분명히 얻게 될 것이다. 반면 이런 관찰을 무시하는 사람은 그가 아무리 총명하고 부지런하다 해도 어둠 속에서 헤매게 될 것이 틀림없다. 더 심한 경우에는 잘못된 기준으로 인해 잘못된 즐거움을 얻게 되고 바른 길로부터 벗어나게 될 것이다. 따라서 제대로 된 연구를 위해서는 제대로 된 길에 들어서는 것이 거의 전부나 마찬가지다. 이 책에서 내가 제시한 고찰들은 그 자체로는 보잘것없는 것에 불과하다고 나는 생각한다. 만일 학문이 정체되도록 내버려두는 것보다 학문을 더 타락하게 하는 것이 없다고 확신하지 않았더라면, 나는 그것들을 정리할 생각이라든가 심지어 출판은 생각조차 못했을 것이다. 물이 그 가치를 발휘할 수 있으려면 고여 썩지 않도록 휘저어주어야 하는 법이다. 사물의 피상적인 면을 넘어 그 내면을 들여다보기 위해 연구하다 보면 실수할 수도 있다. 하지만 다음 세대를 위해 길을 닦아 진리에 기여함으로써 그 실수를 만회할 수 있다. 제1부에서 숭고와 아름다움의 감정 자체에 대해서 고찰하였으므로, 이 책의 나머지 부분에서는 그러한 감정을 불러일으키는 원인이 무엇인지 추적할 것이다. 그 과정에서 내가 바라는 것은 오로지, 이 책 어느 한 부분만을 따로 떼어놓고 나머지 부분과 별개로 판단하지 말아달라는 것뿐이다. 이 책에서 제시된 자료들을—논쟁적으로 흠을 잡으려 들 경우는 할 수 없지만—있는 그대로 그리고 때로는 어느 정도 호의적으로 살펴보면 그것들이 그런대로 정당성을 지니게 되며, 이 자료들은 논쟁을 위해 모든 면에서 완벽하게 준비된 것이 아니라 진리의 세계에 평화롭게 들어가기 원하는 사람들을 위해서 준비된 것이기 때문이다.

제2부

제1절 숭고에 의해 유발되는 감정에 관하여

자연 속에 존재하는 거대하고 숭고한 사물이 불러일으키는 가장 강력한 감정은 경악(astonishment)이다. 경악은 우리 영혼의 모든 움직임이 일시적으로 정지된 상태를 말하는데, 거기에는 약간의 공포가 수반된다.* 이 경우 우리의 마음은 그 대상에 완전히 사로잡혀 다른 어떤 대상도 생각하지 못하고, 우리 마음을 사로잡은 그 대상에 대해서 이성적으로 사고할 수도 없다. 여기에서 숭고의 엄청난 힘이 생겨난다. 숭고는 이성적 추론에 의해 생겨나는 것이 아니라 오히려 그것을 앞질러 저항할 수 없는 힘으로 우리를 몰아붙인다. 앞에서 말한 대로 숭고의 효과 중에서 가장 강한 것은 경악이며, 그보다 약한 효과는 경탄과 숭배, 존경이다.

---

* 제1부 제3, 4, 7절.

제2절 공포

두려움만큼 효과적으로 우리에게서 모든 정신적 활동과 이성적 추론의 능력을 빼앗는 감정은 없다. 두려움은 고통이나 죽음에 대해 염려하는 것이기 때문에, 실제로 느끼는 고통과 유사한 방식으로 우리에게 작용한다. 따라서 우리가 어떤 대상을 보면서 무서움을 느낀다면—그 이유가 대상의 크기가 거대하기 때문이든 아니든—그 대상은 숭고하다. 위험한 사물을 하찮거나 경멸할 만한 것으로 간주하지는 못하기 때문이다. 크지는 않지만 공포의 대상이기 때문에 숭고의 관념을 불러일으킬 수 있는 동물들이 많이 있다. 뱀이나 기타 독이 있는 거의 모든 종류의 동물을 예로 들 수 있다. 만일 규모가 엄청나게 큰 사물에 공포의 감정이 더해지면 이 사물은 비할 데 없이 거대해진다. 분명 거대한 평원은 보잘것없지는 않다. 이런 평원의 전망이 대양의 전망처럼 광대할 수도 있다. 하지만 이런 평원이 과연 대양처럼 우리 마음을 사로잡을 수 있을까? 그렇지는 않다. 여기에는 여러 가지 이유가 있지만 대양이 엄청난 공포의 대상이란 사실이 가장 중요한 이유이다. 실제로 공포는 명시적이든 암묵적이든 모든 경우에 숭고의 지배적 원리이다. 이 관념들이 서로 친화력을 지니고 있다는 강한 증거를 우리는 여러 언어에서 발견할 수 있다. 이러한 언어들에서는 놀라움과 경탄, 공포를 나타내기 위해 동일한 단어가 사용되는 경우가 종종 있다. '탐보스'(θάμβος)라는 그리스어는 공포와 놀

라움을 뜻하고 '데이노스'(δεινός)라는 그리스어는 '무섭다'는 뜻
과 '존경스럽다'는 뜻을 지니고 있으며 '아이데오'(αἰδέω)라는 동사
는 '존경하다'는 뜻과 '두려워하다'는 뜻을 동시에 지니고 있다. 라
틴어 동사 '베레오르'(vereor)도 그리스어 '아이데오'와 마찬가지
뜻을 지니고 있다. 로마인들은 깜짝 놀란 상태를 가리키는 '스투
페오'(stupeo)라는 동사를 두려움을 나타내는 데 쓰기도 하고 놀
라움을 표현하는 데 사용하기도 했다. '벼락 맞은'이라는 뜻을 지
닌 '아토니투스'(attonitus)라는 단어도 이런 의미들을 함께 지니
고 있다. 마찬가지로 étonnement이라는 프랑스어 단어나 영어의
astonishment나 amazement 같은 단어도 분명히 이와 유사하게
두려움과 경이로움을 수반하는 감정들을 지시하고 있지 않은가?
언어에 대해 더 해박한 사람들이라면 이와 같은 예들을 더 많이
들 수 있을 것이다.

제3절 불분명함

일반적으로 어떤 사물이 아주 두려운 것이 되려면 불분명*해야
하는 것처럼 보인다. 우리가 그것이 어느 정도 위험한지 이미 다
알고 있고 그 위험에 익숙해질 수 있다면 대부분의 불안은 사라

---

* 제4부 제14~16절.

저버린다. 밤이 모든 위험한 상황에 얼마나 많은 공포를 더해주는지, 유령이나 도깨비에 대한 민간 속설을 믿는 사람들이 이런 존재들에 대해 잘 모를 경우 얼마나 무서워하는지 생각해본 사람이라면 누구나 이 말이 무슨 뜻인지 알 것이다. 인간의 감정, 특히 공포의 감정을 이용하여 유지되는 독재 정부는 그 우두머리를 가능하면 대중의 눈에 띄지 않게 한다. 많은 종교도 마찬가지 전략을 사용한다. 거의 모든 이교도 신전은 어둡다. 오늘날 아메리카 대륙 원주민들의 사원에도 우상은 신전의 어두운 구석에 모셔져 있다. 마찬가지로 드루이드 성직자들[1]도 자신들의 모든 의식을 아주 어두운 숲 가운데, 가장 나이 들고 무성한 떡갈나무 아래서 거행했다. 불분명함을 적절히 이용하여 무시무시한 사물을 부각시키는 비결을 밀턴보다 더 잘 알았던 사람은 아마 없을 것이다.『실낙원』제2권에 나오는 죽음에 대한 묘사는 감탄스러울 정도다. 음울하면서도 화려한, 함축적이고 내용이 풍부하면서도 불명확한 표현을 통해서 그가 어떻게 이 공포의 왕을 그려냈는가를 보면 놀라울 따름이다.

그걸 형체라 부를 수 있다 해도
몸통이나 손발, 관절이라 분간할 수 있는 건 아무것도
　　없는,
보통의 형체와는 전혀 다른 형체였네.

아니면 차라리 그림자라 부를 만했지.
어떻게 부르든 상관없다네. 밤같이 까만 형체에다
복수의 여신처럼 사납고 지옥처럼 무시무시한 모습으로
죽음의 창을 휘둘렀지. 머리처럼 보이는 곳에는
왕관 같은 게 씌워져 있었네.[2]

여기서는 모든 것이 극도로 어둡고 불확실한 데다가 혼란스럽고 무시무시하면서도 숭고하게 묘사되어 있다.

제4절 감정과 관련하여 명확함과 불분명함 사이에 존재하는 차이에 관하여

어떤 관념을 명확하게 제시하는 것과 그 관념이 우리의 상상력을 자극하여 감동을 주게 하는 것은 별개의 일이다. 어떤 궁전이나 신전 또는 풍경을 그림으로 그릴 경우 나는 이런 대상들에 대해 매우 뚜렷한 관념을 제시하게 된다. 하지만 그렇게 되면 (나름대로 의미가 있는 모방의 효과를 고려한다고 해도) 내 그림은 기껏해야 실제 궁전, 신전 또는 풍경이 주는 감동 이상을 주지는 못할 것이다. 다른 한편 내가 말로 아무리 생생하게 묘사한다고 해도 그러한 대상들에 대해서는 아주 불명확하고 불완전한 관념만을 제시할 수 있다. 하지만 이러한 묘사는 사람들의 마음속에 가장 잘 그린 그림보다 더 강한 **감정**을 불러일으킬 수 있으며 우리는 이것을 계속해서 경험할 수 있다. 한 사람의 마음속 **감정**을 다른 사람에게 전달하는 [가장] 적절한 방식은 말이다. 다른 모든 의사소통 방식은 이에 비해 매우 불충분하다. 이렇듯 감정에 영향을 미치기 위해 이미지의 명확함이 절대적으로 필요하지는 않기 때문에, 아무런 이미지를 제시하지 않으면서도 그 목적에 적합한 어떤 소리들을 이용해서 우리의 감정에 상당한 영향을 미칠 수 있다. 많은 사람이 인정하고 있는 기악연주의 강력한 효과가 이를 충분히 뒷받침해준다. 실제로 어떤 이미지가 너무 분명하면 그에 대해 열광케 하는 데는 어떤 식으로든 방해가 되기 때문에 감동을 주는 데는 별로 효과적이지 못하다. 호라티우스의 『시작의 기술』에 나오는 두 행은 이러한 견해와 모순되는 듯이 보인다. 그래서 조금 더 주의 깊은 관찰을 통해 이 문제를 해결하도록 하겠다. 그 두 행의 내용은 다음과 같다.

> 인간의 마음은 눈으로 정확히 보는 것보다는
> 귀로 듣는 것에 더 느리게 반응한다네.[3]

뒤보[4] 수도원장은 이 구절을 근거로 제시하면서 시보다 회화가 더 사람의 마음을 많이 움직인다고 주장한다. 그 주된 이유를 그는 회화가 시보다 더 **명확하게** 관념을 재현한다는 사실에서 찾고 있다. 평소에는 판단력이 매우 뛰어난 그가 이런 실수를 (만일 실수라면) 하게 된 것은 그의 사상체계 때문이라고 나는 생각한다. 경험에 따르는 것이 좋다고 내가 생각하는 것보다 훨씬 더 그는 자신의 사상체계에 따르는 편이 낫다고 생각했던 것이다. 회화 예술을 사랑하고 찬탄해 마지않으면서도 찬탄의 대상이 되는 작품들을 바라볼 때는 냉정함을 잃지 않지만, 감동적인 시나 웅변을 접할 때는 마음이 따뜻해지고 생기를 띠는 사람들을 나는 여럿 알고 있다. 나는 보통 사람들 중에서는 회화에 감정적으로 영향을 많이 받는 사람들을 거의 본 적이 없다. 이들이 최고의 시만큼이나 최고의 회화 작품도 그다지 많이 이해하지 못하는 것은 사실이다. 하지만 광적인 설교가의 설교 또는 체비 체이스(Chevy-chase)[5]에 관한 민요나 '숲속의 아이들'[6], 그 밖에 유행하는 짧은 통속시나 설화들을 들으면 사람들의 감정이 고조되는 것은 매우 분명한 사실이다. 나는 이런 효과를 불러일으키는 어떤 회화 작품도―좋은 작품이든 나쁜 작품이든 간에―본 적이 없다. 이렇듯 시는―비록 대단히 불분명한 이미지를 제공하기는 하지만―다른 어떤 예술 장르보다 더 보편적이면서도 강력하게 인간의 감정을 지배한다. 이렇듯 불분명한 관념이라도 제대로 전달되면 명확한 관념보다 훨씬 더 많은 감정적 영향을 미치는 이유가 이미 우리의 본성 속에 존재한다는 것이 내 생각이다. 우리가 어떤 사물에 대해 감탄하고 그로 인해 흥분을 느끼게 되는 것은 그것을 잘 모르기 때문이다. 아무리 충격적인 것이라도 그것을 미리 알고 있거나 접해본 경험이 있으면 우리의 감정에는 별 영향을 미치지 못한다. 이런 경험을 하는 것은 미천한 사람들만이 아니다. 다른 모든 사람도 자신들이 이해하지 못하는 것에 대해서는 마찬가지 경험을 한다. 영원과 무한의 관념은 우리가 가진 관념들 중 가장 감동적이다. 하지만 영원이나 무한만큼 우리가 제대로 이해하지 못하는 것도 아마 없을 것이다. 사람들이 사탄을 그에 아주 걸맞은 장중한 표현으로 그려낸 밀턴의 묘사를 칭찬하는 것은 당연한 일이다. 그리고 이보다 더 숭고한 묘사는 어디서도 만날 수 없다.

그는 형체나 몸짓이
다른 모든 이들보다 뛰어나
높은 탑처럼 도도하였네.
그 모습은 아직 원래의 광채를 다 잃지 않아
파멸한 천사장의 모습보다 결코 못하지 않았지.
그의 차고 넘치는 광휘는 흐릿했는데
마치 태양이 새로이 떠오를 때
그 광채가 흐려진 채로
수평선의 안개를 뚫고 나타나는 것과도 같고,
일식 때 달 뒤쪽 불길한 어스름 속에서

세상의 절반을 비추며 혁명에 대한 두려움으로

왕들을 당혹케 하는 것과도 같았네.[7]

이것은 아주 훌륭한 묘사이다. 그런데 이런 시적 묘사를 이루고 있는 것은 무엇인가? 탑이나 천사장, 안개를 뚫고 솟아나거나 일식 중에 있는 태양, 제왕들의 몰락 그리고 왕국을 뒤흔드는 혁명의 이미지이다. 이렇듯 혼란스럽게 뒤섞여 있는 엄청나게 큰 이미지들로 인해 우리의 정신은 혼미해진다. 이 이미지들이 이렇게 큰 영향력을 갖는 것은 서로 혼란스럽게 뒤섞여 있기 때문이다. 그것들을 따로 분리시켜보라. 그러면 거대함이 사라져버릴 것이다. 그것들을 다시 결합시켜보라. 그러면 틀림없이 명확한 이미지가 사라질 것이다. 시를 접하고 우리가 떠올리는 이미지들은 언제나 이렇듯 불명확하다. 일반적으로 시의 효과는 시가 불러일으키는 이미지 때문에 생기는 것은 결코 아니지만 말이다. 이 점에 대해서는 앞으로 상세히 고찰할 것이다.* 모방의 즐거움을 뺀다면 회화는 오로지 이미지들을 통해서만 우리에게 영향을 미친다. 그런데 회화 작품 속에서도 이미지를 통해 묘사된 어떤 사물에 대해 정확한 판단을 내리기 어려울 때 작품이 의도하는 효과가 더 쉽게 달성될 수 있다. 회화 작품에 나타나는 이미지들은 우리가 자

---

* 제5부.

연에서 접하는 이미지들과 매우 유사한데, 자연 속에서도 어둡고 혼돈스러우며 불확실한 이미지가 선명한 이미지보다 장엄한 감정을 유발하는 힘을 더 많이 지니고 있기 때문이다. 그런데 언제 어디서 이런 현상이 실제로 나타나는지 그리고 얼마나 광범위하게 나타나는지는—미리 주어진 어떤 규칙보다는—우리가 다루고 있는 주제의 특성과 실제적인 예를 잘 관찰할 때 더 잘 알 수 있을 것이다. 이런 내 견해에 대해 반론이 제기되어왔고 지금도 여전히 그것을 거부하는 사람들이 있다는 사실을 나도 알고 있다. 하지만 어떤 식으로든 무한에 근접하지 않으면서 그 거대함으로 우리 마음에 감동을 주는 것은 거의 없다는 사실을 한번 생각해보라. 우리가 그 한계를 알 수 있을 때는 어떤 사물도 그런 감동을 주지 못한다. 그런데 어떤 사물을 선명하게 본다는 것은 그 경계를 인식한다는 것과 같다. 따라서 명확한 관념이라는 말은 보잘것없는 관념이라는 말과 동의어이다. 구약성서 「욥기」에 보면 놀라울 정도로 숭고한 느낌을 주는 구절이 있는데, 그 숭고함의 주요 원인은 묘사된 대상의 형체가 확실치 않아 공포를 유발한다는 사실에 있다. "사람이 깊이 잠들 즈음 내가 그 밤에 본 환상으로 말미암아 생각이 번거로울 때에 두려움과 떨림이 내게 이르러서 모든 뼈마디가 흔들렸느니라. 그때에 영이 내 앞으로 지나매 내 몸에 털이 주뼛하였느니라. 그 영이 서 있는데 나는 그 형상을 알아보지는 못하여도 오직 한 형상이 내 눈앞에 있었느니

라. 그때에 내가 조용한 중에 한 목소리를 들으니 사람이 어찌 하나님보다 의롭겠느냐?"[8] 아주 엄숙하게 환상을 접할 준비를 하고는 처음에는 두려움에 떨다가 마음이 차분해지면서, 불명확했기 때문에 두려운 감정을 유발했던 것이 무엇인지 우리는 알게 된다. 그런데 도대체 이렇게 엄청난 공포의 원인은 무엇일까? 어떤 것이 아주 생생하게 묘사되거나 뚜렷하게 그려질 때보다는 가늠할 수 없는 어둠의 그늘 속에 가려져 있을 때 훨씬 더 무시무시하고 충격적인 것이 아닐까? 화가들이 이렇게 아주 환상적이고 무시무시한 것들을 분명하게 묘사하려고 시도할 때면 그 시도는 거의 언제나 실패했다는 것이 나의 생각이다. 그래서 지옥을 그린 그림들을 볼 때마다 화가가 무언가 우스꽝스러운 것을 그리려 한 게 아닌지 생각할 정도였다. 무시무시한 유령의 모습을 자신들의 상상력이 허락하는 한에서 화폭에 담아보려고 여러 화가들이 이런 종류의 그림을 그렸지만, 내가 여태까지 본 성 안토니우스의 유혹[9]을 다룬 그림들은 엄숙한 감정을 자아내기보다는 하나같이 기묘하고 괴기스러운 것들이었다. 오히려 시가 이런 주제들을 다루기에 매우 적합하다. 시에서 묘사하는 유령이나 괴물들, 알레고리적 형상들은 장대하며 우리의 마음을 크게 움직인다. 베르길리우스의 '명예'(fame)나 호메로스의 '불화'(discord)는 형체가 분명치 않으며 그래서 장엄한 느낌을 준다. 반면 회화 작품 속에 그려진 이런 형상들은 선명한 모습을 지니긴 하지만 우스꽝스러

워 보이기 쉽다.

제5절 힘

내가 아는 한—직접적으로 위험을 암시하거나 기계적인 원인으로 인해 비슷한 효과를 자아내는 경우 외에—힘의 변형된 형태가 아닌 숭고함은 존재하지 않는다. 다른 두 경우와 마찬가지로 이 경우에도 숭고는 당연히 모든 숭고의 공통된 원천인 공포에서 비롯된다. 얼핏 보기에 힘의 관념은 고통이나 즐거움 어느 쪽과 관련되어도 상관없는 것처럼 보인다. 하지만 엄청난 힘의 관념으로부터 생겨나는 감정은 실제로는 이러한 중립적인 성격과는 아주 거리가 멀다. 우리가 우선 기억해야 할 것은 극도의 고통은 극도의 즐거움보다 훨씬 강렬하며 이보다 정도가 약한 경우에도 고통이 즐거움보다 더 강렬하다는 사실이다. 따라서 똑같은 정도의 고통과 즐거움을 느낄 확률이 어느 정도 비슷하다면, 언제나 고통의 관념이 우세할 수밖에 없다. 그리고 고통, 특히 죽음의 관념은 우리의 감정에 너무나 커다란 영향을 미치기 때문에, 고통이나 죽음을 초래할 힘이 있다고 생각되는 것을 목전에 두고 전혀 공포를 느끼지 않기란 불가능하다. 다시 말하자면, 우리는 즐거움을 느끼기 위해서는 크게 힘을 들여 노력할 필요가 없다는 사실을 경험을 통해 알고 있다. 아니, 그런 노력은 만족감을 느끼는 데 오히려 방해가 될 것이다. 즐거움은 훔치는 것이지 억지로 얻어낼 수는 없는 것이다. 우리의 의지는 즐거움을 좇게 마련이다. 따라서 우리는 대개 우리보다 힘이 훨씬 약한 대상들을 통해 즐거움을 얻게 된다. 반면 우리가 자발적으로 고통을 받아들이는 경우는 없기 때문에 고통은 항상 어느 정도는 우리보다 강한 힘을 지닌 대상들에 의해 유발된다. 따라서 힘, 폭력, 고통, 공포의 관념은 한꺼번에 우리 마음속을 파고 들어온다. 엄청난 힘을 소유하고 있는 사람이나 동물을 바라보면서 여러분은—그에 대해 깊이 숙고해보기 전에—어떤 관념을 갖게 되는가? 이 힘이 어떤 식으로든 여러분에게, 여러분의 즐거움에, 여러분의 이해관계에 도움이 될 것인가? 아니다. 이때 우리가 느끼는 감정은 이 엄청난 힘이 우리를 약탈하거나 파괴하는 데 사용되지 않았으면 하는 것이다.* 무시할 수 없는 힘을 소유한 존재가 우리를 해치지 못하게 할 수 있는 경우는 매우 드물다. 하지만 만일 여러분이 그렇게 할 수 있다면 그 힘은 숭고함이 사라지게 되고 즉시 하찮은 것이 되어버린다. 일반적으로 힘은 그에 수반되는 공포 때문에 숭고해진다는 것이 이러한 사실로부터 명백해진다. 소는 아주 힘이 센 동물이지만 무해한데다 매우 쓸모 있는 동물이며 전혀 위험하지 않다. 이런 이유로 인해 소의 관념은 전혀 장엄하지 않다. 황소

---

* 제3부 제21절을 보라.

도 힘이 세다. 하지만 그 힘은 종류가 다르며 종종 아주 파괴적인데다 우리 일에 소용이 되는 경우가 (적어도 우리에게는) 드물다. 따라서 황소에 대한 관념은 장엄하며, 숭고한 것을 묘사할 때나 어떤 인물을 높여 기릴 때 종종 황소에 비유하기도 한다. 마찬가지로 힘이 센 동물인 말을 이렇게 두 가지 서로 다른 관점에서 살펴보기로 하자. 쟁기질하기에도, 교통수단으로도, 짐수레를 끌기에도 적합한 쓸모 있는 짐승인 말에게서 우리는 아무런 숭고함도 느낄 수 없다. 하지만 우리는 다음과 같은 말을 듣고는 강한 감동을 느낀다. "그 목에 흩날리는 갈기를 네가 입혔느냐? […] 그 위엄스러운 콧소리가 두려우니라. […] 땅을 삼킬 듯이 맹렬히 성내며 나팔 소리에 머물러 서지 아니하고 […]"**10** 이러한 묘사에서는 유용한 짐승인 말은 완전히 사라지고 무시무시하고 숭고한 말의 모습이 드러난다. 우리 주위에는 상당히 큰 힘을 지니고 있지만 무해한 동물들이 있다. 이런 동물들 중에서 우리가 숭고를 찾지는 않는다. 숭고한 대상을 만나는 곳은 어두운 숲속이나 황량한 광야이고 그 대상은 사자나 호랑이, 표범이나 코뿔소의 모습을 하고 있다. 동물의 힘이 우리의 필요나 오락을 위해 쓰이기만 한다면 그 힘은 결코 숭고하지 않다. 우리가 원하는 바에 부합하지 않으면 아무것도 우리에게 즐거움을 줄 수 없고, 즐거움을 주기 위해서는 그 동물이 우리에게 복종해야 하는데, 그렇게 되면 그 모습이 장엄하고 위풍당당할 수는 없기 때문이다. 「욥기」의 야생 당나귀에 대한 묘사는, 그 당나귀의 자유로움과 인간에 대한 도전을 강조함만으로도 적지 않은 숭고의 감정을 불러일으킨다. "누가 들 나귀를 놓아 자유롭게 하였느냐 누가 빠른 나귀의 매인 것을 풀었느냐? 내가 들을 그것의 집으로, 소금 땅을 그것이 사는 처소로 삼았느니라. 들 나귀는 성읍에서 지껄이는 소리를 비웃나니 나귀 치는 사람이 지르는 소리는 그것에게 들리지 아니하며 초장 언덕으로 두루 다니며 여러 가지 푸른 풀을 찾느니라."[11] 같은 책에 나오는 들소와 리워야단에 대한 장엄한 서술도 마찬가지로 과장된 묘사로 가득 차 있다. "들소가 어찌 기꺼이 너를 위하여 일하겠으며 네 외양간에 머물겠느냐? 네가 능히 줄로 매어 들소가 이랑을 갈게 하겠느냐? 그것이 어찌 골짜기에서 너를 따라 써레를 끌겠느냐? 그것이 힘이 세다고 네가 그것을 의지하겠느냐? […] 네가 낚시로 리워야단을 끌어낼 수 있겠느냐? […] 어찌 그것이 너와 계약을 맺고 너는 그를 영원히 종으로 삼겠느냐? […] 그것의 모습을 보기만 해도 그는 기가 꺾이리라."[12] 간단하게 말하자면, 어디서 힘을 발견하고 어떤 관점에서 그 힘을 관찰하든 숭고에는 언제나 공포가 수반된다는 사실을 우리는 확인하게 된다. 반면 우리에게 복종하고 아무런 해를 끼치지 않으면서 힘을 지닌 것을 우리는 경멸할 것이다. 많은 종류의 개들은 일반적으로 상당한 힘과 민첩함을 지니고 있다. 그리고 이들은 자신들이 소유한 이런 능력이나 다른 소중한 능력들을 사용하여 우리를 매우 편하고 즐겁게 해준다. 개는 짐승들 중에서 가장 친근하고 정이 많으며 사랑스러운 동물이다. 하지만 우리가 개에게 느끼는 애정은 보통 생각하는 것보다 훨씬 더 경멸에 가깝다. 우리는 개를 사랑하고 쓰다듬어주면서도 욕을 할 때는 개와 관련된 단어를 가장 저속한 표현으로 사용한다. 어느 언어에서든 이러한 표현은 가장 심한 경멸을 뜻하는 것이 보통이다. 여러 종의 개는 늑대 못지않은 힘을 지니고 있다. 하지만 길들일 수 없는 사나움 때문에 늑대는 개와는 달리 경멸의 대상이 되는 신세를 피했다. 어떤 장엄한 것을 묘사하거나 비유할 때 늑대가 빠지는 법은 없다. **자연적인 힘**의 경우에 우리는 이렇게 감동을 받는다. 다른 한편 왕이나 장군들이 지니고 있는, 제도에 기인하는 힘도 마찬가지로 공포와 관련되어 있다. 그래서 우리는 군주들을 자주 **황공하신 폐하**(dread majesty)라는 칭호로 부른다. 세상물정을 잘 모르고 권력가들을 접할 기회가 없었던 젊은이들은 그런 기회가 생기면 대개 두려움에 빠져 자신들의 정신적 능력을 제대로 발휘하지 못한다. "그때에는 내가 나가서 성문에 이르기도 하며 내 자리를 거리에 마련하기도 하였느니라. 나를 보고 젊은이들은 숨으며 […]."**13** 권력 앞에 이렇게 겁을 먹는 것은 너무나 자연스러운 일이고 그러한 성향이 우리 속에 아주 강하게 내재되어 있기 때문에, 그것을 극복할 수 있는 사람은 극소수에 불과하다. 하지만 그렇게 할 수 있다 할지라도, 그것은 자신도 커다란 세상사에 많이

114

관여를 해보았거나 아니면 자신들의 원래 지니고 있던 성향을 적지 않은 힘을 들여 억눌러야만 가능한 일이다. 권력에 대해 우리가 항상 공포나 경외의 감정을 가지지는 않는다고 어떤 사람들이 생각한다는 것을 나도 알고 있다. 그들은 심지어 하나님에 대해서도 이런 감정을 느끼지 않고 생각할 수 있다고 주장하기까지 했다. 이 주제를 처음 다루기 시작할 때 나는 이 위대하고 엄청난 존재자의 관념을 이렇게 가벼운 논의를 위해 예로 드는 것을 의도적으로 피했다. 하나님의 관념이 이 문제에 관한 내 견해에 대한 반증이 아니라 강력한 증거를 제공한다는 생각이 자주 떠오르기는 했지만 말이다. 앞으로도 나는—어떤 대상에 대해 완벽하게 적절한 표현을 하기가 누구에게나 거의 불가능한 상황인데도—억측을 늘어놓지는 않을 것이다. 그래서 나는 힘과 지혜와 정의로움과 선함을 모두 함께 지닌 신을 오로지 지적 파악의 대상으로 생각한다면 신의 모든 것은 우리가 이해할 수 있는 한계를 훨씬 넘어서고, 이렇듯 세련되고 추상적인 측면에서 신성을 고찰하면 우리의 상상력이나 감정은 거의 또는 전혀 그 영향을 받지 않는다고만 말할 것이다. 하지만 우리는 본성적으로 감각적 이미지의 매개를 통하여 이렇듯 순수하고 지적인 관념을 획득하게 되며 위에서 언급한 신의 속성들을 그것이 분명하게 실행에 옮겨지고 발휘되는 것을 보면서 판단한다. 따라서 우리는 결과에서 시작하여 원인을 알게 되는데, 이럴 때 결과에서 원인을 떼어

내서 생각하기란 대단히 힘든 일이다. 따라서 신성을 관찰할 때 신의 성품과 그 성품으로 인한 신의 행위는 우리에게는 일종의 감각적 이미지를 통해 하나로 결합되어 나타나며 그 자체로 우리의 상상력을 자극할 수 있다. 신에 대한 올바른 관념에 따르자면 신의 속성들 중 어느 하나가 다른 것보다 뛰어난 것은 아니다. 하지만 우리의 상상 속에서는 신의 능력이 가장 강한 인상을 남긴다. 그의 지혜나 정의로움, 선함을 이해하려면 어느 정도 비교와 성찰이 필요하다. 반면 그의 능력에 감동을 받으려면 그저 우리의 눈을 열어 보기만 하면 된다. 전능하고 무소부재하는 신의 손길을 느끼게 하는 엄청나게 큰 대상을 바라볼 때면 우리는 저절로 위축되고 압도되어버린다. 그리고 그의 다른 성품들, 즉 신의 정의로움과 자비로움에 대해 생각하게 되면 어느 정도는 두려움이 완화될 수 있지만, 그 어떤 믿음도 아무도 거스를 수 없는 엄청난 힘 앞에서 당연히 느끼게 되는 공포를 완전히 없애주지는 못한다. 따라서 우리가 신 앞에서 느끼는 기쁨은 두려움에 떨면서 느끼는 기쁨이다. 그리고 신의 은총을 입을 때도 우리는 그토록 엄청난 은총을 줄 수 있는 힘 앞에서 전율할 수밖에 없다. 예언자 다윗은 인간을 창조한 신의 경이로운 지혜와 능력을 바라보면서 일종의 신성한 두려움을 느낀 듯하다. 그래서 그는 이렇게 부르짖었다. "나를 지으심이 두렵고 경이롭구나!"[14] 한 이교도 시인도 비슷한 감정을 느꼈다. 호라티우스는 광대하고 영화로운 우

주의 모습을 두려움에 떨며 망연자실한 채 바라보지 않는 것은
철학적인 의연함과 용기의 마지막 표현이라고 생각했다.

> 어떤 이들은
> 해와 별, 사철의 운행을
> 아무런 두려움 없이 바라볼 수 있다네.[15]

루크레티우스는 미신적인 두려움에 굴복했다는 의심을 받지 않
는 시인이다. 하지만 자신의 철학 스승, 즉 에피쿠로스가 자연의
메커니즘을 모두 해명해놓았다고 생각하면서 대담하고 생생한
시적 언어로 다채롭게 묘사한 장엄한 광경은 은밀한 두려움과 공
포로 뒤덮여 있다.

> 이것들 때문에 성스러운 기쁨과 공포가 동시에 나를 사
>   로잡네.
> 그건 당신의 [즉, 에피쿠로스의] 능력을 통해
> 자연의 모든 모습이 적나라하게 드러났기 때문이지.[16]

그런데 성서만 보아도 이런 장엄한 모습에 대한 묘사들을 접할
수 있다. 신이 나타나서 말씀하시는 장면을 묘사하는 성서 구절
에서는—신의 임재가 주는 두려움과 장엄함을 더 강조하기 위

해—공포의 감정을 불러일으키는 모든 것이 동원되고 있다. 시편과 예언서들은 이런 구절들로 가득 차 있다. "땅이 진동하며 하늘이 하나님 앞에서 떨어지며"[17]라고 시편 기자는 말한다. 그리고 신이 악한 자들에게 벌을 내릴 때뿐만 아니라 인간들에게 은총을 베푸는 경우에도 그 묘사가 마찬가지 특성을 지닌다는 사실은 주목할 만하다. "땅이여 너는 주 앞 곧 야곱의 하나님 앞에서 떨지어다. 그가 반석을 쳐서 못물이 되게 하시며 차돌로 샘물이 되게 하셨도다."[18] 우리가 지니고 있는 신성의 관념과 거룩하고 경외심이 섞인 두려움은 떼려야 뗄 수 없이 결합되어 있다. 성서에서든 세속적인 글에서든 모든 인간들이 이러한 감정들을 느낀다는 사실을 확인해주는 경우를 열거하려면 한이 없다. 그래서 다음과 같은 격언이 생긴 것이다. "공포가 세상에 최초의 신들을 만들었다."[19] 이 격언은 내가 믿기로는 종교의 기원에 관해서는 틀린 말이다. 이 격언을 만든 사람은 이 관념들이 얼마나 서로 떼려야 뗄 수 없는 것인지를 알기는 했지만, 이렇게 두려워하는 마음이 생기려면 언제나 필연적으로 어떤 엄청난 힘에 대한 생각이 선행되어야 한다는 사실을 고려하지는 못했다. 바로 이러한 원리 때문에 진정한 종교에는 우리에게 유익을 가져다주는 무수하게 많은 두려움들이 뒤섞여 있다. 반대로 거짓된 종교에는 자신을 유지하기 위해 만들어내는 두려움 외에는 아무것도 없다. 기독교가 신성을 인간화하여 우리에게 어느 정도 더 가깝게 해주기 전에는 하나님의 사랑에 대해서 말하는 사람은 거의 아무도 없었다. 플라톤의 추종자들이 그에 대해 조금 말하기는 했지만 그뿐이었지 더 이상 자세하게 논하지 않았다. 고대의 다른 이교도 저술가들은, 시인이든 철학자든, 그에 대해 아무 말도 하지 않았다. 얼마나 혼신의 힘을 기울여야, 썩어질 세상의 것들을 얼마나 하찮게 여겨야, 얼마나 오랫동안 경건과 명상의 훈련을 거쳐야 신에 대한 전적인 사랑과 헌신에 이를 수 있는지 생각해본 사람이라면, 신에 대한 사랑이 신에 대해 생각하면 제일 먼저 얻게 되는 가장 자연스럽고 눈에 띄는 결과는 아니라는 사실을 쉽게 알아챌 것이다. 이렇게 우리는 몇 가지 단계를 거쳐 상상력이 마침내 한계에 이르게 되는 최고의 경지에까지 힘에 대해 고찰해보았다. 이 모든 과정에서 우리는 줄곧, 거기에 공포의 감정이 떼려야 뗄 수 없이 결합되어 있으며 관찰할 수 있는 한도 내에서는 힘이 커질수록 공포도 커져 감을 확인하였다. 이렇듯 의심의 여지없이 힘이 숭고의 주요한 원천이라는 사실은 어디서 숭고의 에너지가 비롯되는지, 숭고가 어떤 종류의 관념인지를 분명하게 보여줄 것이다.

제6절 결핍

공허, 어두움, 고독, 침묵 등 모든 전반적 결핍은 두려움을 자아내기 때문에 장엄하다. 베르길리우스는 한편으로는 번뜩이는 상상력을 동원하면서도 다른 한편으로는 엄격한 판단력을 사용하여 이 모든 가공할 만한 이미지들이 한데 모일 수밖에 없는 지옥 입구를 묘사하고 있다. 여기서 그는—이 거대한 심연의 비밀을 누설하기에 앞서—종교적인 두려움에 사로잡히고 자신의 계획의 대담함에 소스라치게 놀라 뒤로 물러서는 것처럼 보인다.

영혼을 다스리는 신들이여, **침묵의 그늘이여!**
카오스여, 플레게톤**20**이여, 무시무시한 밤의 **침묵이여!**
내가 들은 바를 말하게 하소서.
내게 자비를 베풀어 대지의 품 안에서
어둠 속에 숨어 있던 것을 드러내게 하소서!
그것이 **홀로이 한밤중 어둠** 속에서,
하데스**21**의 빈집을, 공허한 지하 명부를
희미한 모습으로 배회하고 있나이다.22

지하세계의 신들이여,
그 옆을 스치고 지나가는 귀신들도, **침묵의 그늘도**
그 무시무시한 모습에 순종하도다!
오, 서리로 뒤덮인 카오스여, 깊디깊은 플레게톤이여.
그 장엄한 영토가 넓디넓도다.

위대하고 무시무시한 신들이여, 지옥 깊숙이에서 벌어
　　지는
기이한 일들을 이야기하게 허락하소서.
캄캄한 어둠의 왕국 그 엄청난 비밀들을
백일하에 드러내게 하소서.[23]

죽은 자들이 있는 **황폐한** 땅들을 따라 드리운 음산한
　　그늘을
저들이 **희미한 모습**으로 가로질러 가네.[24]

제7절 광대함

규모의 거대함*은 숭고의 강력한 원인이다. 이것은 너무나 명백
하며 흔히 볼 수 있기에 예를 들 필요조차 없다. 하지만 규모의
거대함, 즉 넓이 또는 양의 거대함이 어떤 방식으로 가장 눈에 띄
는 효과를 낳게 되는지에 대한 고찰은 그렇게 흔하지 않다. 동일
한 연장을 어떤 특정한 방식으로 관찰하면 다른 방식으로 관찰
할 때보다 더 커다란 효과를 낳는 경우가 분명히 있다. 연장은 길
이, 높이, 깊이로 이루어진다. 이 중에서 길이가 가장 덜 감명을

---

* 제4부 제9절.

준다. 백 미터 길이의 평평한 땅은 백 미터 높이의 탑이나 바위, 산이 주는 것과 같은 효과는 절대로 일으키지 못할 것이다. 마찬가지로 나는 높이가 깊이보다는 덜 장엄하다고 생각한다. 절벽에서 내려다보는 것이 같은 높이의 대상을 올려다보는 것보다 훨씬 더 크게 우리 마음을 움직인다. 경사진 평원보다는 깎아지른 절벽이 숭고를 느끼게 하는 힘이 더 크다. 울퉁불퉁하고 거친 표면이 주는 효과가 부드럽고 윤기 나는 표면이 주는 효과보다 강한 듯하다. 이런 현상들이 왜 나타나는지를 조사하는 일은 우리의 원래 목적을 벗어날 것이다. 하지만 이것들이 우리에게 커다란 사색의 장을 마련해주고 그 사색의 결실이 풍부하다는 것은 분명한 사실이다. 하지만 크기에 대한 이러한 언급들에다 다음과 같은 언급을 추가하는 것이 잘못된 일은 아닐 테다. 극단적으로 규모가 큰 것이 숭고한 것처럼 극단적으로 작은 것도 어느 정도는 숭고하다. 물질의 무한한 분할 가능성에 주목하고, 동물의 세계를 살피면서 엄청나게 작아서 우리의 감각이 아무리 꼼꼼하게 살펴도 분간할 수 없는 유기체적 존재까지 추적해 들어갈 때나, 훨씬 더 작은 동물들을 고찰하게 되어 이제는 감각뿐만 아니라 상상력도 따라갈 수 없을 정도가 되면, 우리는 이 작디작은 세계의 경이로움에 놀라 어리둥절하게 된다. 이렇게 되면 우리는 극단적으로 작은 것이 가져다주는 효과를 거대한 것이 가져다주는 효과와 구별할 수 없다. 나누기는 더하기와 마찬가지로 무한하게 계속될 수밖에 없다. 왜냐하면 더 이상 나눌 수 없는 완전한 개체의 관념은 더 이상 거기에 아무것도 더할 수 없는 완전한 전체의 관념만큼이나 도달 불가능한 것이기 때문이다.

제8절 무한함

숭고의 다른 원천은 **무한함**이다. 그것을 방금 다루었던 광대함의 일부로 생각하지 않는다면 말이다. 무한함은 사람의 마음을 일종의 안도감이 수반되는 두려움으로 가득 채우는 경향이 있는데, 이러한 두려움이 숭고가 자아내는 가장 고유한 효과이자 숭고를 가려낼 수 있는 가장 참된 시금석이다. 감각적 인식의 대상이 될 수 있으면서 실제로도 무한한 사물은 거의 없다. 하지만 우리의 눈이 많은 사물들의 한계를 지각할 수 없을 때 그 사물들은 무한한 것처럼 보인다. 그리고 이러한 사물들은 마치 정말로 무한한 것과 같은 효과를 자아낸다. 또 어떤 커다란 대상의 부분들이 그 수를 가늠할 수 없을 정도로 계속 뻗어나가기 때문에 우리가 상상력을 동원하여 마음대로 그 경계를 확장하는 것을 막을 수 없다면, 우리는 여기서도 마찬가지 착각을 하게 된다. 빙글빙글 돌고 난 뒤에는 앉아 있어도 주위의 사물들이 여전히 돌고 있는 것처럼 느껴지는 것과 마찬가지로, 어떤 관념을 계속해서 접하게 되면 우리의 마음은 일종의 메커니즘에 따라 그 첫 원인 제공자가 사라지고 한참 지난 후에도 그 관념을 계속 접하게 된다.*
폭포의 물소리나 대장간 망치 소리 같은 소리를 오래 계속 듣게
되면 그 소리들이 그치고 난 뒤에도 우리의 상상 속에서는 오랫
동안 망치 소리가 들리거나 울부짖는 폭포 소리가 들려온다. 그
리고는 우리가 거의 알아차릴 수 없을 정도로 서서히 작아져 마
침내 사라진다. 만일 곧게 뻗은 막대기 한쪽 끝에 눈을 댄 채 막
대기를 세우게 되면 그 막대기는 거의 믿을 수 없을 정도로 길게
뻗어 있는 것처럼 보일 것이다.† 이 막대기에 모양도 같고 서로 간
의 거리도 같은 표시를 여러 개 해두어도 마찬가지 착시효과가
일어날 것이며 그 표시들은 끝없이 늘어나는 것처럼 보일 것이
다. 우리의 감각 기관은 어떤 한 가지 방식으로 강하게 영향을 받
게 되면 빨리 거기서 벗어나거나 다른 환경에 적응하거나 하지
못하며, 그렇게 강한 영향을 행사한 원인이 소멸될 때까지는 계
속해서 원래의 상태에 머무른다. 이것이 미친 사람들에게서 다음
과 같은 증상이 아주 빈번하게 나타나는 이유이다. 그들은 밤낮
으로, 어떨 때는 심지어 여러 해 동안, 어떤 말이나 불평 또는 노
래를 계속해서 반복한다. 이러한 말이나 노래가 그들의 광증발작
초기의 비정상적인 상상력에 강한 충격을 주었던 것이다. 그리고
그것은 반복될 때마다 더 강한 힘을 얻게 된다. 그러면 이성의 제

---

* 제4부 제12절.   † 제4부 제13절.

어를 벗어난 영혼은 이것을 인생이 끝날 때가지 계속 반복하게 되는 것이다.

제9절 연속과 균일성

어떤 대상의 인위적 무한성을 이루는 요소는 그 부분들의 **연속과 균일성**이다. 1. **연속**: 어떤 물체의 부분들이 길게 한 방향으로 지속되면 우리의 감각 기관에 빈번하게 자극을 가함으로써 그것들이 원래 한계를 넘어 계속 뻗어나간다는 인상을 상상력에 심어준다. 2. **균일성**: 어떤 물체의 부분들의 모양에 변화가 있을 때마다 상상력은[25] 그것을 알아차리게 되고 그때마다 우리 마음속에서는 하나의 심상이 끝나고 다른 하나의 심상이 시작되며, 그렇게 되면 부분들의 중단 없는 연속이 불가능해진다. 그런데 바로 부분들의 이러한 중단 없는 연속만이 유한한 대상에 무한성의 특질을 부여하는 것이다.*[26] 바로 이런 유의 인위적 무한성에서 둥근 물체가 그토록 웅장한 효과를 불러일으키는 이유를 찾아야 한다고 나는 생각한다. 왜냐하면 둥근 물체는—그것이 건

---

* 『관객』(*Spectator*)에 기고한 논문에서 상상이 주는 즐거움에 대해 서술하면서 조지프 애디슨(Joseph Addison)은 그 이유가 우리는 한 번에 둥근 건물의 절반밖에 볼 수 없기 때문이라고 주장한다. 하지만 나는 이것이 진정한 원인이라고는 생각하지 않는다.

물이든 플랜테이션 농장이든—어디서도 그 경계를 확정할 수 없기 때문이다. 어느 곳을 보더라도 여전히 동일한 대상이 지속되고 있는 듯이 보이며 따라서 상상력은 휴식을 얻지 못한다. 하지만 이 형태가 온전한 효과를 가지려면 각 부분들은 원형으로 배치되어 있을 뿐만 아니라 균일하여야 한다. 모든 변화는 그 이전과는 다른 감각적 자료들을 새롭게 등장시킴으로써 어떤 대상이 무한하다는 인상을 방해하고 중단시킬 것이 틀림없기에, 어떤 차이도—배치든 모양이든 심지어는 부분들의 색깔이든지 간에—무한하다는 인상을 불러일으키는 데는 대단히 불리하기 때문이다. 일반적으로 장방형의 형태를 지니고 있고 모든 측면에 모양이 똑같은 기둥들이 줄지어 서 있는 고대 이교도 신전의 외관이 지닌 장엄함도 위에서와 마찬가지로 연속과 균일성의 원리에 따라 쉽게 설명될 수 있다. 마찬가지 이유로 영국의 많은 오래된 성당 건물들의 측랑(側廊)도 장엄한 효과를 자아낼 수 있다. 반면 어떤 교회들에 사용된 십자가 형태는 고대의 장방형의 형태만큼 바람직하지는 않다. 적어도 건물 외관에는 그것이 그다지 적합하지 않다고 나는 생각한다. 십자가형으로 뻗어 있는 건물 네 부분의 길이가 모두 같고 우리가 어떤 측벽(側壁)이나 주랑(柱廊)과 동일한 방향으로 서 있게 되면, 우리는 건물이 원래보다 더 길어 보이는 착시현상을 경험하기는커녕 그 실제 길이의 상당 부분(삼분의 이 정도)을 아예 보지 못하게 되기 때문이다. 그리고 십자가의 각 변들은 방향을 바꿀 때면 언제나 원래 진행 방향과 직각을 이루기 때문에 계속적인 진행의 모든 가능성을 차단하고 따라서 우리의 상상력으로 하여금 그전에 나타났던 심상의 반복으로부터 완전히 멀어지게 한다. 또 이러한 건물을 정면에서 바라본다고 가정해보자. 이 경우 그 결과는 어떠하겠는가? 십자가의 각 변들이 교차하면서 형성되는 모든 각의 기초부가 상당 부분 불가피하게 시야에서 사라지는 것이 그 필연적인 결과일 것이다. 물론 건물 전체도 중간이 끊어진 비연속적인 형태를 띠게 될 것이 틀림없다. 단절 없이 하나의 직선적 형태로 배치된 건물의 경우에는 언제나 그 위에 비치는 빛의 강도가 단계적으로 변화하며 장엄한 효과를 자아내는 데 반해, 이러한 건물의 경우에는 그러한 변화가 사라지고 빛의 강도도 고르지 않게 되어 어느 곳에서는 강하게 다른 곳에서는 약하게 될 것이다. 이런 주장의 일부 또는 전부는―어떤 시점에서 바라보든지 간에―십자가 형태를 지닌 모든 대상에 해당된다. 나는 그중에서 그리스형 십자가(greek cross; 네 변의 길이가 모두 같은 십자가)를 예로 들어 설명하였다. 그 십자가 안에서 이런 오류들이 가장 분명하게 드러나기 때문이다. 하지만 어떤 십자가 형태에서든 이런 오류들이 어느 정도는 나타난다. 실제로 어떤 건물에 각이 많은 것보다 그 건물을 장엄하게 보이게 하는 데 더 불리한 것은 없다. 이런 오류는 많은 건물에서 분명하게 드러난다. 그리고 이런 오류가 발생하게 되는 것은 다양

제2부

성에 대한 지나친 욕구 때문인데, 다양성이 우세하게 되면 진정한 취미의 여지가 거의 남지 않게 되는 것은 분명한 사실이다.

제10절 건축물의 웅장함

건축물의 숭고함에는 거대한 규모가 필수적인 것처럼 보인다. 작고 얼마 안 되는 부분들만 보아서는 무한함에 대한 어떤 생각도 떠오르지 않기 때문이다. 양식이 아무리 훌륭하다 해도 숭고를 불러일으키기에 적절한 규모의 결여를 효과적으로 메울 수는 없다. 이 규칙으로 인해 사람들이 터무니없는 계획을 세우도록 내몰릴 위험은 전혀 없다. 이 규칙에는 그 자체 주의사항이 수반되기 때문이다. 건축물의 길이가 너무 길게 되면 오히려 웅장하게 보이려는 목적에 해가 된다. 이런 경우에는 길이에서 얻어지는 웅장함이 높이를 통해서는 감소되기 때문이다. 그리고 마침내 건물의 꼭대기가 한 점에 불과하게 되어 전체 모습이 일종의 삼각형이 되는데 이러한 삼각형은 우리 눈에 제시될 수 있는 형태 중에 그 효과가 가장 보잘것없다. 나는 가로수가 적당한 길이로 줄지어 있는 대로가 엄청난 길이로 뻗어 있는 경우보다 비할 데 없이 훨씬 더 웅장하다는 사실을 깨달은 적이 있다. 진정한 예술가라면 관객을 다양한 방법으로 속여 쉬운 방법으로 아주 훌륭한 목적을 성취할 수 있다. 반면 규모만 엄청난 계획들은 언제나 평범하고 저급한 상상력의 표시이다. 어떤 예술 작품이 웅장해 보이는 것은 오로지 그것이 우리를 속일 때 만이다. 이와 달리 그 자체로 웅장할 수 있는 것은 오직 자연만의 특권이다. 훌륭한 분별력을 가진 사람은 지나치게 길거나 높지 않고 반대로 길이나 높이가 짧지도 단속적이지도 않으면서 (둘 중 어느 것에 대해서든 마찬 가지 반론이 제기될 수 있으니까) 적당한 길이나 높이를 정할 것이다. 또 만일 어떤 예술 장르에 속하는 개별적인 작품에서 그것을 확인하려 한다 해도, 아마도 어느 정도는 용인될 수 있을 만한 정확성을 가지고 그것을 확인할 수 있을 것이다.

제11절 즐거움을 주는 대상들에서의 무한함

무한함은 숭고한 이미지에서 우리가 느끼는 안도감의 원인이 되는 것만큼이나—비록 다른 종류이긴 하지만—유쾌한 이미지에서 느끼는 많은 즐거움의 원인이 된다. 봄은 가장 즐거운 계절이다. 그리고 대부분의 동물들의 어린 새끼는 비록 완전한 모습을 갖추지는 못했지만 완전히 자란 동물보다 훨씬 더 많은 즐거움을 준다. 그 이유는 무언가 더 많은 것에 대한 약속으로 우리의 상상력이 즐거움을 느끼게 되고 지금 감각을 통해 접하게 되는 대상에만 만족하지는 않기 때문이다. 이미 완성된 최고의 작품에서보다 아직 완성되지 않은 스케치에서 더 많은 즐거움을 느낀 적이 종종 있는데 나는 이런 일이 방금 전에 제시한 이유 때문에 일어난다고 생각한다.

제12절 어려움

장엄함의 또 다른* 원천은 어려움이다. 어떤 일을 이루기 위해 엄청난 힘과 노력이 필요했던 것처럼 보이면 그에 대한 관념은 웅장해진다. 스톤헨지는 배치나 장식에서는 감탄할 만한 점이 전혀 없지만, 그 거대하고 거친 돌덩이들을 세워놓고 쌓아 올리기 위해 필요했을 엄청난 힘에 우리의 마음이 쏠리게 한다. 뿐만 아니라 그 거칢이 인간의 솜씨나 재간이 개입되어 있다는 생각을 없애주기에 이러한 웅장함은 더욱 커진다. 좋은 솜씨가 가져오는 효과는 이러한 거칢의 효과와는 매우 다르다.

제13절 웅장함

웅장함도 숭고의 원천이다. 그 자체로 빛나거나 가치 있는 사물들이 아주 많이 모여 있으면 웅장한 광경이 된다. 그래서 별이 빛나는 하늘은 아주 흔하게 볼 수 있는 것이지만 언제나 우리는 그 장

---

* 제4부 제4~6절.

엄함에 감탄을 금치 못한다. 하지만 별들을 따로따로 관찰하면 절대로 그런 일은 일어나지 않는다. 우리가 감탄하는 이유는 확실히 별이 엄청나게 많기 때문이다. 거기에 덧붙여 겉으로 보기에 무질서한 모습이 그 광경을 더 웅장하게 만든다. 잘 정돈되어 있는 광경은 장엄함과는 거리가 아주 멀기 때문이다. 그러니까 보통의 경우에는 별들이 아주 뒤죽박죽 뒤섞여 있어서 일일이 셀 수가 없기 때문에 별들이 무한히 많은 것처럼 보이는 것이다. 훌륭한 것들이 많아서 생겨나는 이러한 웅장함은 예술 작품의 경우에는 아주 조심스럽게 인정해야 한다. 예술 작품 안에 훌륭한 것들이 넘쳐나도록 하기는 불가능하거나 가능하더라도 아주 어렵기 때문이며, 많은 경우 이렇게 멋진 혼란 상태는 대부분의 예술 작품들에서 세심하게 지켜져야 할 관행을 모두 파괴해버리기 때문이다. 다른 한편, 무질서를 통해 무한하다는 인상을 줄 수 없다면 그 무질서는 웅장함이 없는 단순한 무질서에 불과할 뿐이다. 하지만 불꽃놀이 같은 것들은 그러한 인상을 줄 수 있고 따라서 실제로 웅장해 보인다. 시인이나 웅변가들의 많은 글 중에는 그 이미지들이 우리의 정신을 압도해버려서 그것들이 지시하는 바가 실제와 정확하게 일치하는지—이것은 다른 경우에는 언제나 우리가 요구해야 하는 것이지만—신경 쓸 수 없게 만드는 것들이 있다. 이런 이미지가 풍부하게 넘쳐나는 표현들을 우리는 숭고하다고 부른다. 내 기억으로는 희곡 『헨리 4세』[27]에 나오는 왕의 군대에 대한 묘사보다 이를 더 잘 보여주는 경우는 없다.

모두 갑옷을 입고 무장한 채

갓 목욕한 독수리처럼

바람을 가르고 달리는 타조처럼 깃털장식을 달았네.

5월처럼 활기가 넘치고

한여름 태양처럼 찬란하며,

어린 산양처럼 들뜨고 젊은 황소처럼 거칠구나.

멋지게 모자를 눌러쓴 해리 왕자가

날개 돋친 듯 훌쩍 안장 위로 뛰어올라

마치 천사가 하늘에서 내려와

성난 페가수스를 모는 듯

우뚝 서 있는 모습을 나는 보았네.[28]

「집회서」는 그 표현이 놀랄 만큼 생생할 뿐만 아니라 그 문장들이 견실하고 감동적인 책이다. 이 책에 오니아스의 아들인 대제사장 시몬의 모습을 칭찬하는 글이 있는데, 여기서도 우리가 앞에서 말한 바가 아주 잘 드러나 있다.

그가 지성소에서 나타나, 사람들에게 에워싸였을 때 그 얼마나 훌륭하였던가! 그는 구름 사이에서 빛나는 샛별과 같았고 쟁반처럼 둥근 달과 같았다. 그는 지극히 높으신 분의 성전을 비추는 태양과 같았고 영광의 구름 속에서 빛나는 무지개와 같았으며 봄날의 장미꽃 같았고 물가에 핀 백합 같았으며 여름철의 유향나무 가지와도 같았고, 향로에 담긴 불과 피어오르는 향과 같았으며 온갖 보석으로 장식한 순금그릇과 같았다. 그는 또 열매가 주렁주렁 달린 올리브 나무와 같았고 구름까지 치솟은 송백과 같았다. 시몬이 찬란한 제복을 입고 휘황찬란한 패물로 단장하고 거룩한 제단으로 올라가서 성소 안을 영광으로 충만하게 했을 때에 그 얼마나 장관이었던가! 그가 제단 곁에 서서 사제들로부터 제물의 몫을 받을 때에, 그의 형제들은 화환 모양으로 그를 둘러쌌다. 그는 종려나무에 둘러싸인 레바논의 싱싱한 삼나무처럼, 아론의 모든 자손들이 찬란한 옷차림을 하고, 주님께 바칠 제물을 손에 든 이스라엘의 온 회중 앞에 섰을 때, 시몬은 전능하시고 지극히 높으신 분께 정중하게 제물을 바치면서 제사를 지냈다.**29**

제14절 빛

사물의 크기 다음으로 어떤 사물을 거대하다고 느끼게 하는 특질인 **색채**에 대해 살펴보기로 하겠다. 모든 색채는 **빛**에 좌우되므로 우선 빛을, 다음으로는 그 반대인 어둠을 살펴보아야 한다. 빛이 숭고의 원인이 되려면 다른 대상들을 보여주는 빛의 원래 기능 외에도 여러 가지 다른 조건이 충족되어야 한다. 빛은 너무 흔하기 때문에 단순한 빛만으로는 우리 마음에 강한 인상을 남길 수 없다. 강한 인상이 없으면 어떤 사물도 숭고한 느낌을 줄 수 없다. 하지만 태양빛과 같은 경우는 우리 눈에 직접 비치게 되면 감각 기관을 압도해버리며, 그렇게 되면 빛이 매우 커다란 영향력을 행사하게 된다. 또 태양빛보다 약한 빛이라도 아주 빠르게 움직이면 마찬가지 효과를 자아낸다. 번개는 확실히 웅장하다는 느낌을 주는데 그것은 번개가 아주 빠르게 움직이기 때문이다. 빛에서 어둠으로 또는 어둠에서 빛으로 빠르게 움직이면 그 효과는 더 커진다. 그런데 어둠이 빛보다 숭고한 느낌을 더 많이 가져다준다. 우리의 위대한 시인은 이것을 확신하고 있었다. 그는 이렇게 잘 조절된 어둠이 갖는 힘에 완전히 매료되었다. 그래서 그는 세상 어느 것보다 이해하기 어려운 신성을 묘사할 때, 사방으로 장엄한 이미지가 퍼져나가는 가운데서도 그것을 둘러싸고 있는 어둠을 잊지 않고 언급하고 있다.

암흑의 위엄으로
그의 보좌가 둘러싸여 있네.[30]

이에 못지않게 눈에 띄는 것은 우리의 시인이 어둠과 가장 상관없어 보이는 것을 묘사하는 순간에도, 즉 현존하는 신에게서 흘러나오는 영광의 빛을 묘사할 때도 이러한 생각을 은밀하게 간직하고 있다는 사실이다. 빛이 차고 넘치게 되면 일종의 어둠과 같아진다는 것이다.

당신의 옷자락은 흘러넘치는 빛으로 어두워 보입니다.[31]

이것은 아주 시적인 표현일 뿐만 아니라 학문적으로 엄밀하게 따져보아도 옳은 표현이다. 빛의 양이 극도로 많아지면 시각 기관을 마비시키기 때문에 모든 사물이 시야에서 사라져버리며 따라서 그 효과는 어둠의 효과와 마찬가지다. 얼마 동안 태양을 쳐다본 후에는 그 잔상인 두 개의 검은 점이 우리 눈앞에서 춤을 추는 듯이 보인다. 이렇게 정반대의 두 성질도 그 양극단에서는 서로 화해하는 것이다. 서로 반대되는 성질을 가지고 있으면서도 숭고의 감정을 불러일으킨다는 점에서도 마찬가지다. 반대되는 양극단이 숭고의 실제적인 원인인 예는 이외에도 많다. 반면, 어떤 사물에서든 평범한 것은 숭고의 원인이 될 수 없다.

제15절 건축물에 대한 빛의 효과

건축에서 빛의 조절은 매우 중요한 문제이다. 따라서 앞 절에서 빛에 대해 언급한 내용이 건축물에는 얼마나 적용 가능한지 살펴보는 것은 의미 있는 일이다. 숭고의 감정을 불러일으키도록 설계된 모든 건축물은 어둡고 음침한 편이어야 한다는 것이 내 생각이다. 그 이유는 두 가지다. 첫째, 경험에 따르면 다른 경우에도 어둠이 빛보다 우리의 감정에 더 강하게 영향을 미치기 때문이다. 둘째, 어떤 대상이 선명하게 보이도록 하려면 우리가 바로 전에 보고 있던 대상과 가능하면 더 많이 달라 보이게 해야 하기 때문이다. 어떤 건물 안으로 들어갈 때 야외에서보다 더 강한 빛을 접할 수는 없다. 그리고 그보다 약간 약한 빛을 접하게 되면 그 변화는 미미할 뿐이다. 따라서 이런 변화를 아주 인상적인 것으로 만들려면 아주 빛이 강한 곳에 있다가 그만큼 강한 어둠이 있는 건물 안으로 들어가게 해야 한다. 이런 방식은 실제 건축에서도 많이 사용된다. 밤에는 반대의 규칙이 적용되지만 원리는 마찬가지다. 이때는 조명을 밝게 하면 할수록 더 웅장하다는 느낌을 줄 것이다.

제16절 숭고의 원인이 된다고 여겨지는 색채

부드럽거나 즐거움을 주는 색채들은 (즐거움을 주긴 하지만 강한 색인 빨강을 제외하면) 장중한 이미지를 불러일으키는 데는 적합하지 않다. 반짝이는 푸른 잔디로 뒤덮인 거대한 산은 이런 측면에서 보면 어둡고 음침한 산에 비해 보잘것없어 보인다. 구름으로 뒤덮인 하늘은 푸른 하늘보다 훨씬 광대하다. 그리고 밤은 낮보다 훨씬 숭고하며 엄숙하다. 따라서 역사화에 그려지는 인물의 옷을 화려하고 반짝이는 색으로 칠할 경우에는 결코 좋은 효과를 거두지 못한다. 그리고 엄청나게 숭고한 건물을 지으려면 자재나 장식을 흰색, 녹색, 노란색, 푸른색, 옅은 빨간색, 보라색으로 해서는 안 되고 얼룩덜룩하게 색칠해서도 안 되며 검정이나 갈색 또는 짙은 자주색 같이 어둡고 거무스름한 색을 사용해야 한다. 많은 도금이나 모자이크, 회화나 조상 등은 숭고를 자아내는 데는 별 도움이 안 된다. 하지만 이런 규칙은—숭고함이 아주 분명하게 그리고 모든 부분에서 일정하게 나타나야 하는 경우를 제외하고는—실제로 꼭 적용될 필요는 없다. 사람을 우울하게 만드는 이런 장엄함이 최고 수준의 장엄함임은 분명하지만 그렇다고 해서 장중함을 목적으로 하는 모든 건축물에서 이것을 추구할 필요는 없기 때문이다. 이런 경우에는 숭고함의 원천이 다른 것이 되어야 한다. 하지만 이런 경우에도 밝고 명랑한 색채는 사용하지 않도록 각별히 주의해야 한다. 이것만큼 숭고한 느낌을 효과적으로 망쳐놓는 것은 없기 때문이다.

제17절 소리와 시끄러움

눈이 숭고의 감정을 불러일으킬 수 있는 유일한 감각 기관은 아니다. 소리도 다른 대부분의 감각과 더불어 이런 감정을 불러일으키는 커다란 힘을 지니고 있다. 그렇다고 내가 여기서 인간이 사용하는 언어를 염두에 두고 있는 것은 아니다. 언어는 단순한 소리를 통해서가 아니라 전혀 다른 방식으로 우리에게 영향을 미치기 때문이다. 엄청나게 큰 소리만으로도 인간의 영혼을 압도해버리고 행동을 멈추게 하며 그 영혼을 공포로 가득 채우기에 충분하다. 거대한 폭포나 미친 듯이 날뛰는 폭풍우, 천둥이나 대포의 소리는 사람의 마음속에 공포심을 불러일으킨다. 이런 종류의 소리에서 어떠한 섬세함이나 교묘한 솜씨도 발견하지는 못하지만 말이다. 군중의 외침도 비슷한 효과를 자아낸다. 오직 그 외침의 힘만으로도 우리는 너무나 깜짝 놀라 어리둥절하게 된다. 이렇게 우리의 마음이 흔들려 허둥대게 되면 아무리 침착한 성격을 지닌 사람이라도 거기에 압도되어 군중과 함께 소리 지르고 함께 행동하지 않을 수 없게 된다.

제18절 갑작스러움

무시할 수 없는 힘을 지닌 소리가 갑작스럽게 시작하거나 중단되어도 앞서와 마찬가지 효과가 나타난다. 이로 인해 주의가 환기되고 여러 감각 기관들이 긴장하기 때문이다. 반면 하나의 이미지나 소리에서 다른 이미지나 소리로 편하게 이동하면 우리에게는 아무런 두려움도 생기지 않으며 따라서 장엄하다는 인상도 받지 못한다. 우리는 갑작스럽고 예기치 못했던 것에 쉽게 깜짝 놀라며 그럴 경우 우리는 위험을 감지하게 되고 그러면 우리의 본성이 우리로 하여금 그에 대해 방어 태세를 갖추게 만든다. 또 짧게 지속되지만 어느 정도 강한 힘을 지닌 소리가 일정한 간격을 두고 반복되면 커다란 효과를 낳는 것을 볼 수 있다. 예를 들자면, 밤의 적막으로 인해 신경이 곤두서 있을 때 울려 퍼지는 커다란 시계 소리보다 더 무서운 것은 거의 없다. 중간에 멈췄다가 한 번씩 반복되는 북소리나 멀리서 들려오는 연속적인 대포 소리도 마찬가지다. 이 절에서 언급된 이러한 여러 사례들의 원인은 서로 매우 유사하다.

제19절 간헐적으로 지속되는 소리나 빛

떨리면서 단속적으로 들려오는 낮은 소리도 ─ 어떤 면에서는 앞 절에서 언급한 소리들과는 반대처럼 보이지만 ─ 마찬가지로 숭고의 감정을 불러일으킨다. 따라서 잠시 이에 대해 살펴볼 가치가 있다. 물론 그것이 정말로 그러한가는 각자의 경험과 그에 대한 성찰을 통하여 확정되어야 한다. 밤은 아마 다른 어떤 것보다 더 공포를 커지게 할 것이라고 이미 앞에서 말한 바 있다.* 무슨 일이 일어날지 모를 때면 일어날 수 있는 최악의 사태에 대해 두려워하는 것이 우리 인간의 본성이다. 그래서 불확실함이 그토록 공포를 자아내는 것이다. 이런 이유로 우리는 종종 손해의 위험을 무릅쓰고라도 그것을 없애려고 노력한다. 나지막하고 알아듣기 어려운 소리는—아무런 빛도 없거나 희미한 빛이 우리를 둘러싸고 있는 대상에 대해 무서움과 불안을 느끼게 하는 것과 마찬가지로—우리로 하여금 그 소리의 원인에 대해 무서움과 불안을 느끼게 한다.

> 변덕스럽고 악의에 찬 달빛 아래
> 펼쳐진 숲속 길처럼.[32]

> 명이 다해 꺼져가는 램프 불빛처럼
> 아니면 구름에 가린 밤하늘 달빛처럼
> 희미한 빛 그림자가
> 두려움과 공포에 질린 채 걸어가는 이에게 드리우네.[33]

하지만 빛이 여러 번 반복해서 나타났다 사라질 때가 칠흑같

---

* 제2부 제3절.

140

이 어두울 때보다 훨씬 더 많은 공포를 불러일으킨다. 이와 마찬가지로 불확실한 소리도—몇 가지 필요한 조건들만 충족된다면—아무 소리도 들리지 않을 때보다 훨씬 더 우리를 불안에 떨게 한다.

제20절 동물들의 울음소리

고통을 느끼고 있거나 위험에 빠진 사람이나 동물이 내는 알아들을 수 없는 소리를 흉내 내면—우리가 평소에 경멸하는 잘 알려진 어떤 짐승의 소리가 아니라면—엄청난 효과를 불러일으킬 수 있다. 마찬가지로 야수의 성난 울부짖음도 엄청나게 무서운 느낌을 불러일으킬 수 있다.

> 늦은 밤, 사슬을 떨쳐버리려
> 몸부림치며 으르렁거리는
> 사자들의 분노에 찬 포효와
> 털을 곤두세운 멧돼지 소리나
> 우리에 갇혀 미칠 듯이 화가 난 곰들과
> 커다란 몸집의 늑대들이 울부짖는 소리도
> 여기서는 들을 수 있네.[34]

이런 소리들은 묘사되고 있는 자연 대상과—단순히 자의적으로가 아니라 어느 정도는 본질적으로—결합되어 있는 듯하다. 어떤 동물의 소리든, 심지어는 우리가 접해보지 못한 어떤 동물이 내는 소리일지라도 우리는 언제나 그 소리가 무엇을 뜻하는지 충분히 알아듣기 때문이다. 하지만 인간의 언어에 대해서는 이렇게 말할 수 없다. 그런데 숭고의 감정을 자아낼 수 있는 소리들은 거의 무한할 정도로 많다. 내가 언급한 것들은 이런 소리들이 어떤 원리에 따라 생겨나는지 보여주기 위한 몇 가지 예에 불과하다.

제21절 후각과 미각, 쓴맛과 악취

후각과 미각도 어느 정도 거대함의 관념 형성에 기여하기는 하지만 그 정도는 미약하고 그 기능 또한 제한되어 있다. 아주 쓴맛이나 참을 수 없을 정도의 악취가 아니면 냄새나 맛이 커다란 감정의 변화를 불러일으키지는 못한다는 사실만 여기서는 언급하기로 하겠다. 역한 냄새나 쓴맛이 최고조에 달하고 직접적으로 우리의 감각 기관이 그 영향을 받을 때면 우리가 고통만 느끼지 어떠한 안도감도 느끼지 않는 것이 사실이다. 하지만 그것을 묘사하거나 거기에 대해 이야기할 때처럼 그 영향력이 완화될 경우에는, 다른 감각의 경우와 마찬가지로 그리고 완화된 고통의 경우와 동일한 원칙에 입각하여 이것들도 숭고의 원천이 된다. "쓰디

쓴 잔", "운명의 쓴 잔을 비우다", "소돔의 쓴 사과" 같은 말은 모
두 숭고한 대상을 묘사하기에 적합한 표현이다. 알부네아[35] 유황
샘에서 나오는 수증기의 악취가 저 으스스한 숲에 깃들어 있는
거룩한 공포나 음침함과 아주 잘 어울리게 묘사한 베르길리우스
의 다음과 같은 시구에도 숭고함이 깃들어 있다.

> 불길한 징조에 놀라 왕은
> 높디높은 알부네아 숲 아래 신의 정원에서
> 예언자인 아버지 신 파우누스[36]의 신탁을 구했네.
> 엄청나게 큰 그 숲속엔
> 성스러운 샘에서 솟아나는 물소리가 울려 퍼지고
> 유황 섞인 안개가 어슴푸레 깔려 있었네.[37]

『아이네이스』 제6권에서 그는 잊지 않고 아케론[38] 강이 뿜어내
는 유독한 안개를 아주 숭고하게 묘사하고 있으며 그 안개와 더
불어 묘사되고 있는 다른 이미지들도 그에 걸맞은 숭고함을 지니
고 있다.

> 가파른 산비탈과 검푸른 호수, 어두운 숲에 가려진 입
> 구가
> 엄청나게 넓고 깊은 동굴이 있었네.

칠흑같이 어두운 입구로부터 하늘 향해 독기 품은
안개가 엄청나게 뿜어져 나와, 그 위로는 어떤 새도
무사히 날개 펴고 날아다닐 수 없었네.[39]

이런 시구들을 덧붙여 소개한 것은, 내가 그 판단을 매우 존중하는 어떤 친구들이 이러한 감각들은 그 자체만으로는 풍자와 조소의 대상이 되기 쉽다는 견해를 제기했기 때문이다. 하지만 나는 쓴맛이나 악취가 언제나 보잘것없고 경멸할 만한 것들에 수반된다고 생각하기 때문에 이런 견해가 생겼다고 생각한다. 실제로도 종종 그런 경우가 있다. 그리고 그런 식으로 쓴맛이나 악취가 경멸할 만한 것들과 함께 나타나게 되면 이런 경우만이 아니라 다른 모든 경우에도 숭고함의 격이 떨어지게 된다. 하지만 어떤 이미지가 숭고한지 가늠하는 기준은—하찮은 관념과 결합하면 그 이미지 자체도 하찮아지는가가 아니라—그 이미지가 어떤 웅장한 이미지와 결합하는 경우 만들어지는 전체 이미지가 장중함을 지니게 되는가이다. 무시무시한 사물들은 언제나 장엄하다. 하지만 어떤 사물이 불쾌감을 주기도 하고 어느 정도 위험을 수반하기도 하지만 그 위험이 쉽게 극복될 수 있을 때는, 그 사물은 두꺼비나 거미처럼 단지 혐오스러울 뿐이다.

제22절 촉각, 고통

촉각에 있어서는, 온갖 다양한 형태와 강도의 노역, 고통, 번뇌, 고문 속에서 느끼게 되는 육체적인 고통이 숭고의 원인이라는 것 외에는 할 말이 거의 없다. 그리고 이런 의미에서는 다른 어떤 것도 숭고의 원인이 될 수 없다. 앞에서 이에 대한 예를 충분히 제시했기 때문에 여기서 새로운 예를 더 들 필요는 없을 것이다.

모든 종류의 감각과 관련하여 숭고의 원인들을 살펴보고 나면 독자들은 내가 제1부 제7절에서 한 주장이 참이라는 사실을 발견하게 될 것이다. 거기서 나는 숭고가 자기 보존과 관련된 관념이기에 우리가 가지고 있는 가장 감동적인 관념 중의 하나이고, 그중에서도 가장 강렬한 감정은 고통의 감정이며, 실질적인 원인으로부터 얻어진 어떤 즐거움도 숭고와는 상관이 없다*고 주장했었다. 이런 진리들과 그로부터 도출된 유용한 결론들을 뒷받침하기 위해서 앞에서 언급한 것 외에도 수없이 많은 예를 들 수 있을 것이다.

하지만 [그럴 경우]

우리가 사랑에 마음을 뺏겨 하나하나 들추어보는 사이에
시간은 돌이킬 수 없이 빠르게 달아나버릴 것이다.[40]

---

* 제1부 제6절을 보라.

제3부

제1절 아름다움에 관하여

제3부의 목표는 아름다움을 숭고와 구별하여 고찰하고 그 과정에서 아름다움이 숭고와 얼마나 일치하는지를 살펴보는 일이다. 이에 앞서 아름다움에 대해 다른 사람들이 이미 제기한 견해들을 간단하게 검토하기로 하겠다. 그런데 내 생각으로는 이런 견해들로부터 어떤 확정된 원리를 끄집어내기가 거의 불가능하다. 이런 사람들이 아름다움에 대해서는 비유적으로, 그러니까 아주 불명확하고 모호하게 말하는 데 익숙해 있기 때문이다. (이런 모호함에서 벗어나기 위해 우선 말하자면) 나는 아름다움을 사랑이나 그와 유사한 어떤 감정을 불러일으키는, 어떤 대상 속에서 발견되는 성질이라고 생각한다.

　　주제를 가장 단순화해 논의를 진행하기 위해 이 정의를 우선 사물의 순전히 감각적인 성질에만 적용키로 하겠다. 어떤 사람이나 사물에 호감을 갖게 되어 그에 끌리게 되는 여러 가지 이유를—그것들을 그저 보기만 해도 그것들이 우리에게 직접 행사하는 영향력이 아니라—다른 어떤 부차적인 것들에서 찾는다면 언제나 혼란을 느끼게 되고 말 것이다. 나는 사랑을 어떤 아름다운 사물을—그것이 어떤 종류이든 간에—바라보면서 마음속에 생겨나는 만족감이라고 생각한다. 나는 이것을 욕구나 욕망과 구별한다. 욕구 또는 욕망은 대상을 소유하도록 우리를 부추기는 정신적 힘이다. 이들이 그렇게 하는 것은 대상이 아름답기 때문이 아니다. 이들은 전혀 다른 방식으로 우리에게 영향을 미친다. 눈에 띌 정도로 아름답지는 않은 어떤 여자에 대해서도 강한 욕망을 가질 수 있다. 하지만 사람이나 동물 속에 존재하는 가장 위대한 아름다움은 사랑의 감정을 불러일으키기는 하지만 아무런 욕망도 불러일으키지 않는다. 이러한 사실은 아름다움과 아름다움이 불러일으키는 사랑이라는 감정이 욕구와는 다르다는 것을 보여준다. 물론 때로는 욕구가 아름다움이나 사랑과 함께 나타날 수도 있다. 그럴 경우 그것은 보통 우리가 일상적으로 사랑이라 부르는 것에 수반되는 저 폭풍우같이 맹렬한 감정과 그 결과로 일어나는 신체적 흥분상태를 가리키지 아름다움 그 자체가 불러일으키는 효과를 가리키지는 않는다.

제2절 비례와 균형은 식물의 아름다움의 원인이 아니다

일반적으로 사람들은 아름다움은 어떤 사물의 부분들 사이에 존재하는 비례 속에서 찾을 수 있다고 말해왔다. 하지만 이 문제를 실제로 고찰하게 되면 아름다움이 정말 비례와 관련이 있는지 의심하게 된다. 질서와 관련된 모든 관념과 마찬가지로, 비례와 균형도 거의 전적으로 적합성(convenience)[1]과 관련이 있다. 따라서 비례와 균형은 감각이나 상상력에 영향을 미쳐 아름다움을 느끼게 하는 최초의 원인이라기보다는 오성이 지어내어 아름다움의 특성이라 사물에 부여한 것이라 여겨야 한다. 오랫동안 주의 깊게 살펴보아야만 우리가 어떤 사물을 아름답다고 느끼는 것은 아니다. 아름다움을 느끼는 데는 이성적 추론이 필요 없고 의지도 여기에는 아무 상관이 없다. 아름다움이 우리 안에 실제로 사랑의 감정을 불러일으키는 것은 얼음이나 불이 냉기나 열의 관념을 불러일으키는 것과 비슷하다.[2] 이 점에 대해 만족할 만한 결론을 얻으려면 우선 비례와 균형이 무엇인가 고찰하는 것이 바람직하다. 여러 사람들이 이 말을 사용하면서도 그 뜻을 항상 아주 명확하게 이해하지도, 문제 자체에 대해서도 그다지 뚜렷하게 인식하는 것 같지 않기 때문이다. 비례는 상대적 양의 척도(measure of relative quantity)이다. 어떤 양도 분할이 가능한데, 어떤 양을 분할할 때 분할된 각 부분이 다른 부분들과 어떤 식으로든 관계를 가져야 한다는 것은 분명한 사실이다. 이런 관계들은 측량에 의해 발견되며 수학적 탐구의 대상이다. 이런 관계로부터 비례와 균형이라는 관념이 생겨나게 되었다. 하지만 그때 어떤 정해진 양의 일부가 전체의 사분의 일인지 오분의 일인지 육분의 일인지 아니면 절반인지 또는 한 부분이 다른 어떤 부분하고 길이가 같은지 아니면 두 배인지 또는 절반인지는 상관이 없다. 수학적 성찰의 가장 주목할 만한 장점은 바로 이러한 절대적인 무관심과 차분함 덕분에 상상력을 자극하지 않고 따라서 문제를 자유롭게, 편견에 치우치지 않으면서 판단할 수 있다는 것이다. 이런 의미에서 모든 비례는, 즉 모든 양의 배열은 오성과 마찬가지 특성을 지닌다. 왜냐하면 오성도 대소, 상등, 부등 등 모든 관계에서 마찬가지 결론을 도출하기 때문이다. 그러나 분명한 건 아름다움은 측량과는 상관이 없으며 산술이나 기하학과도 아무런 상관이 없다는 사실이다. 만일 상관이 있다면, 우리는 그 자체로 또는 다른 것들과의 관계 속에서 아름답다고 증명될 수 있는 어떤 수치들을 제시할 수 있을 것이다. 또 감각 외에는 그 아름다움을 증명해줄 아무것도 존재하지 않는 자연 사물들에 대해 판단할 때도 이 기준에 의지할 수 있을 것이며, 우리 감정의 소리를 이성의 결정에 따라 확증할 수 있을 것이다. 하지만 이런 도움을 받을 수는 없다. 따라서 우리는 많은 사람들이 일반적으로 인정하고 어떤 사람들은 아주 확신에 차서 주장하듯이 비례와 균형이 어떤 의미에서든 아름다움의 원인이라 여겨질 수 있는지 살펴보아야 한다. 비례와 균형이 아름다움의 요소 중 하나라면 그 이유는 관습이거나—어떤 수치들에 내재하면서 기계적으로 작용하는—자연적인 성질, 또는 어떤 특정한 목적에 부합되는 수치들의 적합성이어야 한다. 따라서 우리는 식물이나 동물계에서 아름답다고 여겨지는 대상의 부위들 사이에 항상 어떤 수적 비례가 존재하는지 살펴볼 것이다. 만일 이런 관계가 존재한다면 우리는 그 대상의 아름다움이—자연의 기계적 인과율에 입각해서든, 관습에 의해서든 아니면 결국 어떤 정해진 목적에의 적합성에 따라서든—이러한 비례에서 비롯된다는 사실을 인정할 수 있을 것이다. 이 점을 각각의 항목에 따라서 순서대로 살펴보기로 하겠다. 논의를 계속 진행하기에 앞서 이 연구를 위해 내가 세운 규칙들을 먼저 제시하기로 하겠다. 독자들이 내가 이렇게 연구의 규칙들을 먼저 제시하는 것을 부적절한 일이라고 생각하지 않기를 바란다. 1. 만일 어떤 두 물체로 인해 우리 속에 동일하거나 유사한 감정이 그 결과로서 나타나고, 조사해보니 그 물체들의 성질들 중에서 어떤 것은 서로 일치하고 어떤 것은 서로 다르다는 사실이 발견된다면, 다른 성질이 아니라 일치하는 성질이 동일한 결과의 원인이라고 말해야 한다. 2. 자연의 대상이 미치는 영향을 인위적으로 만들어진 사물이 미치는 영향을 통해 설명하지 않는다. 3. 어떤 자연 대상이 불러일으키는 효과의 자연적 원인을 발견할 수 있는 경우에는, 그 대상이 우리에게 주는 효용에 관하여 이성이 도출한 결론을 가지고 설명하지 않는다. 4. 서로 다르거나 반대되는 수치나 관계들에 의해 어떤 공통적인 결과가 나타나거나, 공통된 수치나 관계는 존재하지만 그러한 결과는 나타나지 않을 경우, 어떤 정해진 양이나 양적인 관계를 그 원인이라고 인정하지 않는다.[3] 이것이 자연적 원인이라 생각되는 비례와 균형에 대해 고찰하면서 내가 따른 규칙들이다. 나는 독자들이 ─ 이런 규칙들이 맞다고 생각한다면 ─ 끝까지 이것을 염두에 두고 이 책을 읽어주기를 바란다. 우리는 우선 아름다움이 어떤 대상에서 나타나는지, 다음으로는 이런 대상 속에서 아름다움의 원인이라고 우리가 확신할 만한 비례와 균형을 발견할 수 있는지 살펴볼 것이다. 구체적으로 식물이나 동물, 인간에게 나타나는 아름다움에 대해 살펴보자. 우선 식물의 경우에는 그중에서 꽃만큼 아름다운 것은 없다. 그런데 꽃들은 온갖 다양한 형태와 모양을 가지고 있다. 이것을 보면서 식물학자들은 이 꽃들에게 이름을 부여한다. 그래서 꽃의 이름도 그 모양만큼이나 다양하다. 꽃의 줄기나 꽃잎 사이 또는 꽃잎과 암술 사이에 어떤 비례가 존재하는가? 꽃 머리 아래 휘어져 있는 장미의 가느다란 줄기와 꽃 머리가 과연 서로 조화를 이룰 수 있을까? 하지만 장미는 아름다운 꽃이다. 우리는 장미가 아름다운 것이 상당 부분 바로 이 불균형 때문이라고 감히 말할 수 있다. 사과 꽃은 아주 작은데 커다란 나무 위에 핀다. 하지만 장미도 사과 꽃도 모두 아름답다. 이 꽃들이 피는 나무들도 이러한 불균형에도 불구하고 아주 매혹적으로 보인다. 동시에 꽃이 피고 잎사귀가 풍성하면서 열매가 달려 있는 오렌지 나무보다 더 아름다운 식물이 또 있을까? 하지만 이 나무에서 높이나 너비 또는 나무 전체 크기 사이에 또는 나무의 특정한 부분들 상호 간의 관계와 관련하여 어떤 비례를 찾으려는 수고는 수포로 돌아갈 것이다. 많은 꽃들에서 규칙적인 형태나 꽃잎의 질서정연한 배열을 관찰할 수 있다는 사실은 나도 인정한다. 장미는 일정한 모습을 지니고 있고 꽃잎도 일정하게 배열되어 있다. 하지만 장미는 우리가 비스듬히 쳐다보아서 그 일정한 모습이 왜곡되고 꽃잎의 배열이 뒤죽박죽이 되어도 여전히 아름답다. 심지어 장미는 활짝 피기 전에, 그러니까 정확한 형태를 갖추기 전 봉오리 상태일 때가 더 아름답다. 그리고 이것이 비례의 핵심인 질서정연함과 정확함이 아름다움의 원인을 파악하는 데 도움이 되기보다는 해가 되는 것을 보여주는 유일한 예도 아니다.

제3절 비례와 균형은 동물의 아름다움의 원인이 아니다

동물들 사이에서 비례가 아름다움의 형성에 기여하는 바가 아주 적다는 것은 명백한 사실이다. 아름다움이라는 관념을 불러일으키기에 적합한 부위들의 형태나 배치가 동물들 사이에서 엄청나게 다양하기 때문이다. 아름다운 새라 널리 인정되고 있는 백조는 나머지 몸통 전체보다 긴 목을 지니고 있다. 하지만 꼬리는 매우 짧다. 이게 아름다운 비례인가? 그렇다고 인정할 수밖에 없다. 하지만 그렇다면 상대적으로 목이 짧지만 목과 나머지 몸통을 합한 것보다 더 긴 꼬리를 가지고 있는 공작에 대해서는 어떻게 말해야 할까? 이런 기준들 또는 여러분이 정할 수 있는 다른 온갖 기준들과 전혀 다른 비례를 가진 새들이 얼마나 많은가? 이 새들은 서로 다른 비례를 가지며 종종 정반대의 비례를 갖기도 한다. 하지만 이 중 많은 새들은 너무나도 아름답다. 이런 사실에 근거해서 보면, 어떤 부위도 다른 부위가 어때야 한다고 미리 말해주지도 않고 그에 대한 어떤 추측도 가능하게 해주지 않는다. 오히려 우리의 경험은 기대했던 비례를 찾지 못해서 느끼는 실망으로 가득 차 있다. 새나 꽃의 색깔의 경우에도 어느 정도 비슷한데, 하나 또는 여러 개의 색깔이 차지하는 범위의 측면에서든 색조 변화의 측면에서든 이 두 종의 색깔 사이에서는 어떤 비례도 발견되지 않는다. 어떤 새나 꽃은 한 가지 색밖에 없고 어떤 것들은 온갖 색이 다 있다. 어떤 것들은 원색을 띠고 있고 어떤 것들은 혼합색을 띠고 있다. 간단히 말해서, 주의 깊게 관찰한 사람이라면 누구든 이러한 대상들의 색채나 모양 속에 거의 아무런 비례도 존재하지 않는다고 곧 결론내릴 수 있다. 다음으로 육상 동물들을 보자. 아름다운 말의 머리를 살펴보라. 이것과 몸통, 다리의 비례가 어떤지, 또한 몸통과 다리 사이의 비례가 어떤지 보라. 이렇게 해서 얻어진 비례들을 아름다움의 기준으로 설정하고 나서 개나 고양이 또는 다른 어떤 동물이든 그들의 머리와 목 사이, 그것들과 몸통 사이의 비례가 이런 기준들과 얼마나 비슷한지 살펴보라. 나는 이런 비례들이 모든 종마다 확실하게 다르다고 생각한다. 이토록 서로 다르고 심지어는 상반되기까지 한 형태나 배열이 아름다움에 부합된다고 인정하는 것은, 적어도 육상 동물에 대해서는 자연적 원리에 따라 아름다움을 평가할 확실한 기준이 전혀 존재하지 않음을 인정하는 것과 마찬가지라고 나는 생각한다.

제4절 비례와 균형은 인간의 아름다움의 원인이 아니다 |

인간 신체의 어떤 부위들은 서로 일정한 비례를 유지하고 있다. 하지만 이것이 아름다움의 원인임을 증명할 수 있으려면 인간의 신체 부위들 사이에 정확한 비례가 나타나면 그 사람의 몸이 항상 아름답다는 사실을 보여주어야 한다. 그 신체 부위들만 따로 보든 아니면 몸 전체를 함께 보든 그 사람을 보고 나서 아름답다고 느껴야 하는 것이다. 또 이 신체 부위들이 서로 쉽게 비교될 수 있고 그러한 비교를 통해 아름답다고 자연스럽게 느끼게 된다는 것을 보여주어야 한다. 나는 이러한 비례들을 여러 번 매우 주의 깊게 관찰하였으며 많은 사람에게서 아주 유사하거나 거의 동일하게 유지되고 있는 비례들을 발견했다. 하지만 그 사람들은 서로 아주 다르게 생겼을 뿐 아니라 어떤 사람은 아주 아름다운 반면 어떤 사람은 아름다움과는 거리가 멀었다. 이런 비례를 지니고 있는 신체 부위들은 종종 그 위치나 특성, 그리고 기능에 있어서 서로 너무나 동떨어져 있어서 어떻게 그것들이 서로 비교될 수 있는지, 따라서 그것들 사이의 비례가 도대체 어떤 결과를 낳을 수 있다는 것인지 알 수가 없다. 예를 들어 사람들은 아름다운 신체의 목은 장딴지와 둘레 길이가 같아야 하고 손목 둘레의 두 배여야 한다고 말한다. 이런 식의 서술들을 우리는 많은 사람의 글과 대화에서 발견할 수 있다. 하지만 장딴지와 목 사이 또는 이 신체 부분들과 손목 사이에 도대체 무슨 관계가 있단 말인가? 분명히 이런 비례는 아름다운 인간의 몸에서 발견되기도 하지만 추한 신체에서도 발견된다. 누구든 조금만 노력하면 이런 사실을 확인할 수 있다. 심지어 아주 아름다운 사람의 신체에서도 이런 비례가 매우 불완전하게 나타날 수 있다. 인간 신체의 모든 부위에 여러분이 원하는 비례들을 설정해보라. 내가 장담하건대 그런 비례를 전부 지켜서 어떤 화가가 그린 인물의 모습은 아주 추할 것이다. 오히려 이런 비례들을 무시하면 그림 속에 나타난 인물의 모습이 아름다워질 것이다. 실제로 고대나 현대 조각의 걸작들 중 어떤 작품에서 발견되는―눈에 잘 띄면서 매우 중요한 신체 부분들 사이의 —비례가 다른 작품에서 발견되는 것과는 아주 다른 경우가 있다. 또 그런 비례는 살아 있는 사람에게서 발견되는 비례와도 다르다. 비록 그 사람의 몸매가 우리에게 즐거움을 줄 만큼 눈에 확 띄는 것이라 하더라도 말이다. 그런데 아름다움의 원인이 비례와 균형이라고 주장하는 사람들은 인간 신체의 비례에 대해서 어떻게 말하고 있는가? 어떤 사람은 7등신이, 어떤 사람은 8등신이 아름답다고 하는데 심지어는 10등신이 아름답다고 하는 사람도 있다. 이건 분모의 크기가 작은 것에 비추어 보면 엄청나게 큰 차이다. 다른 사람들은 다른 방법을 사용하여 비례를 나름대로 성공적으로 계산해낸다. 하지만 이런 비례가 정말 모든 잘생긴 남자들에게서 똑같이 나타날까? 또 모든 아름다운 여성들에게서 이런 비례관계를 발견할 수 있을까? 누구도 그렇다고 말하지는 않을 것이다. 남자나 여자 모두 아름다울 수 있고 특히 여성의 아름다움이 최고의 아름다움이라는 데는 의심의 여지가 없다. 하지만 이렇듯 여성이 더 아름다운 것이 여성에게서 이러한 비례가 아주 정확하게 나타나기 때문은 아니라고 나는 생각한다. 이 문제를 계속 관찰해보자. 인간이라는 하나의 종 안에 존재하는 남자와 여자라는 두 성 사이에서도 서로 유사한 신체 부위들의 비례 사이에 얼마나 많은 차이가 존재하는가! 만일 우리가 인간의 팔이나 다리에 어떤 확정된 비율을 할당하고 이러한 비율을 지닌 신체 부위만 아름답다고 인정한다고 가정하자. 이제 우리는 거의 모든 신체 부위의 형태와 그 부위들 사이의 비례가 이와는 다른 한 여인을 보게 되었다. 그런데 우리는 그녀가 아름답다고 느낀다. 이 경우 우리는 자신의 느낌과는 반대로 그녀가 아름답지 않다고 결론을 내리거나, 아니면 스스로 세운 규칙을 거부하고 자신의 마음을 따라야 한다. 따라서 우리는 자와 컴퍼스를 버리고 아름다움의 어떤 다른 원인을 찾아 나서야만 한다. 만일 아름다움이 어떤 **자연원리**로부터 나타나는 어떤 수치에 귀속된다면 다른 비례를 지닌 비슷한 부위들이, 그것도 똑같은 종 내에서 아름답다고 여겨질 이유가 어디 있겠는가? 하지만 우리의 시야를 좀 더 열어 관찰해보면 거의 모든 동물이 머리, 목, 몸통, 다리, 눈, 코, 입을 갖고 있다. 이런 신체 부위들은 거의 동일한 특성을 지니고 있으며 거의 같은 목적을 수행하도록 되어 있다. 피조물들의 필요를 가장 잘 채워주고 자신의 풍요한 지혜와 선함을 그것들 안에서 드러내기 위해 조물주는, 이러한 유사한 신체 부위들이 성질과 크기, 상호관계에 있어서 거의 무한할 정도로 다양하게 창조했다. 하지만 우리가 앞서 살펴본 바와 같이 이렇게 무한한 다양성 속에서도 어떤 하나의 특수한 성질이 많은 종에게서 공통적으로 나타난다. 이런 성질을 지닌 개체들은 우리에게 사랑스럽다는 느낌을 준다. 그런데 그것들은 그런 효과를 자아낸다는 면에서는 일치하지만 그런 효과를 자아내는 신체 부위들의 상대적인 비례에서는 엄청난 차이를 보인다. 이러한 고찰의 결과로 나는, 본질적으로 즐거움을 가져다주는 어떤 특정한 비례가 존재한다는 생각을 거부하게 되었다. 그런데 어떤 사람들은 특정한 사안에 대해서는 나와 견해가 같지만 다른 사안에 대해서는 근거가 불분명한 어떤 이론에 빠져서 나와 견해를 달리한다. 그들은 일반적으로 아름다움은 우리에게 즐거움을 선사하는 여러 종의 식물이나 동물에게 공통되는 어떤 비례에서 나오지는 않는다고 주장한다. 이 점에서는 나와 견해가 같다. 하지만 그들은 각각의 종 내에서는 그 특정한 종의 아름다움에 절대적으로 본질적인 어떤 비례가 존재한다고 믿는다. 그들의 주장은 다음과 같다. 동물의 세계를 전체적으로 살펴보면 아름다움이 어떤 특정한 비례에만 국한되지 않음을 발견하게 된다. 하지만 신체 부위들의 특정한 크기나 비례가 특정한 종에 속하는 동물들을 식별할 수 있게 해주기 때문에 각각의 종 내에서 나타나는 아름다움은 필연적으로 그러한 크기와 비례에서 찾아야 한다. 그렇지 않으면 원래의 종에서 벗어나게 되고 어떤 의미에서는 괴물이 될 것이기 때문이라는 것이다. 하지만 어떤 종도 특정한 비례의 엄격한 제한을 받지는 않기 때문에 개체들 사이에서는 언제나 어느 정도 눈에 띄는 편차가 존재하게 된다. 보통의 형태를 그대로 유지하면서도 각각의 종에 속한 동물들에게는 온갖 다양한 비례가 나타날 수 있다. 하지만 이와는 아무런 상관없이 인간이나 동물이 아름다울 수 있다. 그리고 신체 부위들 사이의 비례를 고찰하게 되는 것은 바로 이러한 통상적 형태의 관념 때문이지 어떤 자연적 원인 때문은 아니다. 실제로 조금만 관찰해보면 형상을 보고 아름답다고 느끼는 것은 크기가 아니라 모양 때문이라는 것을 분명하게 알 수 있다. 장식 디자인의 경우에는 이런 비례로부터 어떤 것을 배울 수 있을까? 어떤 예술가들은 비례가 아름다움의 주된 원인이라는 강한 확신을 갖고 있고 실제로도 그렇게 주장한다. 그런데 그들은 아름다운 동물들에게 고유한 비례를 모두 알지는 못한다. 그래서 그들은 자신들이 고안하려고 하는 어떤 멋진 물건에 적합한 비례를 얻는 데 이러한 비례들의 도움을 항상 받지는 못한다. 이것은 내게는 매우 놀라운 일이다. 특히 자신들이 일을 할 때 사용하는 지침이 자연에 존재하는 아름다운 사물들에 대한 관찰에서 온 것이라고 그들이 자주 주장하고 있기 때문에 이것은 더욱 놀라운 일이다. 건물의 비례는 인간 신체의 비례로부터 빌려온 것이라고 오래전부터 사람들이 말해왔으며 수없이 많은 과거와 현재의 여러 문필가들도 그렇게 주장해왔다는 사실을 나는 알고 있다. 이런 억지 유비 추론을 완성하기 위해서 그들은 두 팔을 들어 한껏 벌리고 서 있는 사람을 상정하고는 이 이상한 형체의 끝을 지나는 직선으로 이루어진 일종의 사각형을 그린다. 하지만 내가 확신하건대 이런 인간의 모습은 건축가에게 이와 비슷한 어떤 관념도 제시한 적이 없다. 왜냐하면 우선 인간들이 이런 자세를 취하는 경우가 아주 드물기 때문이다. 그것은 자연스러운 자세가 아니다. 또 전혀 어울리지도 않는다. 둘째로, 그런 자세를 취하고 있는 인간의 모습을 본다고 해서 사각형의 관념이 자연스럽게 떠오르지는 않는다. 오히려 십자가 형태가 떠오르는 게 보통이다. 그것을 사각형이라고 생각할 수 있으려면 팔과 지면 사이의 저 넓은 공간을 무언가로 채워야만 한다. 셋째로, 아주 뛰어난 건축가들이 설계한 여러 건물들은 이런 특정한 사각형의 형태를 전혀 지니고 있지 않은데도 아주 훌륭한, 어쩌면 이런 사각형의 형태보다 더 훌륭한 효과를 불러일으킨다. 어떤 건축가가 인간의 형체를 가지고 자신의 작업 모델로 삼는 것보다 자의적인 행위는 없다는 것은 분명한 사실이다. 인간을 집이나 신전에 비교할 때보다 관찰되는 두 대상 사이에 닮은 점을 발견하기가 어려운 경우는 없기 때문이다. 따라서 그것을 증명하기 위해서는 이 두 대상의 목적이 전혀 다르다는 사실을 언급할 필요조차 전혀 없다. 나는 이러한 유비추론이 —자연의 가장 훌륭한 소산이 예술 작품이 완전해질 수 있는 기회를 제공한다는 사실이 아니라— 전자와 후자 사이에 존재하는 유사성을 보여줌으로써 예술 작품에 신빙성을 부여해주려고 고안된 것은 아닌가 생각한다. 그리고 내가 더욱 확신하는 것은 비례를 옹호하는 사람들은 자신들이 인위적으로 지어낸 관념을 자연에 전가시키려 하지, 예술 작품에 사용된 비례를 자연으로부터 차용하지 않는다는 사실이다. 왜냐하면 이 주제에 대해 어떤 논지를 펴더라도 그들은 언제나 자연의 아름다움이라는 개방된 영역, 즉 동물이나 식물의 왕국을 가능하면 빨리 떠나서 건축에서 나타나는 인위적인 선이나 각도를 가지고 자신들의 견해를 뒷받침하기 때문이다. 모든 인간에게는 자신의 견해나 자신이 행한 업적을 모든 면에 있어서 탁월한 것으로 만들려는 좋지 못한 경향이 있다. 따라서 그들이 거주하는 곳을 부분들이 서로 일정한 비례를 갖는 규칙적인 형태로 만들면 아주 편리하고 견고하다는 사실을 알아채고는 이런 관념을 자신들의 정원에 옮겨놓았다. 그들은 정원의 나무를 기둥, 피라미드 그리고 오벨리스크 모양으로, 울타리를 수많은 녹색의 벽으로 바꾸어놓았으며 자신들의 산책로를 사각형, 삼각형이나 대칭의 구조를 지닌 정확하게 수학적인 형태로 꾸며놓았다. 그리고 그들은 자신들이 자연을 모방하는 것이 아니라면 적어도 자연을 개선하고 있다고 생각했으며 자연에게 당연히 할 일을 가르치고 있는 것이라고 생각했다. 하지만 자연은 결국에는 그들의 규율과 족쇄를 벗어났다. 그리고 바로 우리의 정원이 수학적인 관념들이 아름다움의 진정한 척도가 아님을 사람들이 느끼기 시작했다는 사실을 분명하게 보여준다.[4] 그리고 식물의 세계에서든 동물의 세계에서든 수학적 관념들은 분명히 그다지 완벽하게 구현되어 나타나지 않는다. 온 세상 사람들의 입에 오르내리며 오랜 세월 동안 사람들을 즐겁게 해주었던 훌륭한 작품들이나, 그토록 정열적으로 사랑을 노래하고 사랑의 대상을 그토록 무한할 정도로 다양한 각도에서 묘사하는 수많은 송가나 만가 속에서 다른 성질들은 아주 자주 그리고 우호적으로 언급되고 있는 데 반해, 어떤 사람들이 아름다움의 주된 구성 요소라고 주장하는 비례와 균형에 대해서는 한마디도 발견할 수 없다는 사실이 놀랍지 않은가? 그렇다면 비례가 그러한 힘을 갖고 있지 못한데 어떻게 사람들이 처음부터 그것을 옹호하게 되었는지 이상하게 생각될 수 있다. 이러한 선입견은—내가 바로 앞에서 언급했던 것처럼—사람들이 자신들의 생각이나 업적에 대해서 그토록 눈에 띄게 품고 있는 맹목적인 사랑에 기인한다는 것이 내 생각이다. 그것은 적합성에 대한 플라톤의 이론에서 유래했다.[5] 이런 이유로 해서 나는 다음 절에서 동물들의 통상적인 형태가 가져다주는 효과에 대해 고찰할 것이다. 그리고 다음으로는 적합성 (fitness)의 관념에 대해 살펴볼 것이다. 왜냐하면 만일 비례가 어떤 수치에 동반되는 자연적인 힘에 따라 기능하지 않는다면 통상적인 형태나 효용성의 관념에 따라 기능하는 것 외에 다른 방법은 있을 수 없기 때문이다.

제5절 비례와 균형은 인간의 아름다움의 원인이 아니다 II

내가 잘못 본 것이 아니라면 비례와 균형을 선호하는 편견의 대다수는 아름다운 신체들에서 발견되는 어떤 수치보다는 기형과 사람들이 그 반대라고 생각하는 아름다움의 관계에 대한 잘못된 관념으로부터 비롯되었다. 이런 원리에 따라 기형의 원인이 제거되면 아름다움이 자연스럽게 그리고 필연적으로 나타나야만 한다고 결론을 내렸던 것이다. 나는 이것이 잘못된 생각이라고 믿는다. 기형은 아름다움이 아니라 **온전하면서 평범한 형태**의 반대이기 때문이다. 어떤 사람의 다리 하나가 다른 쪽보다 짧은 경우 그 사람은 기형이다. 왜냐하면 우리가 인간에 대해 온전한 관념을 완성하는 데 필요한 무언가가 부족하기 때문이다. 그리고 이것은 자연적인 기형의 경우든 사고로 인해 수족이 절단되거나 불구가 되는 경우든 마찬가지 효과를 낳는다. 마찬가지로 등이 꼽추이면 그 사람은 기형이다. 왜냐하면 그의 등이 보통과는 다른 형태를 지니기 때문이다. 거기에는 또 병이나 불행이라는 관념이 동반된다. 또 어떤 사람의 목이 보통의 경우보다 아주 길거나 짧으면 우리는 그의 목이 기형이라고 말한다. 일반적인 목의 형태는 그렇지 않기 때문이다. 하지만 매순간 경험하는 바가 분명히 우리로 하여금 사람의 두 다리는 길이가 같고 모든 면에서 서로 비슷하게 생겼으며 목도 그에 알맞은 크기를 지니고 있고 등은 곧다는 사실을 확신케 하지만, 그렇다고 해서 우리가 거기서 조금이라도 아름다움을 느끼는 것은 아니다. 실제로 아름다움은 통상적인 관념과는 너무나 거리가 멀기 때문에 이런 식으로 우리에게 영향을 미치는 것은 아주 드물다. 아름다운 사물은 새로움만큼이나 기형적인 형태를 통해서도 우리에게 감동을 준다. 우리가 알고 있는 동물들의 경우도 마찬가지다. 그리고 하나의 새로운 종이 나타나면 그것이 아름다운지 추한지 결정하기 위해 관례를 통해 비례의 관념이 정착될 때까지 기다릴 필요는 전혀 없다. 이러한 사실은 아름다움의 일반관념이 자연적 비례 못지않게 관습적 비례에도 의존하지 않음을 보여준다. 기형의 원인은 통상적인 비례의 결여이다. 하지만 어떤 대상 안에 그러한 비례가 존재함으로써 필연적으로 나타나는 결과가 아름다움은 아니다. 자연 사물들에게서 나타나는 비례가 관습이나 관행과 관련이 있다고 가정해보자. 그럴 경우 우리는 관습과 관행의 본질을 통해, **실재적이고 강력한 성질인 아름다움이 그것들의 결과일 수는 없음**을 알게 될 것이다. 우리 몸의 형태는 아주 훌륭한 것이어서, 우리는 한편으로는 열렬하게 새로운 것을 원하면서도 마찬가지로 습관과 관례에도 강하게 집착한다. 하지만 그것들을 소유하고 있을 때는 우리에게 거의 영향을 미치지 않지만 그것들이 없을 때는 강하게 영향을 미치는 것이 관습을 통하여 우리를 사로잡고 있는 사물들의 특징이다. 내 기억으로는 매일 상당히 오랜 시간 동안 어떤 장소를 자주 들렀던 적이 있다. 그리고 진심으로 말하건대 나는 그 일에 일종의 싫증이나 혐오감을 가지고 있었다. 아무런 즐거움 없이 왔다 갔다 하곤 했을 뿐이었다. 하지만 내가 어떤 식으로든 평소에 거기 가는 시간을 넘겼을 경우에는 눈에 띌 정도로 불편함을 느꼈으며 내 오랜 삶의 궤도로 돌아가기 전까지는 안절부절못했다. 코담배를 사용하는 사람들은 거의 대부분 자신들이 그것을 피우고 있는지조차 느끼지 못한다. 그리고 예민했던 후각이 무뎌져서 그토록 강한 자극에서도 거의 아무것도 느끼지 못하게 된다. 하지만 코담배를 맡지 못하게 되면 그는 세상에서 가장 불안한 사람이 된다. 실제로 습관이나 관행은 그 자체만으로는 즐거움의 원인이 될 수 없다. 어떤 사물이든 계속적으로 사용하면 그 사물은 더 이상 아무런 영향도 미치지 못하게 된다. 왜냐하면 어떤 사물들을 계속 사용하면 마침내 그것들이 주는 고통이 사라지는 것과 마찬가지로 다른 사물들에게서는 즐거움이 사라져 평범하고 대수롭지 않은 것이 되어버리기 때문이다. 관행을 이차적 성질이라고 부르는 것은 아주 적절한 일이다. 우리의 자연적이고 일상적인 상태는 고통이든 즐거움이든 어느 쪽으로도 바뀔 수 있는 완전한 무관심의 상태이다. 하지만 우리가 이런 상태에서 벗어나거나 우리로 하여금 이 상태에 있게 하는 데 필요한 조건이 사라지면 우리는 언제나 즐거움을 느끼거나 상처를 입는다. 이차적 성질로서의 관습과 그와 관계가 있는 모든 사물의 경우에는 언제나 사정이 이러하다. 따라서 인간이나 다른 동물들에게서 일상적으로 발견되는 비례가 결여되면 분명히 혐오의 감정이 일어난다. 비록 그런 관계가 존재한다고 해도 실재적인 즐거움의 원인이 되지는 않지만 말이다. 어떤 사람들이 인간 신체의 아름다움의 원인이라고 주장하는 비례가 아름다운 사람들에게서 자주 발견되는 것은 사실이다. 왜냐하면 그것은 보통의 경우에 모든 인간에게서 발견되는 것이기 때문이다. 아름다움 없이도 그것이 발견될 수 있으며 아름다움이 그것 없이도 존재하는 경우가 비일비재하다. 이럴 경우 비례보다 훨씬 분명한 원인 때문에 아름다움이 존재한다는 것을 항상 보일 수 있다면, 우리는 비례와 아름다움은 동일한 성질을 지니고 있지 않다는 결론에 자연스럽게 도달할 것이다. 아름다움의 진정한 반대는 불균형이나 기형이 아니라 **추함**이다. 그리고 그것이 실재적인 아름다움의 원인과 반대되는 원인을 지니기에 아름다움을 다루기 전에는 추함에 대해서도 고찰할 수 없다. 아름다움과 추함 사이에는 일종의 평범함이 존재하는데, 그 안에서 우리가 말했던 비례들이 가장 흔하게 나타난다. 하지만 이것은 우리의 감정에 아무런 영향도 미치지 않는다.

제6절 적합성(fitness)은 아름다움의 원인이 아니다

신체의 일부가 그 목적에 잘 맞게 기능함을 뜻하는 유용성이라는 관념은 아름다움의 원인이거나 아름다움 자체이기도 하다고 말해진다. 이런 견해가 존재하지 않았다면 아름다움의 본질이 비례와 균형이라는 이론이 아주 오랫동안 관철되는 것은 불가능했

을 것이다. 만일 그랬다면 세상 사람들은 아무것과도 상관이 없
는—자연적 원리 아니면 어떤 목적에 부합하는 적합성으로서
의—수치들에 곧 싫증을 냈을 것이다. 세상 사람들이 보통 비례
라고 하면 떠올리는 관념은 어떤 목적에 수단이 적합하게 들어
맞는다는 것이다. 그리고 이것이 문제가 안 되는 곳에서는 사물
들의 서로 다른 크기가 미치는 영향에 대해 거의 신경 쓰지 않는
다. 따라서 이 이론이 타당성을 지니려면 인위적인 대상뿐만 아니
라 자연 대상의 아름다움의 원인도 여러 부위들이 다양한 목적
에 적합하게 이루어져 있기 때문이어야 한다. 하지만 나는 사람
들이 이러한 이론을 만드는 과정에서 경험을 충분히 고려하지 못
했던 건 아닌가 하고 생각한다. 왜냐하면 그러한 원리에 따르자
면 끝부분이 강인한 연골로 되어 있는, 쐐기 모양으로 생긴 돼지
의 코나 약간 처진 눈, 그리고 머리의 전체 모양은 땅을 파고 식물
의 뿌리를 캐기에 아주 적합하게 되어 있기에 아주 아름다울 것
이기 때문이다. 마찬가지로 펠리컨의 부리에 달려 있는 커다란 주
머니도 이 동물에게 아주 유용한 것이기에 우리 눈에 아름다워
보일 것이다. 고슴도치도 그 가죽이 온통 바늘로 덮여 있기 때문
에 어떤 위협으로부터도 안전하며 호저는 날카로운 가시가 있기
때문에 상당히 우아한 동물이라 여겨질 것이다. 원숭이처럼 신체
부위가 그 목적에 잘 맞게 되어 있는 동물도 거의 없다. 손은 인
간의 손을 지니고 있으면서 팔은 다른 짐승들처럼 탄력이 넘치기

때문이다. 몸은 달리고 뛰어오르고 물건을 붙잡고 기어오르는 데 경탄스러울 정도로 아주 적합하게 만들어졌다. 하지만 모든 인간의 눈에 그보다 덜 아름다워 보이는 동물도 거의 없다. 코끼리의 몸통에 대해서는 말할 필요조차 없다. 아주 다양한 용도에 쓰일 수 있지만 아름다움과는 너무나 거리가 멀기 때문이다. 늑대의 몸은 뛰고 달리는 데 얼마나 적합한가! 사자는 또 얼마나 경탄스러울 정도로 싸움을 위해 잘 무장하고 있는가! 하지만 그렇다고 해서 어느 누가 코끼리나 늑대, 사자를 아름다운 동물이라고 부르겠는가? 어떤 사람도 인간의 다리가 말이나 개, 사슴이나 다른 동물들의 다리처럼 달리기에 적합하다고 생각하지는 않을 것이다. 적어도 겉으로는 그렇게 보이지 않는다. 하지만 잘 다듬어진 인간의 다리는 이 모든 것들보다 아름다움이 훨씬 뛰어나다고 말할 수 있다. 만일 신체 부위들의 아름다움이 그것들의 목적 적합성에 좌우된다면 그러한 신체 부위들이 목적에 맞게 사용될 때 더 사랑스러워 보이게 되리라는 데는 의심의 여지가 없을 것이다. 하지만 언제나 그렇지는 않다. 비록 때때로 그렇게 보이는 경우도 있지만 그것은 다른 원리에 입각해서 일어나는 일이다. 나는 새는 둥지를 틀고 앉아 있을 때만큼 아름답지는 않다. 집에서 기르는 여러 가금류가 나는 것을 보는 경우는 드물다. 그렇다고 해서 그들이 덜 아름다운 것은 아니다. 하지만 새들의 형상은 육상 동물이나 인간의 형태와는 너무나 다르다. 따라서 그것들이 우리에게 즐거움을 주는 어떤 성질을 지닌다고 인정할 수 있는 것은 적합성의 원리에 따라서가 아니라 전혀 다른 목적에 따라 고안된 신체 부위들을 살펴보았기 때문이다. 나는 살아오면서 공작이 나는 것을 본 적이 없다. 하지만 공작의 모습이 공중에서의 생활에 적합한가를 고려해보기 아주 오래전에 이미 나는 이 세상에 존재하는 비행술이 뛰어난 수많은 새들보다 이 새를 훨씬 돋보이게 하는 엄청난 아름다움에 압도당했다. 비록 그 삶의 방식은 함께 농장 뜰에서 농부가 주는 먹이를 먹고 있는 돼지와 아주 비슷하지만 말이다. 암탉이나 수탉에 대해서도 마찬가지로 말할 수 있을 것이다. 이들의 모습은 조류에 속하지만 실제로 움직이는 방식은 인간이나 육상생물과 그다지 다르지 않다. 이렇게 인간과 다른 동물의 예는 이제 그만 들기로 하자. 만일 우리 인간에게서 나타나는 아름다움도 유용성에 수반되는 것이라면 남자들이 여자들보다 훨씬 더 사랑스러워 보일 것이다. 그리고 힘과 민첩성이 유일한 아름다움의 조건이 될 것이다. 하지만 힘을 아름다움이라 부르는 것, 모든 면에서 전혀 다른 비너스와 헤라클레스의 속성을 한 가지 명칭만으로 부르는 것은 분명히 관념을 혼동하거나 단어를 오용하는 것이다. 이런 혼동이 생기는 원인은 우리가 인간이나 다른 동물들의 몸이 아주 아름다우면서 동시에 목적에 아주 잘 맞게 이루어져 있다는 사실을 자주 인식하기 때문이며, 우리가 어떤 궤변에 속아 넘어가 동시에 일어나는 현상에 불과

170

한 것을 원인으로 여기기 때문이라고 나는 생각한다. 이것이 파리의 궤변이다. 파리는 자신이 커다란 먼지를 일으킨다고 생각하는데 알고 보면 실제로 먼지를 일으키는 마차 위에 파리가 있는데 불과한 것이다. 다른 신체 부위들과 마찬가지로 위, 폐, 간도 목적에 비할 데 없을 정도로 잘 맞춰 기능한다. 하지만 이들은 아름다움과는 거리가 멀다. 다시 말하자면, 아주 아름다운 많은 사물들 안에서 유용성의 관념을 발견하기란 불가능하다. 그래서 나는 아름다운 눈이든 모양 좋은 입이든 아니면 잘 뻗은 다리든 그것들을 볼 때—그것들이 보거나 먹거나 달리는 데 적합하다는 사실이 드러나든 드러나지 않던 간에—모든 인간이 느끼는 최초이자 가장 자연스러운 감정에 의거하여 판단한다. 식물 세계에서 가장 아름다운 꽃들은 어떤 유용성의 관념을 자아내는가? 무한한 지혜와 선함을 지닌 창조주는 우리에게 내린 은총 가운데서 아름다움을 우리에게 유용하도록 창조한 사물들과 자주 결합시켰다. 하지만 그렇다고 해서 유용성의 관념과 아름다움이 같다거나 이들이 어떤 식으로든 서로에게 의존하고 있다는 것을 증명해 주지는 않는다.

제7절 적합성의 진정한 효과

비례와 적합성이 아름다움과 아무런 상관이 없다고 해서 그것들이 아무런 가치가 없다거나 예술 작품들 속에서 무시되어야 하는 것은 결코 아니다. 예술 작품들은 이러한 것들의 힘이 발휘되기에 적합한 영역이며 바로 여기서 그것들이 온전한 효과를 발휘한다. 지혜로운 창조주는 우리가 어떤 것에 감동을 받기를 원할 때마다 이러한 목적을 달성하기 위해 활기 없고 불확실한 우리의 이성을 사용하지는 않았다. 대신 오성, 심지어는 의지의 작용을 방해하는 우리의 힘과 특성이 감각과 상상력을 사로잡아―오성이 그것들과 결합하거나 그것들을 반대할 준비가 되기 전에―우리의 넋을 빼놓게 했다. 오랜 추론과 많은 연구를 거쳐 우리는 하나님의 경외할 만한 지혜를 그가 행한 일 가운데서 발견한다. 하나님의 지혜를 발견할 때마다 그것이 불러일으키는 효과는―그것을 획득하는 방식뿐만 아니라 그 본성에 있어서도―우리가 아무런 준비 없이 있다가 아름답고 숭고한 것으로부터 받게 되는 영향과는 매우 다르다. 근육과 피부는 한편으로는 신체의 다양한 움직임을 위해서 고안된 뛰어난 장치이면서 다른 한편으로는 보통의 덮개, 또는 땀이나 공기의 입구나 배출구이기도 한 훌륭한 조직이다. 섬세하고 부드러운 피부나 기타 온갖 아름다운 신체 부위들을 볼 때 우리가 느끼게 되는 감정과 피부의 기능을 발견한 해부학자가 느끼는 만족감은 얼마나 다른가! 후자의 경우 우리는 조물주를 우러러보며 찬양하고 경탄하지만 그러한 찬양을 유발하는 대상은 우리에게 싫고 불쾌할 수 있다. 전자는 우리의 마음을 아주 강하게 감동시키기 때문에 우리는 그것을 만들어낸 교묘한 솜씨가 무엇인지 거의 알려고 하지도 않는다. 그래서 우리의 이성은 이러한 유혹을 마음에서 떨어내고 그렇게 강력한 기관을 지으신 조물주의 지혜를 알아내기 위해서는 열심히 노력해야 한다. 비례와 적합성의 효과는—적어도 그것들이 조물주가 행하신 일 자체를 관찰하는 데서 생겨난 것인 한—오성의 동의를 불러일으키기는 하지만 사랑이나 그와 비슷한 종류의 다른 어떤 감정도 불러일으키지 않는다. 시계의 구조를 조사하거나 그 모든 부분의 용도를 완전히 알게 된다면, 모든 부분들이 용도에 적합하게 기능하고 있다는 사실에 만족할 수는 있겠지만, 시계 자체 안에서 아름다움을 느끼게 되지는 않는다. 하지만 예를 들어, 어떤 별난 조각 예술가의 작품은 비록 쓸모가 거의 또는 전혀 없더라도 시계 자체, 심지어는 그레이엄6의 걸작을 볼 때보다 훨씬 더 아름답다는 생각을 하게 한다. 앞서 밝혔듯이 아름다움의 효과는 유용성에 대한 어떠한 지식보다 앞서 나타난다. 하지만 비례와 균형에 대해 판단하기 위해서는 어떤 작품이 어떤 목적으로 고안되었는지를 알아야 한다. 따라서 탑에 알맞은 비례와 집이나 화랑, 홀이나 방에 알맞은 비례는 각각 다르다. 이런 대상들에 알맞은 비례에 대해 판단하려면 우선 그것이 고안된 목적에 대해 알고 있어야만 하는 것이다. 훌륭한 감각과 경험이 함께 결합되면 예술 작품 안에서도 적합한 비례를 알아낼 수 있다. 우리는 이성적 존재이기에 우리가 어떤 일을 하든 항상 그 목적과 의도를 고려해야 한다. 어떤 감정의 만족은 그것이 아무리 순수하다 하더라도 오로지 부차적인 고려대상이 되어야 한다. 여기에 비례와 적합성의 진정한 힘이 놓여 있다. 비례와 적합성은 오성에 영향을 미치며 감정이나 감정을 불러일으키는 상상력은 이와는 거의 아무 연관이 없다. 어떤 방이 빈 벽과 빈 천장인 채로 있으면 그 비례가 아무리 훌륭하다 하더라도 우리에게는 거의 아무런 즐거움도 주지 못한다. 차분하게 그러한 비례를 인정하는 것이 우리가 할 수 있는 최대한이다. 비례는 훨씬 나쁘지만 멋진 꽃무늬 장식이나 유리창, 장식이 화려한 가구들이 있는 방은 우리의 상상력이 이성에 반발하도록 만든다. 그 방은—오성이 그 목적에 경탄스러울 정도로 적합하다고 인정한—비례만 잘 맞는 첫 번째 방보다 훨씬 더 많은 즐거움을 제공한다. 내가 여기서나 앞에서 비례와 균형에 대해 한 말은 절대로 예술 작품에서 나타나는 관습을 무시하도록 하기 위해서가 아니다. 아름다움이나 비례와 같이 뛰어난 특성들이 서로 다르다는 것을 보이고자 했을 뿐이지, 둘 중 어느 하나를 무시해도 좋다는 것도 아니었다.

제8절 요약

우리는 다음과 같은 경우에 아름다움의 본질은 비례나 유용성에 있다고 결론내릴 수 있다. 첫째, 인간의 신체 중에서 비례와 균형을 갖춘 부위들이 계속해서 아름답다고 여겨지는 경우. 하지만이런 부위들이 실제로 항상 아름답다고 여겨지지는 않는다. 둘째, 그 부위들이 비교를 통하여 즐거움을 유발할 수 있는 위치에놓여 있는 경우. 이런 경우는 드물다. 셋째, 식물이나 동물에게서언제나 아름다움이 수반되는 비례와 균형이 발견되었을 경우. 하지만 이런 경우는 전혀 없었다. 넷째, 목적에 적합하게 기능하는신체 부위들이 계속해서 아름답거나, 반대로 아무런 용도를 확인할 수 없을 때는 아름다움이 나타나지 않는 경우. 하지만 이것은우리의 모든 경험에 반한다. 이렇듯 모든 면에서 상황이 전혀 다르기 때문에 우리는 아름다움이—그 기원이 어느 것이든 상관없이—이러한 것들에 좌우되지 않는다고 확신할 수 있다.

제9절 완전함은 아름다움의 원인이 아니다

앞서 언급한 것과 아주 밀접하게 관련되어 있는 또 하나의 견해가 사람들 사이에 널리 퍼져 있다. 완전함이 아름다움을 구성하는 원인이라는 것이다. 이런 견해는 감각적 대상을 넘어서까지 적용되고 있다. 하지만 감각적 대상의 경우 완전함 그 자체는 아름다움의 원인과는 거리가 너무 멀어서, 최고의 아름다움이 나타나는 여성의 경우에는 거의 언제나 연약함이나 불완전함이라는 관념이 수반될 정도이다. 여성들은 이러한 사실을 아주 잘 알고 있다. 그래서 여성들은 연약한 것처럼 심지어는 병약한 것처럼 보이려고 혀 짧은 소리로 말하고 비틀거리며 걷는 법을 배운다. 이런 모든 경우 그들은 본성의 가르침에 따르고 있는 것이다. 고통 속에 있는 아름다움이 가장 사랑스런 아름다움이다. 얼굴의 홍조도 그에 못지않은 힘을 발휘한다. 겸손함은 암묵적으로 불완전함을 인정하는 것인데, 일반적으로 사랑스러운 품성이라 여겨지고 있으며, 사랑스러운 다른 모든 품성을 확실히 더 강화시켜준다. 모두가 완전함을 사랑해야 한다고 말하는 것을 나도 알고 있다. 하지만 바로 이 사실이 내게는 완전함이 사랑의 고유한 대상이 아니라는 사실을 증명해주고도 남는다. 아름다운 여성이나 우리를 즐겁게 해주는 아름다운 동물을 사랑해야 한다고 말하는 사람이 누가 있는가? 이런 대상들을 사랑하는 데는 우리의 의지적 동의를 얻을 필요도 없는 것이다.

제10절 아름다움이란 관념이 어느 정도까지 인간의 정신적 특성에 적용될 수 있는가

앞장에서 언급한 바는 정신적 특성에도 마찬가지로 적용될 수 있다. 불굴의 용기, 정의, 지혜같이 우리를 경탄케 하는 덕목들은 숭고한 것이며, 사랑보다는 공포를 자아낸다. 이런 덕목들을 지닌 사람들이 사랑스러웠던 적은 전혀 없었다. 우리 마음을 사로잡고 사랑스럽다는 인상을 심어주는 덕목들은 이보다는 대범한 성격이나 동정심, 친절함, 너그러움 등 훨씬 부드러운 것들이다. 비록 이러한 덕목들이 사회와 맺는 관계가 전자의 경우보다는 덜 직접적이고 덜 중요하며 덜 장중한 느낌을 주기는 하지만 말이다. 하지만 바로 이런 이유로 해서 그것들이 그토록 사랑스러운 것이다. 장엄한 가치들은 주로 위험이나 처벌, 고난과 관련되어 있으며, 사랑을 나누어주는 것보다는 오히려 최악의 재난을 막는 데 적합하고, 따라서 아주 존경할 만하기는 하지만 사랑스럽지는 않다. 비교적 편하고 근심걱정이 없는 시절에 대부분의 사람들의 환심을 사서 그 동무로 뽑히는 사람들은 결코 빛나는 품성이나 강한 덕을 갖춘 사람들은 아니다. 아주 현란한 대상들을 바라보느라 지친 우리 눈이 머물러 쉬는 것은 오히려 연녹색의 물체 위에서이다. 살루스티우스의 책에서 그토록 훌륭하게 그리고 대조적으로 묘사된 카이사르와 카토의 성격을 접하면서 우리가 어떤 감정을 느끼는지는 고찰할 가치가 있는 일이다. 한 사람은 사람들을 용서하며 관대한(ignoscendo, largiundo) 반면 다른 한 사람은 전혀 관대하지 않고(nihil largiundo), 한 사람은 재난을 당한 사람들의 피난처(miseris perfugium)였던 반면 다른 한 사람은 악인들을 멸망시키는 사람(malis pernicies)이었다.[7] 후자는 우리가 감탄하고 존경할 만한 품성의 소유자이며, 아마도 우리는 그를 어느 정도 두려워할 것이다. 우리는 그를 존경하지만 멀리서 존경한다. 반면 전자는 우리에게 친밀감을 준다. 우리는 그를 사랑하며 그는 우리를 자신이 원하는 대로 인도한다. 한 훌륭한 친구가 이 책의 제1판을 읽고는 이 절의 내용에 대해서 언급한 말을 덧붙이기로 하겠다. 그것은 우리가 느끼는 최초의 그리고 가장 자연적인 감정을 더 분명하게 느낄 수 있도록 하기 위해서이다. 아버지의 권위는 우리의 안녕을 위해서는 아주 유용한 것이고 모든 면에서 정말로 존경할 만한 것이긴 하지만 우리가 그를 어머니처럼 온전히 사랑하는 것을 방해한다. 이럴 경우 아버지의 권위는 어머니의 맹목적인 사랑과 관대함 앞에 거의 녹아 없어지게 된다. 하지만 일반적으로 우리는 이러한 권위가 어느 정도 사라져버린, 그리고 고령으로 인해 연약해져서 어느 정도 여성적인 편파성마저 갖게 된 우리의 할아버지들을 무척이나 사랑한다.

제11절 아름다움의 개념을 어느 정도까지
덕의 개념에 적용할 수 있는가

어느 정도까지 아름다움을 덕에 적용하는 게 적절할지는 앞 절의 내용으로 미루어 쉽게 알 수 있다. 아름다움을 덕에 보편적으로 적용하게 되면 여러 가지 사물들에 관한 우리의 관념이 뒤죽박죽될 수 있으며 이로 인해 즉흥적이고 근거 없는 이론이 무수히 생겨나게 된다. 아름다움의 개념에 비례, 일치, 완전성 등을 덧붙이는 경우에 아름다움에 대한 우리의 관념이 뒤죽박죽되는 경향이 있었던 것처럼 말이다. 아름다움에 대해 우리가 일상적으로 가지고 있는 관념들에서 이런 성질들보다 더 거리가 먼 성질들, 예를 들자면 합목적성을 덧붙일 때도 마찬가지였다. 그럴 경우에도 우리는 제멋대로 상상하여 만들어내는 것보다 더 확실하고 합리적이라고 할 수 있는 어떤 기준이나 규칙도 발견할 수 없었다. 따라서 이렇게 불명확하고 부정확하게 말하게 되면, 우리는 취미이론에서든 도덕이론에서든 그릇된 길로 향하게 된다. 또 의무들에 관한 학문은 적절한 토대(우리의 이성, 우리가 서로 맺고 있는 관계들, 우리에게 필요한 것들)에서 벗어나 전혀 비현실적이고 빈약한 기초 위에 놓이게 된다.

제12절 아름다움의 진정한 원인

지금까지는 사람들이 아름다움에 속한다고 말하지만 사실은 아름다움에 속하지 않는 성질에 대해 서술했다. 이제는 정말로 아름다움에 속하는 성질이 무엇인지 살펴보기로 하자. 아름다움은 우리에게 너무나 많은 감동을 선사하기 때문에 어떤 구체적인 성질이 그 원인이 아닐 수는 없다. 아름다움은 이성의 산물이 아니며 실제적인 필요와도 상관없이 우리에게 감동을 준다. 또 자연이 사용하는 기준이나 수단은 우리의 기준이나 수단과는 다르기 때문에, 아무런 실제적인 효용가치를 발견할 수 없을 때조차도 우리는 다음과 같은 결론을 내리지 않을 수 없다: 아름다움이란 물체들의 내부에서 발견되는, 감각을 통해 인간의 마음에 기계적으로 작용하는 어떤 성질이다. 따라서 우리는 이런 감각적 성질이, 우리가 아름답다고 경험적으로 느끼거나, 우리 안에 사랑의 감정이나 그에 상응하는 감정을 불러일으키는 사물 속에 어떤 형태를 띠고 나타나는지 주의 깊게 살펴보아야 한다.

제13절 아름다운 대상들은 크기가 작다

우리가 어떤 대상을 고찰할 때 가장 분명하게 드러나는 것은 그것의 크기나 양이다. 아름답다고 여겨지는 대상의 크기가 어느 정도인가는 그에 관해 사용되는 일상적 표현 방식에서도 엿볼 수 있다. 대부분의 언어들은 축소형 형용사를 사용하여 아름다운 대상을 묘사한다. 내가 알고 있는 모든 언어가 그렇다. 그리스어에서 사용되는 ion이나 다른 축소형 어미들은 거의 언제나 애정이 담긴 표현이다. 그리스인은 이런 축소형 어미를 보통 자기와 친구이거나 친밀한 관계를 지닌 사람 이름 뒤에 붙였다. 로마인은 그보다는 덜 민감하고 섬세한 감정을 지닌 민족이기는 했지만 그들도 이와 같은 경우에는 자연스럽게 축소형 표현을 사용했다. 고대 영어에서도 축소형 어미 ling을 애정의 대상이 되는 사람이나 사물의 이름 뒤에 붙였다. 그중 몇 가지는 아직도 남아 있는데, 예를 들면 darling(little dear)은 친애하는 사람에 대한 축소형 표현이었다. 하지만 오늘날 일상대화에서도 우리가 사랑하는 모든 것에 작은 이름을 덧붙이는 것이 보통이다. 프랑스인이나 이탈리아인은 이런 정감 있는 축소형 표현들을 우리보다 더 많이 사용한다. 인간 외의 다른 동물들 중에서도 우리는 작은 새나 짐승들을 더 좋아하는 경향이 있다. 우리는 커다랗고 아름다운 것이란 표현은 거의 사용하지 않는다. 반면 커다랗고 추한 것이란 표현은 아주 흔하게 쓰인다. 경탄과 사랑 사이에는 커다란 차이가 있다. 전자의 원인인 숭고는 언제나 커다랗고 무시무시한 사물에 깃들이며 후자는 크기가 작으면서 우리를 즐겁게 해주는 사물을 대상으로 한다. 우리는 경탄해마지않는 것에 복종하고 우리에게 복종하는 것은 사랑한다. 전자의 경우에 우리는 어쩔 수 없이 그렇게 하게 되고 후자의 경우에는 우쭐해져서 사랑하는 대상의 요구를 승낙하게 된다. 간단하게 말해서, 숭고와 아름다움의 관념은 서로 아주 다른 근거 위에 서 있기 때문에, 둘 중 하나가 우리의 감정에 미치는 영향을 상당히 줄이지 않고서, 같은 대상 안에서 두 가지를 화해시킨다는 건 어려운 일이며 거의 불가능하다고

까지 말할 수 있다. 따라서 아름다운 사물들은 비교적 그 크기가 작다.

제14절 부드러움

다음으로 아름다운 대상들 속에서 언제나 관찰될 수 있는 성질은 **부드러움**이다. 이 성질은 아름다움에 매우 본질적인 것이어서 부드럽지 않으면서 아름다운 사물을 본 기억이 전혀 떠오르질 않는다. 나무나 꽃의 경우에는 부드러운 잎사귀가 아름답다. 정원은 부드러운 경사가 아름답고 들판을 부드럽게 흐르는 물길이 아름답다. 새나 짐승의 부드러운 가죽이 아름답고 멋진 여성의 부드러운 피부가 아름다우며 여러 종류의 장식용 가구들의 부드럽고 윤기 나는 표면이 아름답다. 아름다움이 주는 결과인 즐거움의 상당 부분이, 실제로 가장 많은 부분이 이 성질에 기인한다. 어떤 아름다운 대상을 취해서 그 표면을 울퉁불퉁하게 만들어보라. 다른 점에서는 아무리 좋은 형태를 지니고 있다 해도 더 이상 즐거움을 주지 않을 것이다. 반대로 아름다움의 다른 구성 요소들이 아무리 많이 결여된다 할지라도 부드러움이 있다면 다른 모든 것이 있고 부드러움이 없는 경우보다는 훨씬 많은 즐거움을 선사할 것이다. 이것이 내게는 너무 분명한 사실이어서, 어느 누구라도 아름다움에 속하는 성질들을 열거하면서 부드러움에 대해 전혀 언급하지 않는다면 나는 깜짝 놀랄 것이다. 실제로 어떤 사물이 울퉁불퉁하거나 갑자기 한 부분이 튀어나와 있거나 각이 날카로운 부분이 있으면 아름다움과는 정반대의 성질을 갖는다.

제15절 점진적인 변화

완벽하게 아름다운 물체들에는 각진 부분들도 없지만 직선으로 쭉 뻗어 있는 부분들도 없다. 그 부분들은 매순간 방향을 바꾸어 우리가 보기에 지속적으로 완만한 곡선을 그리는데, 그 변화의 시작과 끝이 어디인지 알아내기가 쉽지 않다. 아름다운 새를 보면 이 말을 잘 이해할 수 있을 것이다. 새의 머리는 느끼지 못할 정도로 서서히 높아지다가 다시 서서히 낮아져서 목과 합쳐진다. 목은 약간 솟아올랐다가 몸통 속으로 사라지며 몸통은 가운데까지는 이렇게 계속 완만하게 솟아오르다가 다시 가라앉아 꼬리에 이른다. 꼬리는 방향을 새로이 바꾸지만 곧 거기서도 다시 다른 부위와 섞이면서 여러 가지 변화를 보인다. 몸의 윤곽은 어느 부위에서든 위로 아래로 계속해서 바뀐다. 이렇게 묘사하면서 내가 염두에 두고 있는 것은 비둘기이다. 비둘기는 아름다움의 조건들을 대부분 매우 잘 충족시키고 있다. 비둘기의 몸은 부드럽고 폭신폭신하며 그 신체 부위들은 (이런 표현을 쓸 수 있다면) 서로 녹아든다. 몸 전체에서 돌출부라고는 찾을 수 없지만 몸 전체가 항상 완만한 경사를 보이고 있는 것이다. 아름다운 여인의 신체 중에서 가장 아름다운 부위인 목과 가슴을 관찰해보라. 부드럽고 폭신폭신하며 느끼지 못할 정도로 완만한 경사를 보여준다. 이 부위의 피부는 아주 짧은 거리일지라도 직선으로 뻗어 있는 부분이 없다. 어디에 시선을 고정할지, 어디로 시선을 옮겨야 할지 모르는 채 우리 눈은 이 아찔한 미로 속을 계속 헤매게 된다. 계속적이면서도 어느 순간에도 분간하기 어려운 이러한 표면의 경사가 바로 아름다움의 가장 중요한 요소 중 하나가 아닐까? 매우 독창적인 인물인 호가트(Hogarth)[8] 씨의 견해가 이 점과 관련하여 내 견해를 강화시켜준다는 사실이 내게 적잖은 기쁨을 준다. 나는 아름다운 선에 대한 그의 생각이 대체로 아주 정확하다고 생각한다. 하지만 그는 변화하는 방식에 대해서는 그다지 신중하게 고려하지 않고 그냥 변화라는 기준에만 천착해서 각이 진 형태들까지 아름답다고 여겼다. 이런 형태들이 대단한 변화를 보이는 건 사실이다. 하지만 그 변화는 급작스럽고 단속적으로 이루어진다. 그리고 나는 각이 져 있으면서 아름다운 사물을 본 적이 없다. 몇몇 자연 사물들은 완전히 각이 져 있는 게 사실이다. 하지만 나는 그런 사물들이 아주 추하다고 생각한다. 또 여기에 덧붙여 다음과 같은 사실을 말해두어야겠다. 계속 완만한 변화를 보이는 선을 통해서만 최고의 아름다움을 발견할 수 있다. 하지만 내가 여태까지 자연에서 관찰할 수 있었던 한도 내에서는, 가장 아름다운 사물들 속에서 언제나 발견되고 따라서 다른 어떤 선보다 더 아름답다고 할 수 있는 어떤 특정한 선은 없었다. 적어도 나는 그런 선을 본 적이 없다.

제16절 가냘픔

튼튼하거나 강해 보이는 인상은 아름다움에는 아주 불리하다. 섬세한, 심지어 연약한 외관은 아름다움의 거의 본질적인 특성이다. 동물이나 식물을 관찰해본 사람이면 누구나 이런 주장이 자연을 관찰한 결과에 근거하고 있음을 발견하게 될 것이다. 우리는 떡갈나무나 양물푸레나무, 느릅나무나 기타 숲에서 볼 수 있는 튼튼한 나무들이 아름답다고 생각하지는 않는다. 이런 나무들은 두려울 정도로 당당한 모습을 띠고 있어서 일종의 존경심을 불러일으킨다. 우리가 아름다운 식물이라고 간주하는 것은 가냘픈 도금양, 오렌지, 아몬드, 재스민, 포도나무다. 가장 생생한 아름다움과 세련됨을 보여주는 것은 연약한데다가 잠깐 동안밖에 피지 않아 눈에 띄는 화초류이다. 동물들 중에서는 그레이하운드가 불독보다는 아름답다. 바르바리산 말이나 아라비아산 말처럼 가냘픈 말이 강하고 튼튼한 짐말이나 군사용 말보다 사랑스럽다. 여성에 대해서는 이런 사실을 아주 쉽게 확인할 수 있다. 여성들의 아름다움은 상당 부분 그녀들의 연약함이나 가냘픔에서 비롯되며 이와 유사한 성격인 수줍음에 의해서 더 강화되기도 한다. 내가 이렇게 말한다고 해서 건강이 아주 나쁜 것을 의미하는 연약함이 여성을 아름답게 보이게 하는 데 기여한다는 것은 아니다. 하지만 이런 상태가 나쁜 결과를 가져다주는 것은 연약함 때문이 아니라 그러한 연약함을 낳게 되는 나쁜 건강 상태가 아름다움의 다른 조건들을 변화시키기 때문이다. 이럴 경우 다른 신체 부위들도 쇠약해지며 그 결과로 얼굴의 광채, 청춘의 붉은 빛(lumen purpureum juventæ)[9]은 사라지고, 얼굴 윤곽의 섬세한 변화도 일직선 모양의 주름살에 의해서 사라져버린다.

제17절 색채에서의 아름다움

보통 아름다운 물체들에서 발견되는 색이 무엇인지 알아내기가 그다지 쉽지는 않다. 왜냐하면 자연에는 무한히 많은 색이 존재하기 때문이다. 하지만 이렇게 다양한 색 중에서도 어떤 색이 아름다운지 정할 원칙을 어느 정도 제시할 수는 있다. 첫째로, 아름다운 물체의 색은 희미하고 흐릿해서는 안 되고 뚜렷하고 깨끗해야 한다. 둘째로, 너무 색이 강해서도 안 된다. 아름다움에는 어떤 종류의 색이든 부드러운 게 더 잘 어울린다. 예를 들면 밝은 녹색이나 부드러운 청색, 약한 흰색, 핑크빛 빨강색, 그리고 보라색을 들 수 있다. 셋째로, 어떤 대상의 색이 강렬하고 선명하다면 그 대상은 하나의 강렬한 색만을 띠면 안 되고 언제나 다채로운 색을 지녀야 한다. (색이 다채로운 꽃들에서처럼) 여러 가지 종류의 색이 있으면 거의 언제나 각각의 색이 지닌 강렬함과 현란함이 상당 부분 줄어들기 때문이다. 아름다운 얼굴은 혈색이 다양할 뿐만 아니라, 빨간색이든 흰색이든 간에, 강렬하거나 현란하지 않다. 그 외에도 이런 색들은 그 경계가 어디인지 구별할 수 없을 정도로 섞여 있으며 그 농도도 점진적으로 변한다. 공작의 목이나 꼬리, 수컷 오리의 머리 둘레에 나타나는 모호한 색도 마찬가지 원리에 입각하여 우리에게 아주 많은 즐거움을 준다. 실제로 형태와 색채의 아름다움은 서로 매우 밀접하게 연관이 있어서 아주 상이한 성질을 지닌 사물들에게서도 그런 현상이 나타날 수 있다.

제18절 요약

아름다운 성질들은 순전히 감각적인 성질이기 때문에 대체로 다음과 같은 특징을 지닌다. 첫째로, 비교적 작아야 한다. 둘째로, 부드러워야 한다. 셋째로, 부분들이 다양한 방향을 지니고 있어야 한다. 넷째로는, 그 부분들이 각이 지면 안 되고 서로 잘 녹아들어야 한다. 다섯째로, 눈에 띄는 강한 모습이 없이 세련된 외관을 가지고 있어야 한다. 여섯째로, 그 색이 뚜렷하고 밝으면서도 너무 강하고 지나치게 현란해서는 안 된다. 일곱째로, 만일 색이 현란해야 한다면 다른 색들을 사용하여 다채롭게 변화를 주어야 한다. 이런 특성들에 의해 어떤 대상이 아름다운가가 결정된다고 나는 생각한다. 이런 특성들은 본성적으로 그렇게 기능하며 다른 어떤 특성보다 변덕에 따라 변질되는 정도가 적고 다양한 취미에 의해 혼동되는 경우도 드물다.

제19절 인상

인상은 아름다움, 특히 인간의 아름다움에 상당히 많이 기여한다. 어떤 사람의 도덕적 성품은 얼굴에도 나타나며 우리의 얼굴이 상당히 규칙적으로 도덕적 성품에 부합하는 모습을 띠는 것을 볼 수 있기에 얼굴을 통해서 우리 마음의 어떤 유쾌한 성질들이 우리 몸의 유쾌한 성질들과 결합될 수 있다. 그래서 인간의 아름다움에 완성된 형태를 부여하고 거기다 온전한 감화력까지 첨가하려면 사람의 얼굴이 겉으로 나타나는 부드럽고 유연하면서 섬세한 모습을 통해 그에 상응하는 상냥하고 친절한 성격을 드러내주어야 한다.

제20절 눈

동물들의 아름다움을 느끼도록 하는 데 대단히 커다란 몫을 하고 있는 눈에 대해 이제까지는 일부러 언급하지 않았다. 그 이유는 실제로 같은 원리들로 환원될 수 있지만 눈이 앞서 다룬 주제들 아래 그렇게 쉽게 다루어질 수 없었기 때문이다. 눈의 아름다움은 우선 그 **맑음** 안에 있다고 생각한다. 어떤 색의 눈이 가장 우리를 즐겁게 하는가는 특정한 기호에 상당히 많이 좌우된다. 하지만 흐릿한 눈을 보고 즐거움을 느끼는 사람은 없다. 맑은 눈을 보고 즐거움을 느끼는 것은 다이아몬드나 맑은 물, 유리, 기타 유사한 투명한 물체들을 좋아하는 것과 마찬가지 원리 때문이다. 둘째로, 계속해서 그 방향을 바꾸는 눈의 움직임이 그 아름다움을 더해준다. 하지만 활발하게 움직이는 눈보다는 느릿느릿하게 움직이는 눈이 더 아름답다. 활발하게 움직이면 눈에 생기가 더해지지만 천천히 움직이는 눈은 사랑스럽다. 셋째로, 눈과 이웃하고 있는 신체 기관들의 결합에 관해서는 다른 아름다운 신체 기관들에 대해서와 마찬가지 규칙을 적용할 수 있다. 인접한 신체 기관들로부터 지나치게 벗어나도 안 되고 그것들과 어떤 정확한 기하학적 형태를 이룰 필요도 없다. 이 모든 것 외에도 눈은 우리 마음의 어떤 특성들을 표현하기 때문에 감동을 준다. 그리고 눈이 갖는 주된 힘은 보통 여기에서 비롯된다. 그래서 우리가 방금 전에 인상에 대해 말한 것이 여기에도 적용될 수 있다.

제21절 추함

여기서 **추함**의 성질에 대해 서술하는 것은 우리가 이전에 말했던 걸 반복하는 것처럼 보일 수 있다. 우리가 아름다움의 요소들이라고 규정한 성질들과 추함이 모든 면에서 정반대되는 것이라고 나는 생각한다. 그런데 추함은 아름다움의 반대이기는 해도 비례와 균형이나 적합성의 반대는 아니다. 비례와 균형을 지니고 있으며 어떤 목적에 완벽하게 적합한 어떤 사물이 아주 추할 수도 있기 때문이다. 마찬가지로 나는 숭고의 관념과 추함이 충분히 양립할 수 있다고 생각한다. 하지만 강한 공포의 감정을 불러일으키는 성질과 결합되지 않는 한 추함이 당연히 숭고한 관념이라고는 절대로 주장하지 않을 것이다.

제22절 우아함

우아함은 아름다움과 그렇게 많이 다르지 않고 그와 동일한 구성 요소들을 많이 지니고 있다. 우아함은 **자세**나 **움직임**과 관련이 있다. 이 두 가지 경우 모두 우아하려면 힘들어 보이지 않아야 하며, 부분들이 서로 거치적거리지 않으면서 날카로운 각도로 갑작스럽게 나눠지지 않게 구성되어 있어야 한다. 자세나 움직임의 이러한 편안함이나 원만함, 섬세함 속에 정확하게는 설명할 길 없는(je ne sais quoi) 우아함의 마력이 존재한다. 이것은 메디치가의

190

비너스 상, 안티누스[10] 상이나 아주 우아하다고 일반적으로 인정되고 있는 모든 조각상을 주의 깊게 살펴보면 누구에게라도 분명하게 드러날 것이다.

제23절 세련됨과 그럴듯함(speciousness)

어떤 물체가 잘 다듬어진 부드러운 부분들로 이루어져 있고 그 부분들이 서로를 압박하거나 표면이 울퉁불퉁하거나 혼란스럽거나 하지 않으면서 동시에 어떤 **규칙적인 모습**을 취할 때 나는 그런 성질을 **세련됨**이라고 부른다. 그것은 아름다움과 밀접한 관련이 있다. 둘 사이에 차이가 있다면 그건 오직 세련됨에서 나타나는 **규칙성** 때문이다. 하지만 그것이 자아내는 감정에 있어서는 둘 사이에 매우 큰 실질적인 차이가 있기 때문에 이 둘은 서로 다른 종류에 속한다고 말하는 게 좋을 것이다. 나는 세련된 건축물이나 가구들처럼 자연의 어떤 구체적인 사물을 모방하지 않은, 섬세하면서도 규칙적인 예술 작품들이 여기에 속한다고 생각한다. 어떤 대상이 위에 언급한 성질을 지니거나 아름다운 물체의 성질을 지니면서도 규모가 방대할 경우에는 그 대상을 단순히 아름답다고 부를 수는 없다. 이럴 때 나는 그것을 외관이 훌륭하다거나(fine) 그럴듯하다고(specious) 부른다.

제24절 촉각에 있어서의 아름다움

앞에서 시각과 관련하여 설명한 아름다움은 촉각을 통해서도 유사한 결과를 낳을 수 있는 대상들의 특성에 대한 묘사를 통해서도 아주 잘 설명될 수 있다. 나는 이러한 아름다움을 **촉각적인 아름다움**이라고 부른다. 이것은 같은 유의 즐거움을 유발하는 시각적 아름다움과도 아주 잘 어울린다. 우리의 감각들 사이에는 어떤 연결고리가 존재한다. 우리의 감각들은 다양한 대상들에 의해 영향을 받도록 되어 있는 촉각의 여러 가지 종류에 불과하며, 외부 사물의 영향을 받을 때는 동일한 방식으로 영향을 받도록 되어 있다. 만졌을 때 즐거움을 주는 모든 물체들은 저항이 약하기 때문에 즐거움을 준다. 저항은 표면을 따라가는 움직임에 대한 것이거나 아니면 한 부분이 다른 부분에 가하는 압력에 대한 것이다. 전자의 저항이 약하면 우리는 그 물체가 부드럽다고 말하고 후자의 저항이 약하면 유연하다고 말한다. 우리가 촉각을 통해 얻는 즐거움은 주로 이 둘 중 하나로부터 온다. 이 두 개가 결합되어 나타나면 우리의 즐거움은 아주 커진다. 이것은 너무나 명백한 사실이기 때문에 여기에 대해 어떤 예를 들기보다는 다른 것을 살펴보는 게 오히려 나을 것이다. 촉각이 느끼는 즐거움의 또 다른 원인은 다른 감각에 있어서와 마찬가지로 끊임없이 새로운 무언가가 제시되는 것이다. 표면이 계속해서 변하는 물체들은 촉각에 가장 많은 즐거움을 주며 따라서 가장 아름답다. 이런 대상들에게 나타나는 세 번째 특성은 표면의 경사가 계속 바뀐다 할지라도 급격하게 변하지는 않는다는 것이다. 갑자기 무언가를 갖다 대게 되면—비록 그렇게 누르는 것 자체는 전혀 또는 거의 폭력적이지 않다 하더라도—불쾌한 감정을 유발한다. 보통보다 약간 더 차갑거나 따뜻한 손가락을 예고 없이 빨리 갖다 대게 되면 우리는 놀란다. 예상치 않았는데 누가 어깨를 살짝 치게 되어도 마찬가지로 놀란다. 따라서 외면의 경사가 갑자기 바뀌는 각진 물체들은 촉각에 즐거움을 거의 주지 못하게 된다. 이런 작은 변화는 축소모형에서는 커다란 상승과 하강을 뜻한다. 그래서 삼각형이나 사각형, 그 외의 각진 형태들은 시각에든 촉각에든 아름답지 못하다. 부드럽고 유연하며 다채롭게 변화하면서도 각지지 않은 물체들을 만질 때 자신이 느끼는 마음 상태를 아름다운 대상을 볼 때 느끼는 마음의 상태와 비교해본 사람이라면 누구나 둘 사이에 매우 뚜렷한 유사성이 있다는 것을 지각하게 될 것이며 이 둘 사이에 공통적인 원인이 있다는 것을 발견할 수 있을 것이다. 촉각과 시각은 이런 점에서 몇 가지 점에서만 서로 다르다. 촉각의 경우 유연함에서 즐거움을 얻지만 이것은 시각이 즐거움을 느끼는 대상은 아니다. 반면 시각은 색채를 그 대상에 포함시키지만 촉각으로는 색채를 느끼기가 어렵다. 또 촉각은 적당한 온기로부터 새로운 종류의 즐거움을 얻을 수 있다는 이점이 있지만 시각은 그 대상이 무한히 광범위하고 다양할 수 있다는 점에서 촉각보다 낫다. 하지만 이 감각들을 통해 우리가 누리는 즐거움 사이에는 상당히 유사한 점이 많아서, 만일 촉각을 통해 색을 구분할 수 있다면 (어떤 맹인들은 실제로 그렇게 했다고 한다) 보기에 아름다워 보이는 동일한 색이나 색의 배열이 촉각에도 커다란 즐거움을 가져다준다고 생각하고 싶을 정도이다. 하지만 추측은 접어두고 다른 감각, 즉 청각에로 넘어가보자.

제25절 청각에 있어서의 아름다움

청각을 통해서도 다른 감각과 마찬가지로 부드럽고 섬세한 감정을 느낄 수 있다. 다른 감각들에서 느끼는 아름다움에 대해 우리가 앞에서 설명한 바들과, 감미롭거나 아름다운 소리를 들으면서 우리가 느끼는 바가 얼마나 일치하는지는 각자의 경험에 따라 차이가 있을 수 있다. 밀턴은 어릴 적 쓴 시에서 감미로운 음악에 대해 묘사하고 있다. 밀턴은 이 예술 장르에도 아주 조예가 깊은데다 어느 누구보다 더 예민한 귀를 소유하고 있어서 하나의 감각에서 느끼는 감동을 다른 감각에서 빌려 온 비유를 사용하여 매우 적절하게 묘사했다. 그 시는 다음과 같다.

> 마음을 갉아먹는 근심으로부터 항상 나를 지켜주고
> 리디아[11]의 감미로운 멜로디로 나를 감싸주오.

수없이 굽이치며 길게 늘어진 부드러운 선율로

조심스러우면서도 자유분방하게, 현기증 나도록 교묘
　　한 솜씨로

미로 속을 헤매는 듯한 목소리로 마음을 녹이며

숨겨진 영혼의 하모니를 결박하는

모든 사슬들을 풀어헤치며.[12]

이것을 다른 감각에 있어서의 아름다움의 특징이었던 부드러움, 굽이치는 표면, 끊이지 않고 지속됨, 완만한 변화와 비교해보라. 감각과 이를 통해 우리가 느끼는 감정들은 매우 다양하다. 하지만 이것들이 이렇게 복잡하고 다양하다고 해서 전체에 대한 우리의 생각이 흐려지지는 않는다. 오히려 이것들은 서로가 서로를 이해할 수 있도록 도와서 우리로 하여금 전체에 대해 하나의 뚜렷하고 일관된, 완성된 관념을 가질 수 있게 해준다. 앞에서 설명한 바에 한두 가지만 더 덧붙여 말하기로 하겠다. 첫째로, 아름다운 음악은 소리가 강하거나 크지 않다. 그런 소리는 우리 감정을 격하게 하는 데 쓰일 수는 있지만 아름다운 소리는 아니다. 날카롭거나 거친 소리, 낮고 굵은 선율도 아름다운 음악은 아니다. 가장 아름다운 선율은 청아하면서 차분하고 부드러우면서 연약하다. 둘째로, 하나의 곡조나 선율에서 다른 곡조나 선율로 급하게 옮겨가는 음악은 전혀 아름답지 않다. 그런 음악은* 종종 명랑함이나 기타 격한 감정을 불러일으킬 수는 있지만, 모든 감각에 있어서 아름다움의 특징적 효과인 저 착 가라앉는 느낌이나 녹아드는 느낌, 나른한 느낌을 가져다주지는 못한다. 사실 아름다움이 자아내는 감정은 명랑함보다는 일종의 멜랑콜리에 더 가깝다. 그렇다고 해서 내가 음악을 어떤 특정한 선율이나 곡조로 한정하고자 하는 건 아니다. 또 나는 음악에 조예가 깊지도 않다. 내가 이런 말을 하는 유일한 목적은 아름다움에 대해 일관된 관념을 확립하기 위해서이다. 현명한 두뇌와 잘 훈련된 귀를 가진 사람이라면 무한하게 다양한 감정들을 불러일으키기에 적합한 소리들도 마찬가지로 무한하게 다양하다는 사실을 당연히 알 것이다. 통속적으로 아름다움의 기준이라 여겨지는 엄청나게 많은, 서로 다르고 때로는 서로 모순되기까지 한 관념들로부터 동일한 부류에 속하고 서로 양립할 수 있는 몇 가지 특별한 관념들을 따로 구별해낸다고 해서 해가 될 수는 없다. 그중에서도 특히 여기서 내가 의도했던 것은 몇 가지 중요한 예를 들어 청각이 즐거움을 느끼는 계기가 다른 모든 감각이 즐거움을 느끼는 계기와 일치한다는 것을 보여주는 것이었다.

---

* 감미로운 음악을 들을 때면 난 전혀 명랑하지 않아. — 셰익스피어13

제26절 미각과 후각

미각과 후각이 일치하는 경우를 자세하게 살펴보면 일반적으로 감각들 사이에 이러한 일치가 존재한다는 것이 더욱 분명해진다. 우리는 달콤함이라는 말을 비유적으로 시각이나 청각에도 적용한다. 하지만 즐거움이나 고통을 불러일으키기에 적합한 물체의 어떤 성질들은 미각과 후각에서는 다른 감각들에 있어서처럼 그렇게 분명하지 않다. 그래서 우리는 그 감각들을 일종의 유비추론을 통해 설명할 것이다. 그 추론은 모든 감각과 관련하여 아름다움의 공통 원인을 고찰할 때 우리가 사용한 추론과 매우 유사하다. 명확하고 안정된 시각적 아름다움의 관념을 확립하기 위해서 다른 감각들에서 나타나는 유사한 즐거움을 고찰하는 이러한 방식보다 더 좋은 것은 없다고 나는 생각한다. 하나의 감각에서는 모호한 것이 다른 감각에서는 훨씬 분명하게 나타나는 경우가 종종 있다. 모든 감각이 분명하게 일치하는 경우에는 각각에 대해 더 확신을 가지고 말할 수 있다. 이런 방법을 통해 감각들은 서로를 입증해준다. 말하자면 이를 통해 우리는 자연을 샅샅이 조사하게 되며, 이런 방식을 통해 자연이 우리에게 전해주는 정보 외에는 아무것도 자연에 대해 말하지 않게 된다.

제27절 숭고와 아름다움의 비교

이제 아름다움에 대한 일반적 고찰을 마치면서 숭고와 아름다움을 자연스럽게 비교해보기로 하자. 이러한 비교를 통해서 둘 사이에 주목할 만한 차이가 드러난다. 숭고한 대상들은 그 규모가 방대한 반면 아름다운 대상들은 비교적 작다. 아름다운 사물은 부드럽고 잘 다듬어져 있어야 하지만 거대한 사물은 우툴두툴하고 다듬어져 있지 않다. 아름다운 사물은 직선형이 아니지만 그것이 직선형이 아니라는 사실조차도 인식하기 어렵다. 반면 거대한 사물은 많은 경우 직선형이지만 직선형이 아닌 경우에는 그 사실이 뚜렷하게 드러난다. 아름다운 사물은 어둡고 모호해서는 안 되지만 거대한 사물은 어둡고 음침해야 한다. 아름다운 사물은 가볍고 섬세해야 하는 반면 거대한 사물은 견고하고 육중하기까지 해야 한다. 아름다움과 숭고는 이렇듯 서로 매우 다른 성질을 지니고 있다. 하나는 고통에, 다른 하나는 즐거움에 근거하고 있다. 그 원인이 되는 사물들의 직접적인 특성 때문에 그것들의 모습이 아무리 다양하게 변한다 해도, 그것들 사이에 존재하는 이 영속적인 차이에는 변함이 없다. 사람의 감정에 호소하는 일을 하는 사람이라면 이러한 차이를 잊어서는 안 된다. 우리는—자연 속에 나타나는 다양한 성질들의 무수히 많은 조합 속에서—서로 완전히 동떨어진 성질들이 동일한 사물 안에 결합되어 나타나는 경우를 예상할 수 있다. 또 예술 작품들 속에서도 마찬가지 조합을 예상할 수 있다. 하지만 우리는 다음과 같은 사실을 알아야 한다. 어떤 사물이 지니고 있는 탁월한 성질을 이용하여 우리의 마음에 영향을 미치려고 할 경우, 그 사물의 다른 모든 성질이나 특성이 그 가장 중요한 특성과 동일한 특성을 지니고 같은 목적을 지닐수록 우리 안에서 불러일으켜지는 감정은 훨씬 더 한결같고 완벽해진다.

검은색과 흰색이 섞여서 연해져 하나가 되면
검은색과 흰색은 더 이상 존재하지 않는 걸까?[14]

숭고함과 아름다움이란 성질이 때로 결합되어 나타난다고 해서 이것들이 같은 성질이거나 어쨌든 같은 종류라는 걸, 심지어는 서로 반대되고 모순되는 성질이 아니라는 걸 증명하는 것일까? 검은색과 흰색이 섞이거나 흐려질 수 있다. 하지만 그렇다고 해서 그것들이 같은 색은 아니다. 다른 색과 섞여 흐려지거나 연해질 때나, 변함이 없이 그대로이면서 다른 것들과 구별될 때나, 검은 색이 검은색이고 흰색이 흰색이라는 사실에는 전혀 변함이 없다.

제4부

제1절 숭고와 아름다움의 동인(efficient cause)에 대하여

독자들이 숭고와 아름다움의 원인을 연구한다는 내 말을 그 궁극적 원인에 도달할 수 있다는 의미로 받아들이지 않기를 바란다. 어떤 신체적 변화가 일어나면 매우 뚜렷한 정신적 변화, 즉 숭고와 아름다움의 감정이 생겨나고 다른 신체적 변화의 경우에는 그렇지 못한 이유나, 도대체 왜 정신이 신체의 영향을 받거나 신체가 정신의 영향을 받는가를 언젠가는 설명할 수 있을 것이라고 나는 주장하지 않는다. 조금만 생각해보면 이는 불가능하다는 것을 알아차릴 것이다. 하지만 어떤 정신적 변화가 어떤 정해진 신체적 변화를 초래하는가, 어떤 뚜렷한 신체적 느낌이나 특성이 마음속에 어떤 일정한 감정을 불러일으킬 것인가를 알 수 있다면 그것만으로도 이미 꽤 많은 일을 했다고 나는 생각한다. 그리고 이런 일은, 적어도 지금 우리가 고려하고 있는 감정에 관해

명확한 지식을 얻는 데 유용할 것이다. 이것이 우리가 할 수 있는 전부라고 생각한다. 만일 우리가 한 걸음 더 나아갈 수 있다 해도 최초의 원인으로부터는 처음과 마찬가지로 멀리 떨어져 있을 것이기에, 여러 가지 난점들은 여전히 남아 있을 것이다. 처음으로 인력의 특성을 발견하고 그 법칙을 확립했을 때, 뉴턴은 그것이 대단히 주목할 만한 여러 가지 자연현상들을 설명하는 데 매우 유용하다는 사실을 발견하였다. 하지만 사물의 일반적 체계와 관련하여 그는 인력을 하나의 결과로만 파악했으며, 당시에는 그 원인을 추적하려 시도하지도 않았다. 하지만 나중에 에테르라는 탄성을 지닌 미세한 물질을 가지고 인력의 원인을 설명하려 하면서 이 위대한 과학자는 (이렇게 위대한 인간에게서 결점을 발견한다는 것이 불경한 일이 아니라면) 그가 평소에 견지하던 신중한 과학적 태도를 버린 것 같다.[1] 그 이유는 아마도 이 주제에 대해 개진된 모든 견해들이 충분히 검증된다 해도 여전히 처음과 마찬가지로 많은 난제들이 남아 있기 때문일 것이라고 나는 생각한다. 거대한 인과관계의 사슬이 모든 사물들을 서로 연결시켜주고 있으며 궁극적으로는 신에게까지 연결되어 있지만, 우리가 아무리 열심히 노력한다 해도 그 모든 연결고리를 다 찾아낼 수는 없다. 직접적으로 감각적 대상의 성질을 벗어나 한 발짝만 더 나아가게 되면 우리의 역량은 한계에 도달한다. 그다음에 우리가 하는 일은 무기력한 몸짓에 불과하고, 이를 통해 우리는 능력 부족을 깨달을 뿐이다. 그래서 나는 원인이나 동인이라는 말을 물체의 일정한 변화를 초래하는 어떤 정신적 변화들이나 어떤 정신적 변화를 일으키는 물체의 힘이나 성질만을 가리키는 데 사용하기로 하겠다. 땅에 떨어지는 물체의 움직임을 설명해야 할 때 나는 그 원인이 중력이라고 말하고 어떤 방식으로 그 힘이 작용하는지를 보이려 노력하지, 그 힘이 왜 그렇게 작용하는지를 보이려 하지는 않을 것이다. 또 충돌하는 물체들이 일반적인 충돌법칙에 따라 서로에게 미치는 영향을 설명해야 할 때, 어떻게 운동 자체가 전달되는지에 대해 설명하려 애쓰지는 않겠다는 말이다.

제2절 연상

많은 경우 우리는 어떤 때에 어떤 감정이 발생하는가를 알고 있다. 그런데 그런 감정들의 지배적인 동인은 우리가 그에 대해 숙고할 능력을 지니고 있지 못한 때 우리에게 제공되며, 이후 그에 대한 모든 기억은 마음속에서 사라져버린다. 이러한 사실은 감정의 원인에 대한 연구에 적지 않은 장애가 된다. 어떤 사물들이 그 자연적 능력에 따라 다양한 방식으로 우리에게 영향을 미치는 경우 외에, 일찍부터 연상관계가 형성되어서 나중에는 자연 대상이 우리에게 직접적으로 영향을 미치는 경우와 구별하기가 매우 어려워지는 경우가 있는 것이다. 우리가 많은 사람에게 느끼는 설명할 수 없는 반감은 제쳐두고라도, 언제 낭떠러지가 평지보다, 또는 불이나 물이 흙덩이보다 더 무서운 것이 되었는지 우리는 잘 기억하지 못한다. 이 모든 것이 경험으로부터 내려진 결론이거나 다른 사람들이 미리 말해주었기 때문에 생긴 것일 가능성이 매우 높고, 그중 몇몇은 아주 늦게 우리 마음속에 각인되었을 가능성이 매우 높기는 하지만 말이다. 물론 많은 사물들이 어떤 특정한 방식에 따라, 즉 그들이 소유한 자연적 능력에 따라서가 아니라 연상을 통해 우리에게 영향을 미친다는 사실을 인정해야한다. 하지만 다른 한편으로는 모든 사물이 오직 연상을 통해서만 우리에게 영향을 미친다고 말하는 것도 불합리하다. 왜냐하면 어떤 사물들은 원래부터 그리고 자연적으로 즐거움이나 불쾌감을 주는 것이 분명하기 때문이다. 물론 다른 사물들은 이것들로부터의 연상을 통해 힘을 얻기도 한다. 그리고 내 생각으로는 사물의 자연적 특성에서 감정의 원인을 찾는 데 실패하기도 전에 연상에서부터 원인을 찾는 것은 잘못된 일이다.

제3절 고통과 공포의 원인 I

공포를 불러일으킬 수 있는 것은 무엇이든지 숭고의 근거가 될 수 있다고 하는 사실은 앞에서 살펴보았다.* 여기에 덧붙여 말하자면, 이런 사물들뿐만 아니라 위험한 상황이 초래할 것이라고는 우려하지 않아도 될 많은 사물들도 그와 유사한 방식으로 작동하기 때문에 유사한 효과를 불러일으킬 수 있다. 마찬가지로 자기 자신에 고유한 실재적인 즐거움을 주는 모든 사물에는 아름다움이 결합되는 것이 마땅하다는 사실도 살펴보았다.† 따라서 이런 성질들(아름다움과 숭고)의 본성을 해명하려면 그것들이 근거하고 있는 고통과 즐거움의 본성을 설명하는 것이 필요하다. 격렬한 신체적 고통을 겪고 있는 사람은 (효과가 더 분명할 테니까 가장 격렬한 고통을 가정해보자) 이를 악물고 눈썹을 심하게 찡그리며 이마에는 주름이 잡히고 눈은 안으로 끌어당겨지며 눈동자는 매우 격렬하게 움직인다. 그의 머리카락은 곤두서고 입에서는 짧은 비명과 신음이 새어나오며 온몸은 비틀거리게 된다. 공포나 두려움은 고통이나 죽음에 대한 우려에서 비롯되는데 실제 고통이나 죽음과 정확하게 같은 유형의 효과를 나타낸다. 이러한 효과는 격렬함을 느끼는 주체가 얼마나 연약한가, 그 원인이 얼마나 그에게 가까이 있느냐에 따라 바로 앞에서 언급한 현상들과 더욱 유사해진다. 이것은 단지 인간에게서만 나타나는 현상은 아니다. 나는 개들에게서도 이런 현상을 여러 번 관찰했는데, 이 경우 개들은 벌을 받을 것을 두려워하면서 마치 실제로 매를 맞는 것처럼 몸을 뒤틀고 비명을 지르며 울부짖었다. 이로부

---

* 제1부 제7절.2   † 제1부 제10절.

터 나는 고통과 두려움이 같은 신체 부위에 같은 방식으로 영향을 미친다는 결론에 도달했다. 물론 그 정도에는 어느 정도 차이가 있을 수 있다. 고통과 두려움의 본질은 신경의 부자연스러운 긴장이다. 때로는 이것이 이상하게 강해지거나 갑자기 엄청나게 약해지기도 한다. 이런 효과들은 종종 번갈아 나타나며 어떨 때는 뒤섞여 나타나기도 한다. 이것이 모든 발작적 흥분 상태의 특징이며, 특히 자칫하면 고통과 두려움의 영향을 매우 강하게 받기 쉬운 심약한 사람에게서 나타난다. 고통과 두려움 사이의 유일한 차이는, 고통을 유발하는 사물들은 신체를 통해 정신에 영향을 미치게 되지만 두려움을 유발하는 사물들은 일반적으로 위험을 암시하는 정신작용을 통해서 신체 기관에 영향을 미친다는 사실이다. 하지만 이 둘 모두는 원초적으로든 부차적으로든 긴장(tension)과 수축(contraction),* 즉 신경의 격렬한 움직임을 유발한다는 면에서 서로 일치하며, 다른 모든 측면에서도 마찬가지로 서로 일치한다. 왜냐하면 이 예뿐만 아니라 다른 많은 예에서도 내게는 다음과 같은 사실이 아주 분명하게 드러나기 때문이

---

* 나는 여기서 고통이 신경 수축(contracion)의 결과인지 긴장(tension)의 결과인지를 둘러싸고 생리학자들 사이에서 논의되고 있는 문제를 상세하게 다루지는 않을 것이다. 하지만 어느 쪽으로 결론이 나든 내 견해를 설명하는 데는 똑같이 도움이 될 것이다. 왜냐하면 나는 '긴장'이라는 말을 근육이든 막이든 신체 조직이 어떤 방식으로든 격렬하게 잡아당겨진다는 의미로만 사용하고 있기 때문이다.

다. 어떤 방법을 통해서든 인간 신체가 특정한 감정이 있어 언제나 나타나게 마련인 모습을 보인다면, 그로 인해 이와 아주 유사한 감정이 저절로 생겨날 것이다.

제4절 고통과 공포의 원인 II

이에 대해 스퐁(Spon)[3] 씨는 자신의 책 『고대연구』(*Recherches d'Antiquité*)에서 유명한 골상학자 캄파넬라(Campanella)에 얽힌 흥미 있는 이야기를 들려준다. 이 사람은 사람들의 얼굴을 아주 정확하게 관찰했을 뿐만 아니라 놀랄 만한 솜씨로 능수능란하게 사람들의 표정을 흉내 내기도 했다. 상대방의 마음을 꿰뚫어보려 할 때, 그는 자신의 얼굴이나 몸짓, 몸 전체를 관찰하고자 하는 사람과 가능한 한 아주 비슷하게 만들고 이를 통해 어떤 변화가 자신의 마음속에 일어나는지를 주의 깊게 살폈다. 스퐁 씨의 증언에 따르면 이렇게 해서 그는 마치 다른 사람이 된 것처럼 타인의 기질과 생각을 느낄 수 있었다. 나도 종종, 화가 나 있거나 마음이 평온한 사람, 깜짝 놀랐거나 대담무쌍한 사람의 표정이나 몸짓을 흉내 내게 되면, 내 의도와는 상관없이 내 감정도 겉모습을 흉내 내려고 했던 이의 감정으로 바뀌는 것을 경험한 적이 있다. 아니, 아무리 그러한 감정을 그에 해당되는 몸짓으로부터 분리하려 노력해도 이런 일이 일어나는 것을 피하기는 어렵다고 나는 확신한다. 우리의 신체와 정신은 아주 밀접하게 연결되어 있어서 하나가 다른 하나 없이 즐거움이나 고통을 느낀다는 것은 불가능하다. 캄파넬라는 자기 몸이 겪고 있는 고통으로부터 주의를 딴 데로 돌릴 수 있었기 때문에 그다지 큰 고통 없이 고문도 견딜 수 있었다. 그보다 덜한 고통의 경우에는 누구나, 주의를 다른 데로 돌리게 되면 고통이 얼마간은 멈추게 되는 경험을 틀림없이 한 적이 있을 것이다. 다른 한편, 평소에는 어떤 감정을 느낄 때 나타나게 마련인 제스처가 우리의 신체에 전혀 나타날 수 없는 경우에는 그런 감정 자체가 생겨나지가 않는 때가 있다. 비록 그 원인이 그다지 강하게 작용하지 않고, 그 감정이 순전히 정신적인 것이며, 직접적으로는 어떤 감각 기관에도 영향을 미치지 않아야 하지만 말이다. 아편이나 알코올이 함유된 음료는 우리가 아무리 그렇게 하지 않으려 노력한다 해도, 슬픔이나 공포, 분노를 일시적으로 멈추게 한다. 이는 우리의 신체가 이런 감정들로 인해 생기는 것과는 반대의 성향을 띠게 되기 때문이다.

제5절 숭고가 산출되는 방식

두려움이 신경의 부자연스러운 긴장이나 격렬한 움직임을 유발한다는 사실을 살펴보고 나면 앞 절에서 방금 서술한 바에 따라 다음과 같은 결론이 쉽게 도출된다. 이런 긴장을 유발하기에 적합한 것은 무엇이든지 두려움과 유사한 감정*을 불러일으켜야 하며, 따라서 아무런 위험의 관념이 결부되어 있지 않다 하더라도 그것은 숭고의 원천임에 틀림없다. 이렇게 되면 숭고의 원인을 제시하기 위해서는 다음과 같은 사실을 보여주기만 하면 된다. 이 책의 제2부에서 우리가 제시한 예들은—정신 아니면 신체의 일차적 작용에 따라—이런 유의 긴장을 불러일으키기에 본성적으로 적합한 사물들에 관한 것이다. 위험을 연상시키는 사물은 이런 위험의 관념을 통해 우리의 감정에 영향을 미친다. 이런 사물이 공포를 자아내거나 이 감정의 약간의 변형된 형태를 통해 우리의 감정에 영향을 미친다는 사실에는 아무런 의심의 여지가 없다. 그리고 이러한 공포가 충분히 격렬한 감정일 경우에는 방금 언급한 신체의 움직임을 유발한다는 것도 전혀 의심할 수 없는 사실이다. 하지만 숭고가 공포나 이와 유사한 어떤 감정에 근거를 두고 있다면, 어떻게 일종의 안도감이 겉으로 보기에 정반대로 보이는 공포 같은 원인으로부터 도출될 수 있는지 먼저 살펴보아야 한다. 앞에서 종종 언급했듯이 내가 **안도감**이라는 단어를 사용하는 이유는 이것의 원인이나 특성이 실제로 느끼는 실재적인 즐거움과는 매우 분명하게 다르기 때문이다.

---

* 제2부 제2절.

제6절 고통이 안도감의 원인이 될 수 있는 이유

신은—게으른 우리 마음에는 아무리 좋아 보이더라도—정지와 휴식의 상태가 많은 불편함을 낳도록 정해놓았다. 이러한 상태는 너무나 많은 무질서를 초래해 우리로 하여금 노동하지 않을 수 없게 만들며, 따라서 이러한 노동은 어느 정도 만족스럽게 삶을 영위하기 위해서는 절대적으로 필요하다. 휴식은 우리 신체의 모든 부분이 이완된 상태가 되는 것인데, 이것은 우리 신체 기관들이 자신의 기능을 수행하지 못하게 만들 뿐만 아니라 자연적이고 필수불가결한 분비작용의 수행에 필요한 신체 조직이 활발하게 기능하지 못하게 한다. 신경이 이렇게 활기 없이 늘어져 있는 상태에서는 무서운 발작이 발생할 가능성이 신경이 충분히 긴장되어 있고 강할 때보다 훨씬 더 높다. 우울, 실의, 좌절, 가끔은 자살이 이런 이완된 신체 상태에서 우리가 사물에 대해 비관적인 자세를 취하게 됨으로 인해 나타나는 결과이다. 이 모든 해악의 최선의 치유책은 운동을 하거나 **노동**을 하는 것이다. 노동은 근육의 힘을 사용하여 **난관**을 극복하는 행위이다. 그래서 노동 자체는 신경의 긴장이나 수축을 본질로 하는 고통과 모든 면에서 유사하다. 물론 정도의 차이가 있을 수는 있다. 노동은 상대적으로 열등한 기관들이 자신들의 기능을 수행하기에 적합한 상태를 유지하기 위해 필요할 뿐만 아니라, 더 섬세하고 예민한 기관들에게도 필요하다. 상상력은 후자의 기관들에 작용하거나 그것들에 의해 움직인다. 아마 다른 정신적 능력들도 마찬가지일 것이다. 감정이라 불리는 영혼의 열등한 부분들뿐만 아니라 오성 자체도 자신의 기능을 수행하면서 어떤 섬세한 신체적인 수단들을 사용할 수 있다. 그것들이 무엇인지, 어디에 있는지를 확정하기는 다소 어렵겠지만 말이다. 하지만 오랫동안 정신적 노동을 하게 되면 몸 전체가 현저하게 나른해지고, 다른 한편 힘든 육체노동이나 고통은 정신적 능력을 약화시키거나 때로는 실제로 파괴하기까지 한다. 이러한 사실로부터 우리는 오성이 그러한 신체적인 수단들을 사용한다는 사실을 알 수 있다. 인체 조직 중에서 상대적으로 열등한 부위에 속하는 근육에게 적당한 운동은 필수적이며 이런 자극이 없으면 그것은 활기를 잃고 병에 걸리게 된다. 그런데 이것은 앞서 언급한 섬세한 인체 기관들에 대해서도 마찬가지로 적용되는 규칙이다. 이 기관들이 제대로 기능하기 위해서는 그 기관들을 적당하게 뒤흔들어 움직이게 해야 한다.

제7절 더 섬세한 신체 기관들을 위해서 필요한 훈련

보통의 경우 노동은 일종의 고통을 수반하며 열등한 신체 기관들을 단련시키는 데 반해, 어떤 형태의 두려움은 더 섬세한 신체 기관들을 단련시킨다. 그리고 어떤 형태의 고통이 모든 신체 중에서 가장 예민한 기관인 눈이나 귀에 미치는 영향은 다른 감각 기관에 영향을 미치는 경우보다 훨씬 더 정신적인 원인이 미치는 영향과 비슷하다. 이 모든 경우 고통이나 두려움이 실제로 해를 끼치지 않을 정도로 완화된다면, 즉 고통이 격심하지 않고 두려움이 당장 인격을 파괴하지만 않는다면, 이런 감정들로 인해 열등한 신체 기관이든 섬세한 신체 기관이든 모두 위험하고 골치 아픈 장애물로부터 벗어나기 때문에 안도감이 생겨날 수 있다. 이때 생겨나는 것은 즐거움이 아니라 안도감이 수반된 공포이며 두려움이 가미된 일종의 평온함이다. 이것은 자기 보존과 관련된 것이며 모든 감정들 중에서 가장 강하다. 이 감정의 대상이 숭고한 것이다.* 그 최고의 단계를 나는 **경악**이라 부른다. 그보다 낮은 단계가 경외, 숭배, 존경이다. 바로 이 단어들의 어원을 통해[4] 우리는 이러한 감정들의 원천이 무엇인지 알 수 있고 이 감정들이 실재적인 즐거움과 어떻게 구별되는지 알 수 있다.

제8절 왜 위험하지도 않은 사물들이 공포와 유사한 감정들을 유발하는가

어떤 형태의† 공포나 고통은 언제나 숭고의 원인이 된다. 공포나 이와 함께 연상되는 위험에 대해서는 앞에서 제시한 설명으로 충

---

* 제2부 제2절.　　　　　　† 제1부 제7절, 제2부 제2절.

분하다고 생각된다. 그런데 다음과 같은 사실을 보이려면 좀 더 설명이 필요하다. 제2부에서 숭고의 예로 제시된 대상들은 고통을 유발하거나 공포의 감정을 불러일으키고 동일한 원리에 따라 설명될 수 있다. 이런 대상들 중에서 첫 번째로 시각적으로 규모가 거대한 것들을 다루기로 하겠다.

제9절 시각적으로 거대한 대상들이 숭고한 이유

대상으로부터 반사된 광선에 의해 망막 또는 시신경의 말단 부분에 순간적으로 맺히는, 그 대상의 전체적인 상을 통하여 시각 작용이 이루어진다고 어떤 사람들은 생각한다. 다른 사람들의 견해에 따르면, 즉시 지각될 수 있도록 눈에 맺히는 상은 대상의 한 부분에 불과하지만 우리는 눈을 아주 빨리 움직여 대상의 여러 부분들을 한데 모아 하나의 대상을 구성해낸다. 전자의 견해를 받아들인다면 커다란 물체에서 반사된 모든 빛이 일순간에 우리 눈에 도달한다고 생각해야 한다.* 하지만 우리는 물체 자체는 서로 다른 아주 많은 수의 점들로 이루어지며 그 점들 각각, 또는 점들에서 반사되어 눈에 도달하는 광선 각각이 망막에 흔적을 남긴다고 가정해야 한다. 한 점에 맺히는 상은 망막에 작은 긴장

---

* 제2부 제7절.

밖에 불러일으키지 못하지만 무수히 많은 광선이 부딪히면 망막의 긴장은 점점 커지고 결국에는 최고조에 달하게 된다. 이때 눈의 모든 부위가 진동하면서 본성적으로 고통을 불러일으키는 대상에 더 가까워지게 되고 결과적으로 숭고의 관념을 자아낼 것이 틀림없다. 다시 말해서 하나의 대상의 오직 한 점만을 한 번에 분간할 수 있다는 주장을 받아들인다면, 숭고함의 원천이 규모의 거대함이라는 사실이 더 분명해질 것이다. 왜냐하면 만일 한 번에 한 지점만을 관찰할 수 있다면 눈은 그러한 물체의 광대한 표면을 아주 빠르게 가로질러 관찰해야 하고, 그 결과로 그 부위를 움직이게 되어 있는 섬세한 신경이나 근육은 아주 긴장할 수밖에 없기 때문이다. 그리고 그 기관들의 매우 예민한 감수성 때문에 이런 긴장은 기관들에 아주 강한 영향을 미칠 것이 틀림없다. 그런데 어떤 물체의 부분들이 서로 밀접하게 연결되어 있어서 한 번에 그것에 대한 전체적 인상을 심어주는가, 아니면 한 번에 오직 한 지점에 대한 인상만을 심어주는데 서로 같거나 다른 인상들이 아주 빠르게 연결되어 마치 하나인 것처럼 보이는 것인가는 그로 인해 생겨나는 결과와는 아무 상관이 없다. 횃불이나 불붙은 나무 조각을 빠르게 돌리면 불이 원처럼 보이는 것을 생각하면 이것은 매우 분명한 사실이다.

제10절 거대함을 느끼기 위해 통일성이 필요한 이유

이 이론에 대해 다음과 같은 반론이 제기될 수 있다. 일반적으로 눈은 언제나 동일한 수의 광선을 받아들인다. 따라서 거대한 사물이라고 해서 우리가 눈뜨고 있는 동안 발견하게 되는 다양한 대상들보다 더 많은 광선의 수를 통해 우리 눈에 더 많은 영향을 줄 수는 없다. 이런 반론에 대해 나는 다음과 같이 반박하고자 한다. 언제나 동일한 수의 광선이나 동일한 양의 빛의 입자가 우리 눈에 들어온다는 사실을 인정한다 하더라도, 한 번은 파란색 다른 한 번은 빨간색 등으로 광선의 성질이 자주 변화하거나 또는 몇 개의 작은 사각형이나 삼각형 같이 끝 모양이 변한다면, 색채든 모양이든 변화가 있을 때마다 감각 기관, 즉 눈은 일종의 이완이나 휴식을 갖게 된다. 하지만 이런 완화작용이 너무 자주 일어나거나 원래 기능의 수행이 너무 자주 중단되게 되면 눈이 편할 수 없고, 활발하면서도 한결같은 눈의 기능 수행이 불가능해진다. 격렬한 운동과 사소한 행위가 가져오는 효과의 차이를 알아차린 사람이라면 누구나 우리 몸을 지치게 하고 쇠약하게 하는 귀찮고 까다로운 움직임에서는 아무런 거대함도 발견할 수 없는 이유를 알 것이다. 이런 유의 충동은 고통스럽다기보다는 성가신 것이며, 계속적으로 그리고 갑자기 방향과 진로를 바꾼다. 이를 통하여 그것은 강한 고통과 결합되어 숭고를 야기하는 한결같은 노동과 완전한 긴장을 방해한다. 여러 종류의 사물의 총합과 어떤 하나의 대상 전체를 구성하는 균등한 부분들의 총합이 같다 해도 이 둘이 우리 신체 기관들에 미치는 영향은 서로 다른 것이다. 이미 지적한 이유 외에도 이런 차이가 나는 또 하나의 강력한 이유가 존재한다. 인간의 정신은 동시에 한 가지 이상의 사물에 주의를 기울이기가 어렵다. 그런데 이렇게 우리의 주의를 끄는 대상의 크기가 작으면 그 대상이 미치는 효과도 작으며, 많은 수의 작은 대상들도 우리의 주목을 끌지 못한다. 대상의 경계에 따라 정신의 작용도 제한을 받는 것이다. 주목을 받지 못하거나 존재하지 않는 대상에서도 사정은 마찬가지다. 하지만 눈 또는 정신은 (이 경우에는 둘 사이에 아무런 차이도 존재하지 않는다) 거대하고 균일한 대상의 경우에는 쉽사리 그 경계에 도달하지 못하며 따라서 그 대상을 바라볼 때는 편히 쉴 수가 없다. 어디서나 동일한 이미지가 나타나기 때문이다. 따라서 양적으로 거대한 모든 사물은 필연적으로 하나이면서 단순하고 온전하게 마련이다.

제11절 인위적 무한

어떤 종류의 거대함은 인위적인 무한함에서 생겨나며, 이러한 무한함은 어떤 대상의 부분들이 규모가 크면서 같은 모양이 연속으로 나타나기 때문에 생겨나고, 일정하게 지속되는 소리도 마찬가지 효과를 지닌다는 사실을 우리는 앞에서 살펴보았다. 그런데 많은 사물들은 다른 감각들보다는 어떤 특정한 감각을 통해서 더 분명하게 효과를 발휘한다. 또 모든 감각들은 비슷한 면이 있기 때문에 서로를 잘 설명해준다. 그런데 어떤 감각이 지속함으로써 숭고의 감정이 생긴다는 사실을 청각에서 더 확실하게 느낄 수 있기 때문에, 여기서는 우선 이러한 효과를 내는 소리부터 살펴보기로 하겠다. 내가 여기서 분명하게 주장하고자 하는 것은—만일 이러한 연구를 통해 감정의 자연적이고 기계적인 원인들이 발견된다면—우리가 이런 문제들에 대해 제시한 규칙들이 훨씬 더 큰 힘을 얻게 된다는 사실이다. 물론 그 주제 자체에 대한 호기심도 거기 한몫 거들기는 하지만 말이다. 단순한 소리를 들을 때 우리의 귀는 한 가지 공기 파동의 자극을 받는다. 이 파동이 자극의 종류와 특성에 따라 고막이나 막으로 이루어진 다른 신체 기관을 진동시킨다. 자극이 강하면 청각 기관은 상당한 긴장을 경험한다. 그리고 그런 자극이 아주 빨리 반복되면 우리는 곧 다른 자극이 올 거라고 기대하게 된다. 이러한 기대만으로도 청각 기관의 긴장이 야기된다. 여러 동물의 경우를 보아도 이것은 분명한 사실이다. 이들은 어떤 소리를 들으려고 준비할 때면 일어서서 귀를 쫑긋 세운다. 소리의 효과는 새로운 보조 수단, 즉 기대를 통해서 상당히 증폭된다. 하지만 여러 번 자극이 있은 후에 더 많은 기대를 하고 있다 하더라도 언제 그 자극이 있을지 확인할 수 없기 때문에, 그 자극이 있으면 우리는 일종의 놀라움을 경험하며 따라서 청각 기관의 긴장은 더욱 강화된다. 내가 관찰한 바로는, (연속적인 대포의 발사음처럼) 일정한 간격을 두고 반복되는 어떤 소리를 열렬히 기다릴 때면 언제나 반복될 것을 충분히 예상하고 있음에도 불구하고, 실제로 그 소리가 들리면 어느 정도 놀라서 움찔하게 된다. 고막이 경련을 일으키고 온몸도 따라서 경련을 일으킨다. 따라서 자극 자체와 그에 대한 기대, 놀라움이 지니는 힘들의 결합에 의해서 자극을 받을 때마다 자극을 받는 신체 부위의 긴장이 증가하며 나중에는 숭고의 감정을 유발하는 정도에까지 이르게 된다. 고통을 느끼기 바로 직전까지 이런 과정은 계속된다. 심지어는 자극의 원인이 없어진 뒤에도 청각 기관이 계속 유사한 자극을 받아 어느 정도의 시간 동안 같은 방식으로 진동을 계속하는 경우가 종종 있는데, 이로 인해 거대함의 효과는 더욱 강화된다.

제12절 진동이 유사해야 한다

하지만 각각의 경우마다 진동이 서로 비슷하지 않은 경우에는 실제 인상의 수를 넘어 진동이 계속 전달될 수 없다. 예를 들어 추를 한쪽으로 움직여보라. 그러면 우리에게 알려진 원인에 의해 멈출 때까지 같은 원의 호를 그리면서 계속 진동할 것이다. 하지만 만일 추를 한 방향으로 움직이게 한 뒤 다른 방향으로 밀게 되면 다시는 처음 방향으로 움직이지 못할 것이다. 왜냐하면 그것은 절대로 스스로 움직일 수 없으며 따라서 마지막 움직임만이 효과를 지니게 될 것이기 때문이다. 반면 같은 방향으로 여러 번 밀게 되면 더 커다란 호를 그리게 되고 더 오래 움직일 것이다.

제13절 시각적 대상들에서 연속의 효과

어떤 사물이 한 가지 감각에 어떻게 작용하는지를 명확하게 파악할 수 있다면 다른 감각에는 어떻게 영향을 미치는지 이해하기는 별로 어렵지 않을 것이다. 따라서 각각의 감각에 해당하는 모든 감정에 대해 많은 설명을 늘어놓는 것은 우리가 다루는 주제에 새로운 빛을 던져주기보다는 오히려 이렇게 광범위하고 산만하게 주제를 다루면서 쓸데없는 말을 반복함으로써 우리를 피곤하게 하기 쉽다. 그런데 이 글에서는 주로 시각과 관련된 숭고의 문제를 다루고 있다. 여기서는 특히 균일한 부분들이 동일한 직선을 따라 연속적으로 배열되어 있을 때 숭고한 이유와,* 비교적 적은 양의 물체가 이런 배열을 통해 다른 방식으로 배열된 훨씬 더 많은 양의 물체보다 더 장엄한 효과를 내는 원리가 무엇인지에 대해 고찰해보기로 하겠다. 막연한 개념들이 주는 혼란을 피

---

* 제2부 제10절.

하기 위해 구체적인 예를 들어보자. 우리 눈앞에 똑같은 모양의 기둥들이 일직선으로 줄지어 세워져 있다고 가정해보라. 우리의 시선이 이 기둥들과 같은 방향으로 향하게 자세를 잡고 서면 가장 훌륭한 효과를 얻게 된다. 이 경우 첫 번째 둥근 기둥에서 반사되는 광선은 우리의 눈에 기둥 자체의 이미지를 남기게 되는 진동을 야기한다. 바로 연이어 서 있는 기둥은 이러한 진동을 증가시킨다. 그 뒤의 기둥은 이러한 인상을 새롭게 하고 강화시킨다. 이렇게 각각의 기둥이 순서대로 자극에 자극을 더하게 되면 눈이 하나의 특정한 방식으로 오래 길들여져서 마침내 그 대상이 즉각적으로 시야에서 사라질 수 없게 된다. 이렇게 계속되는 자극으로 인해 강한 감정을 느끼게 되면 우리의 마음은 장엄하거나 숭고하다는 느낌을 갖게 된다. 하지만 똑같이 생긴 기둥이 줄지어 서 있는 것을 보는 대신에 둥근 기둥과 네모난 기둥이 번갈아 서 있다고 가정해보라. 이 경우 첫 번째 둥근 기둥이 불러일으킨 진동은 시작되자마자 다시 사라져버리고 전혀 다른 종류의 (네모난) 기둥이 불러일으킨 진동이 바로 그 자리를 차지하게 되지만 이것도 마찬가지로 빠르게 다시 둥근 기둥이 불러일으킨 진동에 자리를 내어준다. 건물의 끝까지 우리의 눈은 이렇게 번갈아가면서 서로 다른 두 가지 이미지를 받아들이게 된다. 이로써 분명해진 것은 맨 처음 보았던 기둥만큼이나 마지막 기둥에서도 우리가 받은 인상은 연속적이지 못하다는 사실이다. 우리의 감각 기관은 바로 전에 본 기둥에서만 뚜렷한 인상을 받아들일 수 있으며 스스로는 다른 인상을 새롭게 받아들일 수도 없기 때문이다. 그 외에도 대상에서 일어나는 모든 변화는 시각 기관에 휴식이나 긴장의 완화를 가져다주는데, 이러한 휴식이 숭고의 감정을 자아내는 데 무엇보다 필요한 강력한 감정이 생기지 못하게 방해한다. 따라서 이런 사물들이 우리가 언급한 바와 같이 완전한 위엄을 갖추도록 하려면 모양이나 색채, 배열에 완벽한 단순성, 절대적인 균일성이 있어야 한다. 이러한 연속과 균일성의 원리에 입각하여 우리는 다음과 같은 질문을 제기할 수 있다. 그렇다면 왜 아무런 장식이 없는 긴 벽이 연이어 서 있는 기둥보다 더 숭고한 대상이 될 수 없는가? 전혀 끊긴 데 없이 이어져 있고 그래서 우리의 눈도 그것을 보는 데 아무런 방해를 받지 않아 이보다 더 균일한 대상을 접할 수는 없는데도 말이다. 아무런 장식이 없는 벽이 같은 길이와 높이를 지닌, 줄지어 서 있는 기둥처럼 장엄한 인상을 주지 않는다는 것은 분명한 사실이다. 하지만 이런 차이를 설명하기는 전혀 어렵지 않다. 그냥 맨 벽을 바라볼 때 우리의 눈은 그 대상의 모양이 계속 똑같기 때문에 그 전체 길이를 순식간에 가로질러 끝에 도달하게 된다. 눈의 진행을 멈추게 할 아무런 것도 만나지 못하기 때문이다. 하지만 그렇게 되면 적당한 시간 동안 눈의 진행을 멈추게 하여 지속적이면서 아주 큰 효과를 자아내는 사물을 만나지 못하게 된다. 아무런 장식이 없더라도 아주 높고 긴 벽의 모습은 의심할 여지없이 웅장한 광경이다. 하지만 이것은 하나의 관념일 뿐이며 유사한 관념들의 **반복**은 아니다. 따라서 이것은 매우 웅장하기는 하지만 **무한성**의 원리보다는 거대성의 원칙에 입각하여 웅장한 것이다. 하지만 어떤 자극이 정말로 거대한 힘을 가지지 않는 경우에는, 그 자극 하나만으로는 비슷한 자극이 연속적으로 주어질 때만큼 강한 느낌을 줄 수는 없다. 왜냐하면 그럴 경우 감각 기관의 신경 조직이 동일한 감정을 반복적으로 느끼는 (이런 표현을 사용해도 된다면) 습관을 갖게 되지는 않고, 따라서 어떤 감정의 원인의 실제 존재 시간보다 더 길게 감정이 지속되게 해주지는 않기 때문이다. 그 밖에도 제11절에서 기대나 놀라움 때문에 생긴다고 말한 모든 효과는 맨벽에서는 전혀 나타나지 않는다.

제14절 어두움에 관한 로크의 견해에 대한 고찰

로크의 견해에 따르면[5] 어두움이 당연히 공포를 불러일으키는 것은 아니며, 과다한 빛은 감각 기관에 고통을 주지만 어두움은 아무리 흘러넘쳐도 절대로 고통을 주지는 않는다. 그가 다른 곳에서 말한 바에 따르면, 유모나 노파의 이야기를 통해 유령이나 도깨비의 관념이 어두움의 관념과 결합되고 난 뒤에야 계속해서 밤이 고통스럽고 두려운 대상이 된다.[6] 이 위대한 인물의 권위가 누구의 권위 못지않게 크다는 데는 의심의 여지가 없다. 그런데 이 권위가 지금 우리의 일반적 원리에* 해가 되는 것처럼 보인다. 우리는 앞서 어두움이 숭고의 원인이라고 생각했고, 그동안 계속 숭고가 공포와 고통이 어느 정도 완화될 때 생겨난다고 생각해왔다. 그런데 만일 일찍부터 마음이 미신에 물들지 않은 모든 사람이 어두움을 고통스러워하거나 두려워하지 않는다면, 그들에게는 그것이 숭고의 원천이 될 수 없다. 하지만 로크의 권위에 아무리 경의를 표한다 하더라도 그의 견해에 동의할 수는 없다. 내게는 모든 인간에게 나타나는, 보편적 성격을 지닌 연상작용이 어두움을 두려운 것으로 만드는 것처럼 보인다. 칠흑 같은 어두움 속에서는 우리가 얼마나 안전한지 알 수 없기 때문이다. 이럴 때 우리는 우리를 둘러싸고 있는 대상들에 대해서 알지 못한다. 언제든 위험한 장애물에 부닥칠 수가 있다. 한 발자국만 앞으로 내디뎌도 낭떠러지로 떨어질 수 있다. 그리고 적이 접근해 와도 어디를 방어해야 할지 모른다. 이런 경우에는 힘이 있다고 해도 확실하게 자신을 보호하지는 못한다. 지혜로운 사람도 이때는 추측에 근거해서 행동할 수밖에 없다. 이렇게 되면 아무리 담력이 센 사람이라도 마음이 흔들리게 되며 자신을 방어하기 위해서는 다른 어떤 것도 달라고 기도하지 않을 사람도 어쩔 수 없이 빛을 달

---

* 제2부 제3절.

라고 기도하게 된다.

> 아버지이신 제우스여! 아카이아[그리스]의 아들들을 이
> 안개에서 벗어나게 해주시고
> 우리에게 맑은 날씨를 주소서. 우리가 눈을 떠서 볼 수
> 있게 해주소서.
> 우리를 멸망시키시더라도 밝은 빛 가운데서 멸망하게
> 해주소서.[7]

유령이나 도깨비에 관한 연상에 대해서는, 원래는 공포의 관념을 수반하던 어두움이 이처럼 무시무시한 표상들이 나타나는 무대로 선택된 것이지, 이러한 표상들이 어두움을 무시무시하게 만든 것은 아니라는 것이 분명히 훨씬 더 자연스러운 생각이다. 인간의 정신은 이런 식의 오류에 아주 쉽게 빠진다. 하지만 어두움의 관념이 언제 어디서나 보편적으로 자아내는 두려움이라는 결과가 일련의 하찮은 이야기나 아주 보잘것없고 매우 불안정하게 작동하는 자연적 원인 때문에 발생한다고 생각하기란 매우 어려운 일이다.

제15절 그 자체로 공포를 자아내는 어두움

암흑이나 어두움이 ─ 그것들을 통해 연상되는 것이 무엇인지와는 별개로 ─ 어느 정도 고통을 느끼게 한다는 사실은 아마도 연구해보면 바로 드러날 것이다. 암흑이나 어두움은 거의 똑같은 관념이라고 할 수밖에 없다. 그들의 차이점은 오직 암흑이 범위가 더욱 제한된 관념이라는 사실이다. 치즐던(Cheselden) 박사는 어떤 소년에 관한 매우 흥미로운 이야기를 들려준다.[8] 그 소년은 날 때부터 앞을 볼 수 없었으며 13~14세가 될 때까지도 계속 맹인이었다. 그러고 나서 그는 백내장 수술을 받고 처음으로 세상을 볼 수 있게 되었다. 치즐던 박사는 그 소년이 처음으로 시각적 대상을 지각하고 판단하게 되었을 때 나타났던 주목할 만한 여러 현상들에 대해 언급하고 있는데, 그중에서도 특히 그 소년이 처음으로 검은 물체를 보게 되었을 때 커다란 불쾌함을 느꼈다는 사실과 어느 정도 시간이 지나서 우연히 흑인 여자를 보게 되자 커다란 공포에 사로잡혔다는 사실을 언급하고 있다. 이 경우 어떤 연상 작용에 의해 그 소년이 공포를 느끼게 되었다고 생각하기는 매우 힘들다. 이 이야기에 따르자면 그 소년은 자기 또래에 비해서 특히 관찰력이 뛰어나고 예민했던 것 같다. 따라서 처음으로 검은색을 보았을 때 느낀 커다란 불쾌감이 다른 어떤 불쾌한 관념과 결합되어 나타난 것이라면 그 소년은 이를 알아차리고 언급했을 것이다. 오직 연상 작용에 의해서만 우리를 불쾌하게 만드는 관념이 있다면, 그러한 관념에는 처음 인상에 따라 확실하게 우리의 감정에 악영향을 끼쳤던 원인이 존재하는데, 보통의 경우에는 그것을 더 이상 알지 못하는 경우가 흔하다. 하지만 그것은 최초의 연상 작용이 아주 일찍 이루어졌고, 이후에도 그에 따른 인상이 자주 반복되어 원래의 원인이 무엇이었는지 잊어버렸기 때문이다. 하지만 우리가 지금 든 예에서는 그런 습관이 생길 시간이 없었다. 그리고―어떤 색채들이 우리를 기쁘게 하는 이유가 유쾌한 관념들과 결합되었기 때문이라고 생각할 아무런 이유가 없는 것과 마찬가지로―그 소년의 상상력에 암흑이 미친 악영향이 어떤 불쾌한 관념들과 결합되었기 때문이라고 생각할 아무런 이유도 없다. 아마도 이 색채들은 모두 자연적인 작용을 통해 그 효과를 얻었을 것이다.

제16절 어두움이 공포를 불러일으키는 이유

어떻게 어두움이 고통을 유발하게 되는지는 연구해볼 만한 일이다. 우리가 빛에서 멀어지면 그에 비례해서 홍채가 뒤로 물러나면서 동공이 확대되는 것을 볼 수 있다. 이제 빛이 약간만 없어지는 게 아니라 완전히 사라졌다고 가정하자. 그러면 이에 비례해서 홍채의 방사체 조직이 더 많이 수축하게 된다. 또 이 부분은 어두움이 심해지면 아주 많이 수축되어 신경의 긴장을 유발한다. 그렇게 되면 신경은 정상적인 상태에서 벗어나며 우리는 고통을 느끼게 된다. 우리가 어두움에 둘러싸여 있을 때는 분명히 이러한 긴장이 존재하는 듯이 보인다. 왜냐하면 그러한 상태에서는 눈이 열려 있으면서 계속 빛을 받아들이려고 하기 때문이다. 이럴 경우 눈앞에서 왔다 갔다 하는 것처럼 보이는 섬광이나 불꽃에 비추어보면 이것은 명백한 사실이다. 또 이것은 다름 아니라 눈이 대상을 찾으려 하다가 생겨난 경련의 결과일 수밖에 없다. 우리가 많은 경우 경험하는 것처럼 빛 자체 말고도 여러 가지 강한 자극들이 눈에 빛의 관념을 자아낼 것이다. 어두움이 숭고의 원인일 수 있다고 인정하는 사람들 중에서도 어떤 이들은 눈동자가 커진다는 사실로부터 경련과 마찬가지로 긴장의 완화도 숭고의 원인이라고 추론할 것이다. 하지만 그들이 고려하지 못한 사실은 내가 믿기로는 비록 홍채의 둥근 고리가 어떤 의미에서는 괄약근과 같아서 단순한 긴장의 완화에도 팽창하기는 하지만 어떤 면에서는 대부분의 다른 괄약근들과는 다르다는 점이다. 홍채의 방사체 조직인 길항근이 괄약근과 함께 갖춰져 있어서 이 원형 근육이 이완되기 시작하자마자 방사체 조직은 망가진 균형을 회복하기 위해 강제로 수축되어 동공을 활짝 열어젖히기 때문이다. 하지만 그런 사실을 모른다 해도, 만일 어두운 장소에서 눈을 뜨고 무언가를 보려고 하면 상당히 큰 고통이 뒤따르는 것을 누구나 느낄 것이라고 나는 생각한다. 오랫동안 검은 땅 위에서 일하고 난 뒤에는 눈이 너무 쇠약해지고 고통을 느껴서 거의 사물을 볼 수가 없었다고 어떤 여인들이 말하는 소리를 들은 적이 있다. 어두움의 이러한 기계적 효과에 대한 이론에 대해 아마도 다음과 같은 반론이 제기될 수 있을 것이다. 어두움이나 암흑이 초래하는 나쁜 영향들은 신체적이라기보다는 정신적인 성격을 띤다. 그리고 나도 그것들이 실제로 정신적인 성격을 띠며, 우리 신체의 비교적 섬세한 기관들에 미쳐지는 영향들은 모두 정신적인 성격을 띤다는 사실을 인정한다. 나쁜 날씨가 우리에게 악영향을 미칠 때는 우리 마음이 우울하고 실의에 빠져 있을 때가 많다. 비록 이 경우에는 의심의 여지없이 신체 기관이 먼저, 그리고는 이 기관을 통해서 우리의 마음이 고통을 느끼기는 하지만 말이다.

제17절 암흑의 효과들

암흑은 우리 시야의 일부에만 어두움이 나타나는 경우를 가리킨다. 이 경우 다른 부분은 색깔이 있는 물체로 채워진다. 따라서 암흑이 어떤 힘을 갖는 것은 이런 물체들과 섞여 있거나 그것들에 둘러싸여 있기 때문이다. 그런데 본성상 암흑을 색채라 여길 수는 없다. 검은 물체들은 빛을 전혀 반사하지 않거나 아주 조금만 반사하기에 우리가 눈을 통해 확인하는 대상들 사이에 흩어져 있는 수많은 빈 공간에 불과하기 때문이다. 그 주위에 있는 색채들을 보게 되면 눈은 어느 정도 긴장한다. 그러다가 이런 빈 공간 중 한곳을 들여다보게 되면 갑자기 긴장이 완화되는데, 다시 거기서 벗어나려면 마찬가지로 갑작스럽고 격렬한 충격을 받아야 한다. 예를 들어 설명해보자. 우리가 어떤 의자에 앉으려 할 때 그 의자가 예상보다 훨씬 낮다는 것을 발견하게 되면 매우 큰 충격을 받는다. 그 충격은 한 의자와 다른 의자 사이의 높이 차이가 근소한 경우보다는 훨씬 크다. 계단을 하나 내려온 다음 무심코 또 한 계단을 내려오려고 할 때 앞서와 같은 일을 당하게 되면 충격은 극도로 심하고 불쾌하다. 그런데 우리가 그것을 예상하고 거기에 대비하고 있을 때는 어떤 경우에도 이런 충격을 받지 않는다. 우리가 이렇게 충격을 받는 이유는 예상한 것과는 다른 변화가 일어났기 때문이라고 말한다고 해서 단순히 우리 마음이 그것을 예상하고 있을 때만을 가리키는 것은 아니다. 어떤 감각 기관이 일정 시간 동안 일정한 방식으로 영향을 받다가 갑자기 다른 영향을 받게 되어도 일종의 경련이 일어나게 되는데, 그것도 우리가 마음속으로 기대했던 것과는 반대의 일이 일어날 때 생기는 것과 마찬가지 경련이다. 긴장의 완화를 야기하는 변화가 즉시 급격한 경련을 불러일으킨다는 사실이 이상해 보일지는 모르지만, 그것은 모든 감각의 경우에 나타나는 아주 분명한 사실이다. 잠이 일종의 긴장 완화이며, 귀에 아무 소리도 들리지 않고 침묵만이 흐르게 되면 일반적으로 이런 긴장 완화가 일어나기에 아주 적합한 환경이 조성된다는 것은 누구나 알고 있는 사실이다. 그런데 웅얼거리는 소리 때문에 어떤 사람이 잠드는 경우 이 소리가 갑자기 멈추면 그 사람은 바로 깨어난다. 청각 기관이 갑자기 긴장해서 깨어나는 것이다. 나 자신도 이런 경우를 종종 경험했으며 다른 사람들에게 마찬가지 이야기를 들은 적도 있다. 마찬가지로, 어떤 사람이 환한 대낮에 잠이 들었는데 갑자기 어두워지면 그의 잠은 방해를 받게 될 것이다. 침묵이나 어두움 그 자체는 갑자기 닥치지만 않는다면 잠드는 데 도움이 되지만 말이다. 내가 처음에 이러한 주장을 했을 때는 다른 감각의 경우에서 유추하여 그럴 것이라고 예상했을 뿐이었다. 하지만 그 이후 나는 그것을 실제로 체험했다. 나 말고도 수많은 사람이 막 잠이 들려다가 갑자기 깜짝 놀라 깨어나곤 한다. 대개 우리는 그 직전에 절벽에서 떨어지는 식의 꿈을 꾼다. 우리 몸의 긴장이 아주 급작스럽게 완화되지 않는다면 어떻게 이런 이상한 일이 일어나겠는가? 그러면 우리의 신체는 어떤 자연적 메커니즘에 따라 근육을 빠르고 강하게 수축시킴으로써 스스로 이렇게 긴장이 완화된 상태에서 벗어나는 것이다. 우리가 그 꿈을 꾸는 것은 바로 이와 같은 긴장 완화 때문이다. 다른 어떤 원인이 있다고 보기에는 이 경우 나타나는 신체의 변화가 너무나 추락의 경우와 흡사하다. 지나치게 급작스러운 우리 몸의 긴장 완화로 인해—이것은 추락할 때 우리의 신체에 특징적으로 나타나는 현상이다—우리 마음속에 추락의 이미지가 생겨나는 것이다. 건강하고 활기가 넘칠 때는 어떤 변화도 덜 급작스럽고 극단적이며 우리는 이런 불쾌한 감각에 대해서도 좀처럼 불평하지 않는다.

제18절 알맞게 조절된 암흑의 효과

암흑이 원래 고통을 느끼게 하는 효과를 갖지만, 언제나 계속 그럴 것이라고 생각해서는 안 된다. 습관을 통해 우리는 모든 것과 화해하게 되는 법이다. 검은 물체를 보는 데 익숙해진 후에는 두려움이 점차 줄어들며, 그런 색의 물체가 부드럽다거나 윤이 난다거나 하는 다른 유쾌한 속성을 가진 경우 원래 그 물체가 불러일으켰던 두려움이 어느 정도 완화된다. 하지만 그 물체의 처음 인상은 여전히 계속 남아 있다. 우리의 감각 기관은 언제나 다른 색에서 검은색으로 바뀌는 것을 너무나 극단적이라고 느끼기 때문에 암흑에는 언제나 일종의 우울증이 수반된다. 또 암흑이 우리의 시야 전부를 차지하면 어두움이 되며 그러면 우리가 어두움에 대해 언급한 모든 사항들이 여기에도 적용될 수 있다. 나는 빛과 어두움의 효과에 관한 이러한 이론을 설명하기 위해 온갖 예를 다 들 생각도 없고 이 두 가지 현상의 다양한 변형과 배합에 의해 생겨나는 서로 다른 효과들을 모두 조사할 생각도 없다. 앞에서 고찰한 바가 어떤 자연적 근거를 지니고 있다면, 그것으로 암흑과 다른 색채의 가능한 모든 배합으로부터 일어날 수 있는 현상들을 모두 설명하기에 충분하다고 생각한다. 온갖 세세한 부분을 다 살피고 모든 반론에 대답하려면 끝이 없을 것이다. 그래서 우리는 이제까지 가장 중요한 경로만을 택했으며 이는 아름다움의 원인에 대한 연구에서도 마찬가지일 것이다.

제19절 사랑의 물리적 원인

우리가 관찰할 수 있듯이, 사랑과 만족감을 자아내는 대상이 눈앞에 있으면 우리의 신체는 다음과 같이 뚜렷한 변화를 보인다. 머리가 한쪽으로 약간 기울게 되고 눈꺼풀이 보통 때보다 더 내려오며 눈은 대상을 향하여 부드럽게 움직인다. 입은 약간 벌어지고 숨결이 부드러워지며 이따금씩 한숨을 쉬게 된다. 온몸이 부드러워지고 손은 태평하게 옆구리 쪽으로 내려온다. 내적으로는 이 모든 것에 감상적인 기분과 나른함이 수반된다. 이러한 현상들은 언제나 대상의 아름다움의 정도와 관찰자의 감수성에 비례하여 나타난다. 최고의 아름다움과 감수성에서부터 가장 낮은 단계의 평범함과 무관심에 이르기까지 이러한 단계적 변화와 그에 상응하는 효과들을 시야에서 놓쳐서는 안 된다. 그렇지 않으면 앞에서 한 설명이—실제로는 분명히 그렇지 않은데—마치 과장처럼 보일 것이다. 하지만 이런 설명을 듣고 딱딱하게 굳어 있는 신체 부위들을 부드럽게 해주는 것이 아름다움의 효과라는 결론에 도달하지 않는 것은 거의 불가능한 일이다. 이러한 긴장 완화에는 갖가지 형태가 존재한다. 이렇게 자연적인 상태보다는 어느 정도 긴장이 완화된 상태가 내게는 모든 실질적인 즐거움의 원인인 것처럼 보인다. 즐거움을 느끼기 때문에 긴장이 완화되면서 나른해지고 힘이 빠지며 황홀해짐을 나타내는, 어느 시대 어느 나라에나 공통적인 이러한 표현 방식을 모르는 사람이 있을까? 자신의 감정에 충실한 인간이라면 누구나 한목소리로 이렇게 언제나 변함없이 보편적인 효과가 나타난다고 확언한다. 그리고 비록 어떠한 긴장 완화도 일어나지 않으면서 상당한 정도의 실질적인 즐거움을 느끼게 하는 기이하고 특별한 경우가 존재할 수도 있겠지만, 그렇다고 해서 많은 실험을 통하여 도출된 결론을 버려서는 안 된다. 이러한 결론들을 그대로 유지하되 ― 아이작 뉴턴 경이 자신의 저서 『광학』(Optics)에서 제시한 현명한 규칙에 따라**9**―일어날 수 있는 예외를 단서조항에 추가하면 된다. 이미 아름다움의 진정한 구성 요소라 지적되었던 모든 것들이 각각 신체 조직의 긴장을 완화시키는 자연적인 성향을 지니고 있음을 보일 수 있다면, 우리의 견해는 어떤 의심의 여지도 없이 확증될 것이라고 나는 생각한다. 게다가 만일 이 모든 구성 요소들이 감각 기관 앞에서 하나로 결합되어 나타날 때 인간 신체가 보여주는 모습이 위의 견해를 더욱 강화시켜준다고 말할 수 있다면, 사랑이라 부르는 감정의 원인은 이러한 긴장 완화라고 감히 결론을 내려도 좋을 것이다. 숭고의 원인을 조사할 때 사용했던 것과 마찬가지 추론 방식을 사용하여 우리는 다음과 같이 결론을 내릴 수 있다. 감각을 통하여 제시된 아름다운 사물이 신체의 긴장을 완화시킴으로써 우리 마음에 사랑의 감정을 불러일으키는 것처럼, 감정의 최초 원인이 어떤 식으로든 우리 내면의 상태라면 분명히 여기에 비례해서 외부적인 감각 기관의 긴장이 완화될 것이다.

제20절 부드러움이 아름다운 이유

다른 감각의 도움을 얻어 시각적 아름다움의 진정한 원인을 설명해보기로 하겠다. 부드러움이 촉각이나 미각, 후각 또는 청각에 즐거움을 주는 주된 요인인 듯이 보인다면, 이것이 시각적인 아름다움의 구성 요소임도 쉽게 인정할 수 있을 것이다. 특히 우리는 앞에서 사람들이 일반적으로 아름답다고 동의하는 모든 물체에 거의 예외 없이 이 성질이 나타난다는 사실을 밝힌 바 있다. 거칠고 각진 물체들이 우리의 촉각을 자극하고 경련을 야기하여 근육조직의 격렬한 긴장이나 수축을 발생시키고 고통을 느끼게 한다는 데는 의심의 여지가 없다. 반대로 부드러운 물체를 갖다 대면 긴장이 완화된다. 부드러운 손으로 상냥하게 어루만지면 격심한 고통이나 경련이 가라앉으며 고통을 느끼는 신체 부위의 부

자연스러운 긴장이 완화된다. 따라서 부기(浮氣)나 폐색 증세를 제거하는 데 이런 방법이 아주 자주 상당한 효과를 보인다. 촉각은 부드러운 물체에서 대단히 많은 즐거움을 얻는다. 부드럽고 푹신푹신한, 즉 어디서도 저항이 느껴지지 않는 침대는 온몸의 긴장을 완화시켜주고 무엇보다도 잠이 잘 오게 해주기 때문에 커다란 즐거움을 선사한다.

제21절 달콤함의 본질

부드러운 물체가 긴장의 완화를 통해 실재적인 즐거움을 불러일으키는 것은 촉각의 경우에만 해당되지는 않는다. 우리가 보통 달콤하다고 부르는 모든 사물은 부드러운 성질을 지니고 있으며 후각이나 미각에도 즐거움을 주고 해당 감각 기관들의 긴장을 완화시켜준다는 사실을 우리는 알고 있다. 우선 미각에 대해 살펴보자. 액체의 성질을 고찰하는 것이 가장 쉬운데다 어느 음식이든 맛이 있으려면 액체 속에 담겨 있어야 하는 것처럼 보이기 때문에, 음식 중에서 딱딱한 것보다는 액체로 된 것들을 살펴보기로 하겠다. 온갖 종류의 맛을 전달하는 매개체는 물과 기름이다. 그리고 맛을 결정하는 것은 약간의 소금인데, 그 자체의 특성이나 다른 사물들과 결합되는 방식에 따라 다양하게 맛에 영향을 미친다. 간단하게 말하자면 물과 기름은 미각에 즐거움을 제공할 수 있다. 다른 것과 섞이지 않은 물은 아무런 맛이 없고 색도 냄새도 없으며 부드럽다. 차지 않은 물은 근육의 경련을 풀어주고 근육을 부드럽게 해준다. 이러한 힘은 아마도 물의 부드러움에서 기인하는 듯하다. 가장 일반적으로 인정된 견해에 따르자면, 어떤 물체의 유동성은 그 물체를 이루는 부분들이 둥글고 부드러우며 약하게 결합되어 있기 때문에 생겨난다. 그리고 물은 순전히 단순한 액체로서만 기능한다. 따라서 물의 유동성의 원인, 즉 그 부분들의 미끌미끌함과 부드러움은 물이 긴장을 완화시켜주는 성질을 지니게 되는 원인이기도 하다. 맛을 전달하는 또 다른 액체는 기름이다. 이것도 역시 다른 것과 섞이지 않을 때는 무색, 무취, 무미의 성질을 지니며 부드러운 촉감이나 미각을 지닌다. 기름은 물보다 더 부드러우며 많은 경우에 훨씬 더 큰 긴장 완화의 효과를 나타낸다. 기름은 아무런 맛이 없기는 하지만 어느 정도는 시각적, 촉각적, 미각적으로도 즐거움을 준다. 반면 물은 그 정도로 즐거움을 주지는 않는다. 물이 기름처럼 부드럽지 않다는 것 말고 다른 어떤 원리에 입각하여 이 사실을 설명할 수는 없다. 이러한 기름이나 물에 혀의 신경돌기들을 부드럽게 진동시킬 수 있는 힘을 지닌 소금이 일정량 첨가되었다고, 그리고 설탕이 거기 녹아 있다고 가정하자. 기름의 부드러움과 소금의 진동을 일으키는 힘이 우리가 달콤함이라 부르는 감각을 불러일으킨다. 모든 달콤한 물체들에서는 설탕이나 설탕과 거의 차이가 없는 물체가 언제나 발견된다. 현미경으로 관찰해보면 모든 종류의 소금은 명확하고 규칙적이며 불변하는 고유한 형태를 지니고 있다. 초석의 형태는 뾰족한 직사각형이고 바다소금의 형태는 정확히 정육면체이다. 설탕의 형태는 완벽한 구체이다. 어린아이들이 갖고 노는 공깃돌처럼 부드럽고 둥근 물체들이 어떻게 서로 앞뒤, 위아래로 섞이면서 촉각에 영향을 미치는지 느껴본 적이 있다면, 앞서 언급한 바와 같은 성질을 지닌 소금이 지니고 있는 부드러움이 어떻게 미각에 영향을 주는지도 쉽게 알 수 있을 것이다. 하나의 구체는 (비록 어느 정도 촉각에 즐거움을 주기는 하지만) 그 형태가 규칙적이고 그 부분들이 어느 정도는 지나치게 급작스럽게 직선적 형태를 벗어나기 때문에 여러 개의 구체만큼 즐거움을 주지는 않는다. 후자의 경우 우리의 손 안에서 하나의 구체는 위로 올라가고 다른 하나는 아래로 내려간다. 그리고 이러한 즐거움은 그 구체들이 움직이며 서로 미끄러지듯 접촉하게 되면 훨씬 더 커진다. 이렇게 부드러운 물체가 다양한 모습으로 나타나면 여러 개의 구체가 획일적으로 배열되어 있을 때 느끼게 되는 싫증에서 벗어날 수 있기 때문이다. 이렇듯 달콤한 액체 안에서 액체로 된 용매의 성분들은 너무 작기 때문에 아주 정밀한 현미경 탐사를 통해서도, 대개는 아마 둥글긴 하겠지만, 그 형태를 알 수는 없다. 결과적으로 이 성분들은 아주 작기 때문에 단조로운 맛이 나며 이것은 부드러운 물체가 촉각에 미치는 효과와 비슷하다. 극단적으로 작은데다 서로 아주 긴밀하게 결합되어 있는 둥근 성분들로 이루어진 물체가 있다면, 그 표면은 시각에나 촉각에나 거의 평평하고 부드러운 것처럼 느껴질 것이다. 현미경을 통해 드러나는 이런 성분들의 형태로 볼 때 설탕의 입자들이 물이나 기름의 입자보다 상당히 크다는 것은 분명한 사실이다. 따라서 입자들이 둥글기 때문에 생기는 효과들은 민감한 신체 기관인 혀의 신경돌기에서 훨씬 더 분명하게 나타나며, 이들은 달콤함이라고 부르는 감각을 야기한다. 이러한 달콤함을 우리는 식용 기름에서 약하게 느끼며 물에서는 훨씬 더 약하게 느낀다. 싱겁기는 하지만 물이나 기름은 어느 정도 달콤한 맛을 지니고 있다. 그리고 모든 종류의 싱거운 사물들이 다른 맛보다는 달콤함에 가까운 맛을 지니고 있다.

제22절 긴장을 완화시켜주는 달콤함

다른 감각들의 경우에도 부드러운 사물은 긴장을 완화시켜주는 효과를 지니고 있다는 사실은 이미 살펴보았다. 미각이 부드럽다는 의미에서 달콤한 사물들도 긴장을 완화시켜준다는 것은 분명한 사실이다. 어떤 언어들에서는 부드러움과 달콤함을 가리키는 단어가 하나뿐이라는 사실은 이런 면에서 주목할 만하다. 프랑스어에서 doux라는 단어는 '부드럽다'는 뜻과 '달콤하다'는 뜻을 동시에 지니고 있다. 라틴어의 dulcis나 이태리어의 dolce라는 단어도 마찬가지로 두 가지 뜻을 모두 지니고 있다. 달콤한 맛을 지닌 사물들이 일반적으로 긴장을 완화시키는 효과를 지닌다는 사실은 분명하다. 특히 기름기 있는 음식을 자주 또는 많이 섭취하게 되면 대부분 위의 긴장이 완화된다. 달콤한 맛과 아주 유사하게 달콤한 향기도 긴장을 현저하게 완화시켜주는 효과가 있다. 꽃 향기는 사람들로 하여금 졸음을 느끼게 한다. 그리고 이러한 긴장 완화 효과는 신경이 약한 사람들이 그것을 사용하고 나서 그것에 대한 편애를 갖게 되는 사실에 비추어볼 때 더욱 분명하다. 따라서 이런 식의 맛, 즉 부드러운 식용 기름과 긴장을 풀어주는 소금에서 느낄 수 있는 달콤한 맛이 원래 즐거움을 주는 맛인지 살펴볼 만한 가치가 있다. 그것을 계속 사용하면 즐거움을 느끼게 해주는 많은 사물들이 결코 처음부터 우리에게 즐거움을 선사해주지는 않기 때문이다. 이 말이 정말인지 알아보려면 원래부터 자연적으로 주어진 사물들을 살펴보면서 어느 것이 원래부터 의심의 여지없이 즐거움을 주는지 알아보고 이를 분석하는 일이다. 우유는 어린 시절 최초의 영양 공급원이다. 이것의 성분은 물, 기름 그리고 아주 달콤한 맛을 지닌, 유당(乳糖)이라 불리는 일종의 소금이다. 이 모든 것을 섞으면 아주 **부드러운** 맛을 내게 되며 피부의 긴장을 완화시켜주는 성질을 지니게 된다. 그다음으로 어린아이들이 탐내는 음식은 **과일**이며 그중에서도 주로 달콤한 맛을 내는 과일이다. 과일의 달콤한 맛이 미세한 기름과 앞 절에서 언급한 소금 때문에 생긴다는 것은 누구나 다 아는 사실이다. 하지만 그다음에는 관습이나 습관, 새로운 것에 대한 욕구나 수많은 다른 이유들이 우리의 미각을 혼란시키고 바꾸어놓아 우리로 하여금 미각에 대해 더 이상 만족할 만한 이성적 추론을 할 수 없게 만든다. 이 절을 마치기에 앞서 다음과 같은 사실을 언급할 필요가 있다. 부드러운 사물들이 그 자체로 미각에 즐거움을 주며 긴장을 완화시켜주는 성질을 지니는 데 반해, 근육을 강화시켜주는 데 알맞은 성질을 지닌다는 사실이 경험을 통해 알려진 사물들은 거의 보편적으로 거칠고 자극적인 맛을 지닌다. 많은 경우 이런 사물들은 만질 때도 거친 느낌을 준다. 우리는 시각적인 대상에도 종종 은유적으로 달콤함이라는 성질을 적용한다. 감각들 사이에 존재하는 이러한 뚜렷한 유사성을 더 잘 드러내기 위해서 부드러움을 미각에서의 아름다움이라고 부를 수도 있을 것이다.

제23절 변화가 아름다운 이유

아름다운 대상이 지닌 또 하나의 중요한 특징은 그 윤곽선의 방향이 계속해서 변화하지만 순간순간에는 그 변화를 거의 느낄 수 없다는 사실이다. 우리를 놀라게 할 정도로 빠르게 방향이 바뀌는 법은 결코 없다. 시신경의 씰룩거림이나 경련을 불러일으킬 정도로 변화의 각도가 예리하지도 않다. 똑같은 방향으로 길게 뻗어 있는 물체나 아주 급작스럽게 형태가 변화하는 물체는 결코 아름다울 수 없다. 두 경우 모두 아름다움의 전형적인 효과인 유쾌한 긴장의 완화와는 반대의 효과를 불러일으키기 때문이다. 이 것은 어떤 감각의 경우에도 마찬가지다. 직선운동은 부드러운 하강 운동 다음으로 가장 적은 저항을 받는 운동 방식이다. 하지만 이런 운동이 부드러운 하강 운동 다음으로 우리를 가장 덜 피곤 하게 하는 운동 방식은 아니다. 휴식은 분명히 긴장을 완화시키 는 경향이 있다. 하지만 휴식보다 더 긴장을 완화시켜 주는 운동 이 있다. 그것은 바로 부드럽게 위아래로 움직이는 진동 운동이 다. 요람에 태워 흔들어주면 아기들은 완전히 쉬게 내버려둘 때 보다 더 잠이 잘 든다. 유모들이 아이들과 놀 때처럼 위아래로 부 드럽게 흔들어주는 것보다 그 연령대의 아이들에게 더 많은 즐거 움을 주는 일은 실제로 거의 없다. 그리고 좀 더 나이가 들게 되 면 아이들 스스로 가장 재미있어 하는 그네타기 놀이도 이런 효 과를 불러일으키기에 매우 충분하다. 대부분의 사람들은 완만 한 오르막과 내리막이 있는 부드러운 잔디 위에서 안락한 마차 를 타고 빠르게 이동할 때 어떤 느낌을 받았었는지 틀림없이 기 억할 것이다. 이러한 경험은 다른 어느 것보다 아름다움이 무엇 인지, 그것이 어디서 나타날 수 있는지를 더 잘 보여줄 것이다. 반대로 거칠고 돌이 많아 울퉁불퉁한 길을 급하게 달려가게 되었을 때 이렇게 심한 기복 때문에 느끼게 되는 고통은 왜 이와 유사한 광경이나 촉감, 소리가 아름다움과는 거리가 먼가를 보여준다. 촉감의 경우에도—예를 들어 내가 어떤 모양을 지닌 물체의 표면을 손으로 쓰다듬는다든지 어떤 물체가 내 손을 따라 움직이게 되든지 간에—상황은 똑같거나 거의 유사하다. 그러면 이러한 감각들 사이의 유추를 시각에 적용해보자. 표면이 물결 모양이어서 거기서 반사된 광선이 가장 강한 것에서 가장 약한 것까지 눈치 채지 못할 정도로 계속 변화하는 (이것은 표면의 상태가 점차로 변화하는 경우 언제나 일어나는 현상이다) 물체가 시각에 미치는 효과나 촉각에 미치는 효과는 틀림없이 매우 유사할 것이다. 이 물체는 하나의 감각에는 직접적으로 다른 하나에는 간접적으로 작용한다. 또 윤곽선이 계속 똑같은 방향이거나 똑같은 방식으로 변화하면 싫증이 나거나 주의가 흐트러지게 되는데 그렇게 하지 않는 물체가 아름다울 것이다. 변화 그 자체는 항상 다채로운 것이어야 한다.

제24절 작음에 관하여

똑같은 논리적 추론이나 같은 성격을 지닌 예증을 너무 자주 반복해서 사용하면 논의가 천편일률적이 된다. 이것을 피하기 위해,

어떤 물체의 아름다움이 그 물체의 양 자체나 그 양을 어떻게 배분하였는가에 근거하고 있는 경우, 지나치게 상세하게 모든 내용을 다루지는 않기로 하겠다. '크다', '작다'라는 말은 무한하게 많은 대상의 종류에 따라 거의 전적으로 상대적인 기준이 적용되는 용어이기 때문에 물체의 크기에 대해 확실하게 말하기란 매우 어려운 일이다. 하지만 한 번 어떤 대상의 종류와 그 종에 속하는 개체들이 갖는 통상적인 크기를 확정하고 나면, 어떤 개체는 보통의 표준을 넘어서고 어떤 개체는 거기에 못 미침을 확인할 수 있다. 그 표준을 크게 넘어서는 대상은—그 사물에 속한 종 자체의 크기가 그리 작지 않은 경우에는—아름답다기보다는 거대하며 두려움을 자아낸다. 하지만 동물세계와 마찬가지로 식물세계에서도 아름다움을 이루는 성질들이 비교적 커다란 대상들에게서 한꺼번에 나타나는 경우가 있다. 이럴 경우 그러한 대상들은 숭고나 아름다움과는 다른, 내가 전에 외관이 **훌륭하다**(fine)[10]고 부른 어떤 성질을 지니게 된다. 하지만 이런 성질은 거대한 사물이 그에 해당하는 숭고함을 지니고 있는 경우나 크기가 작은 사물이 아름다운 경우처럼 우리의 감정에 강한 영향력을 행사하지는 못한다고 생각한다. 커다란 물체에 아름다운 성질이 장식처럼 달라붙으면 우리는 지속적으로 긴장이 완화되는 것을 느낀다. 그러면 이것은 점점 평범한 물체에 가까워진다. 하지만 이런 경우 갖는 느낌을 말하라면, 숭고한 사물이 아름다운 성질을 갖게 되었을 때 숭고함이 입는 상처보다 아름다운 사물이 거대한 규모를 갖거나 다른 어떤 숭고한 특질을 갖게 되었을 때 아름다움이 받는 상처가 더 크다고 말해야 할 것이다. 우리에게 경외심을 불러일으키지만 공포와는 거리가 먼 모든 것 안에는 우리를 압도하는 무언가가 있어서 다른 어느 것도 그 앞에서는 견디지 못한다. 그럴 경우 아름다운 성질들은 사장되거나 작동하지 못하게 된다. 아니면 기껏해야 거대함에 자연스레 수반되는 두려움의 강도를 완화시키는 데 사용될 뿐이다. 어떤 종에서든 엄청나게 커다란 것 말고 그와는 반대로 난쟁이처럼 왜소한 것들도 고찰해보자. 작다는 것은 그 자체로는 아름다움에 전혀 반대되는 성질이 아니다. 벌새는 날개 달린 짐승 중 크기는 가장 작지만 그 모양이나 색채에서는 어느 것에도 뒤지지 않는다. 아마도 벌새는 크기가 작기 때문에 더 아름다워 보일 것이다. 하지만 극도로 작으면 아름다운 경우가 (만일 그런 경우가 있다 하더라도) 매우 드문 동물들이 있다. 남자든 여자든 난쟁이처럼 작은데다 그 키에 비해 너무 뚱뚱하고 무거울 경우에는 우리는 그 모습을 보면서 불쾌함을 느끼게 된다. 하지만 키는 60~90센티미터에 불과하지만 신체의 각 부분이 모두 그 크기에 적합한 우아함을 지니고 있으며 그 밖에 다른 아름다운 사물들이 공통적으로 지니는 특징들을 소유하고 있는 사람을 가정해보자. 우리는 이런 모습을 지닌 사람을 틀림없이 아름답다고 여기고 사랑하게 되며 그를 보면서 많은 즐거움을 느낄 것이라고 확신한다. 그 사이에 끼어들어 우리의 즐거움을 방해할 수 있는 유일한 경우는 그런 사물들이 어떤 형태를 지녔든 간에 우리가 일상적으로 보는 것이 아니어서 괴물처럼 느껴지는 경우이다. 엄청나게 거대한 사물은 숭고와는 아주 잘 조화를 이루지만 아름다움에는 반대되는 성질을 지닌다. 거인이 사랑의 대상이 되는 경우는 상상조차 할 수 없다. 상상 속에서 이야기를 꾸며낼 때 우리는 폭정과 잔인함, 불의나 무섭고 혐오스러운 모든 것을 거인에게 자연스레 접목시킨다. 우리는 나라를 황폐하게 만들고 죄 없는 나그네를 약탈하며 나중에는 아직도 반쯤은 살아 있는 나그네의 고기를 게걸스럽게 먹어치우는 모습으로 거인을 묘사한다. 폴리페모스[11]나 카코스[12] 같은 거인들을 그러한 예로 들 수 있다. 영웅시나 기사 이야기에서 나타나는 엄청나게 큰 거인들도 마찬가지다. 우리가 열심히 듣고 매우 큰 만족을 느끼는 것은 그들의 패배와 죽음에 얽힌 이야기이다. 『일리아스』를 가득 메우고 있는 죽음에 얽힌 수많은 이야기들 중에서도 힘이 엄청나게 세고 키가 엄청나게 큰 사람이 죽었을 때 연민을 느끼게 되는 경우는 내 기억으로는 없다. 또 『일리아스』의 저자이면서 인간의 본성을 너무나 잘 파악했던 호메로스가 그런 효과를 의도한 것 같지도 않다. 한창 사랑스러운 젊은 나이였던 시모에이시오스는 자신의 힘에 어울리지 않는 용기가 걱정되어 떨고 있는 부모를 떠나와 전사하게 된다.[13] 전장에 처음 나왔던 아름다운 용

모를 지닌 또 한 젊은이[14]는 전쟁 때문에 갓 결혼한 신부의 품에서 서둘러 떠나왔었다. 이 젊은이의 때 이른 죽음은 우리의 애간장을 녹게 만든다. 아킬레우스는 호메로스가 묘사한 대로 그 외모가 매우 아름다웠으며 많은 덕을 지니고 있었지만 우리는 그를 사랑하지는 않는다. 앞에서 언급한 트로이의 젊은이들의 운명에 대해 동정심을 자극하기 위해서 호메로스는 그리스 사람들보다 훨씬 더 사랑스럽고 사교적인 모습으로 그들을 묘사하고 있다. 그가 우리로 하여금 트로이인들에 대해 느끼게 하고자 했던 감정은 연민이다. 연민은 사랑에 기반을 둔 감정이다. 이렇게 **그다지 가치가 커 보이지 않고** (그렇게 말할 수 있다면) 가정적인 덕목들은 확실히 너무나 사랑스럽다. 반면 그리스인들은 정치적이고 군사적인 덕목에서 트로이인보다 훨씬 더 뛰어난 모습으로 그려진다. 프리아모스의 장로들은 나약했고 헥토르의 무기들은 상대적으로 빈약했다. 그의 용기도 아킬레우스의 용기에 비해서는 한참 모자랐다. 하지만 우리는 아가멤논보다는 프리아모스를, 아킬레우스보다는 헥토르를 더 사랑한다. 호메로스가 그리스 사람들에 대해 느끼게 하려 했고, 사랑과는 거의 아무런 관계가 없는 덕목을 이들에게 부여함을 통해서 실제로 느끼게 하는 감정은 경탄이다. 우리가 보이고자 하는 것은 거대한 대상들은 아름다움과는 어울리지 않으며, 그 규모가 커질수록 아름다움과는 거리가 멀어진다는 사실이다. 반면 규모가 작은 대상들이 아름답지 못한 경우가 있더라도 그것이 그 대상들의 크기 때문은 아니다. 따라서 이렇게 잠깐 주제를 벗어난 이 절의 논의가 아마도 우리 의도에 완전히 어긋나지는 않을 것이다.

제25절 색채에 관하여

색채에 대해 연구할 내용은 거의 무궁무진하다. 하지만 이 제4부의 서두에 규정한 원칙들로도 온갖 색채들이 가져다주는 효과들뿐만 아니라 고체든 액체든 투명한 물체가 주는 즐거움을 충분히 설명할 수 있다고 나는 생각한다. 어떤 병 안에 파란색이나 빨간색 액체가 담겨 있는데 그 액체가 진흙투성이라고 생각해보자. 파란 빛이나 빨간 빛은 이 작은 불투명한 물체, 즉 진흙이 사이에 끼어들어 갑자기 그리고 불규칙적으로 멈추게 되고 결국 우리 눈에 이르지 못하고 만다. 이 불투명한 물체는 우리가 거기에 대비할 사이도 없이 우리의 관념을 변화시키는데 그 관념은—제2부 제4절에서[15] 우리가 규정한 원칙들에 따라—그 본성상 불쾌한 것으로 변화된다. 하지만 때로는 빛이 이런 저항 없이 매우 투명한 유리나 액체를 통과하면서 부드러워져서 그 자체로도 더 많은 즐거움을 줄 수 있게 되는 경우가 있다. 그리고 모든 빛을 원래 색 그대로 **고르게** 반사하는 액체는, 부드럽고 불투명한 물체가 시각이나 촉각에 영향을 미치는 것과 유사한 방식으로 시각에 영향을 미친다. 이때 우리가 느끼는 즐거움은, 전달되면서 부드러워진 빛과 고르게 반사된 빛이 어우러져 나타나는 효과이다. 투명한 액체가 담겨 있는 유리병 모양이 적절하게 변화되어 색채가 서서히 번갈아가면서—이런 모든 경우에 나타날 수 있는 온갖 다양한 형태로—진해지거나 옅어져서 나타나면, 이러한 즐거움은 다른 사물들에게도 공통적으로 적용되는 원리들에 따라 더욱 증폭될 것이다. 숭고와 아름다움의 원인과 결과에 대해 이제까지 말해진 모든 것을 다시 음미해보면, 이 둘을 구성하는 원리가 서로 매우 다르며 그것들이 미치는 영향도 마찬가지로 다르다는 사실이 드러난다. 거대함은 공포를 근거로 하며 공포가 완화되었을 때는 우리 마음속에 내가 경악이라 부르는 감정을 불러일으킨다. 아름다움은 순전히 실재적인 즐거움에 근거하고 있으며 인간의 영혼 속에 사랑이라 부르는 감정을 유발한다. 이런 감정들의 원인이 제4부의 주제였다.

제5부

제1절 단어들에 관하여

물체의 위치와 움직임, 그리고 그로 인해 우리 마음속에 일어나는 감정 사이에는 신이 정해놓은 법칙이 있다. 자연 대상은 그 법칙에 따라 우리의 감정에 영향을 미친다. 회화의 경우도 마찬가지지만 모방을 통해 느끼는 즐거움이 거기에 덧붙여진다. 건축물은 자연법칙과 이성의 법칙에 따라 우리의 감정에 영향을 미친다. 후자의 법칙으로부터 비례의 규칙들이 생겨난다. 하나의 작품이—전체로든 일부분으로든—그 작품이 만들어진 목적에 부합하느냐 그렇지 않으냐에 따라 찬사나 혹평을 받게 되는 것은 이 규칙들 때문이다. 하지만 단어들은 자연 대상이나 회화 작품, 건축물과는 아주 다른 방식으로 우리에게 영향을 미치는 듯하다. 그런데 단어들은—이것들에 못지않게, 때로는 이것들보다 훨씬 더 많이—아름다움이나 숭고의 관념을 불러일으키는 데 기여한다. 따라서 이런 종류의 담론에서는 단어들이 이런 감정들을 어떻게 불러일으키는가에 대한 연구가 꼭 필요하다.

제2절 시의 통상적인 효과는
어떤 사물의 관념을 통해 유발되지 않는다

일상적인 대화에서 사용되는 단어들과 마찬가지로 시나 웅변에 사용되는 단어들도 관습에 따라 그것들이 지시하기로 되어 있는 사물들의 관념을 사람들의 마음속에 불러일으킴으로써 감정에 영향을 미친다는 것이 보통 사람들의 생각이다. 이런 생각이 맞는지 알아보려면 우리가 사용하는 세 가지 부류의 단어들을 먼저 살펴보아야 한다. 첫째 부류는 단순한 관념들을 가리키는 단어들인데, 이 관념들은 그 본성에 따라 결합되어(united by nature) '사람, 말, 나무, 성(城)' 등과 같이 하나의 확정된 복합체를 구성한다. 이런 단어들을 나는 집합어(aggregate word)라고 부른다. 두 번째 부류는 이런 복합체들 안에서 발견되는 하나의 단순한 관념만을 가리키는 말이다. 예를 들자면 '빨강, 파랑, 원, 장방형'과 같은 단어들이다. 이런 단어들을 나는 단순 추상어(simple abstract word)라고 부른다. 세 번째 부류는 이 두 가지와 그것들 사이의 다양한 관계들을 임의로 결합하여 생겨난 것들인데, 그 결합들의 복잡함의 정도에는 차이가 있을 수 있다. '덕, 명예, 설득, 치안판사' 같은 단어들이 여기에 속한다. 이것을 나는 **복합 추상어**(compound abstract word)라고 부른다. 이보다 훨씬 더 세밀하게 단어들을 분류할 수도 있다. 하지만 내게는 이렇게 분류하는 것이 합당하며 우리의 목적을 달성하기에도 충분하다고 생각된다. 사람들은 이 단어들을 보통 이러한 순서에 따라 열거하며, 이에 따라 우리는 이 단어들이 지시하는 대상들의 관념을 얻게 된다. 세 번째 유형의 단어들, 즉 '덕, 명예, 설득, 유순함'과 같은 복합 추상어부터 살펴보자. 이런 단어들이 우리의 감정에 미치는 힘이 무엇이든 그 힘의 원천은 그것들이 가리키는 대상이 우리 마음에 불러일으키는 어떤 표상(representation)이 아니다. 이런 단어들은 복합어로서 실제로 존재하는 대상을 가리키지도 않으며 어떤 실재적인 관념을 불러일으키지도 못한다. '덕, 자유, 명예' 같은 단어들을 듣자마자—이 단어들이 가리키는 단순 관념이나 복합 관념, 그리고 이러한 관념들이 맺는 여러 가지 관계들과 함께—어떤 특정한 행동 방식이나 사고 방식을 바로 떠올리는 사람은 없다. 이런 관념들로 구성된 어떤 일반적 관념을 갖고 있는 사람도 아무도 없다. 만일 그런 것이 존재한다면 그 특정한 관념들 중 몇 가지는—아마 불분명하고 혼란스럽기는 하겠지만—곧 지각될 수 있을 것이다. 하지만 내가 알기로 그런 경우는 거의 없다. 이 단어들 중 하나를 분석해보라. 그러면 우선 일련의 보편적인 단어[즉, 복합 추상어]들이 다른 보편적인 단어들로, 그

다음에는 단순 추상어나 집합어로 환원될 것이다. 이 과정은 우리가 처음에 상상하는 것보다는 훨씬 더 긴 과정을 거쳐 진행된다. 그러고는 어떤 실재적 관념이 나타나고 여러분은 이런 복합어들의 제일원리 비슷한 무언가를 발견하게 될 것이다. 그런데 이렇게 원래의 관념들을 발견할 때쯤이면 그 복합어의 효과는 완전히 사라져버린다. 이런 식으로 꼬리를 물고 이어지는 생각은 일반적인 대화의 방식을 통해 설명하기에는 너무 길고, 그렇게 할 필요도 전혀 없다. 이런 단어들은 실제로는 단순한 소리에 불과하다. 그렇지만 우리 자신이 행복을 얻고 불행한 일을 당하거나 다른 사람이 행복을 얻고 불행한 일을 당하는 것을 보게 되는 특정한 경우들에 이 단어들이 일단 사용되고 나면, 나중에는 이 단어들을 들을 때마다 우리 마음속에 실제로 그런 일이 일어나는 경우와 비슷한 효과가 나타난다. 이 단어들이 다른 흥미로운 사물이나 사건에 대해 사용되는 것을 들은 적이 있거나, 이 단어들이 어떤 것들과 관련이 있는지 관습에 따라 바로 알 수 있는 수많은 경우에도 마찬가지다. 종종 이 단어들은—어떤 특정한 경우에 대해서는 아무런 언급 없이 사용되면서도—여전히 그 처음 인상을 계속 간직하고 있지만, 결국에는 그 원인이 되었던 특정한 경우와의 연관성을 완전히 상실해 버리게 된다. 그렇더라도 그 소리는—다른 관념을 덧붙이지 않아도—이전과 같은 기능을 계속 유지한다.

제3절 관념 형성 이전에 배우는 보편적인 단어들

어딘가에서 로크는 다음과 같이 말했다. 사람들은 거기에 속하는 특정한 행동 방식을 목격하기 전에 이미 덕이나 악덕, 선이나 악과 관계되는 가장 보편적인 단어들을 배우며, 어떤 사람에 대한 사랑과 혐오도 마찬가지 방식으로 배운다.[1] 어린아이들은 아주 유순해서 유모나 주위의 어떤 사람이 어떤 일로 인해 기분이 좋아지거나 나빠지는 척만 해도, 아니면 어떤 말만 해도 어린아이들의 기분도 이와 비슷하게 변하기 때문이다. 나중에 살아가면서 경험하게 되는 여러 가지 일들에 이 단어들이 적용되고, 즐거움을 주는 어떤 일이 악하다고 말해지기도 하며 자연 상태에서는 불쾌한 것이 오히려 선하고 고결한 것이라고 불리면, 사람들의 마음속에서 관념과 감정이 기이하게 뒤섞이며 그들의 생각과 행동 사이에 적지 않은 모순이 나타난다. 위선이나 일시적인 감정에서가 아니라 진정으로 덕을 사랑하고 악을 미워하면서도, 어떤 특정한 경우에는 매우 빈번하게 아무런 양심의 가책 없이 사악하게 행동하는 사람들이 많이 있다. 그 이유는 다른 사람이 내뱉은 어떤 격정적인 말 때문에 덕을 추구하는 감정이 너무나 강하게 영향을 받게 되면, 그러한 행동이 나쁘다는 생각이 떠오르지 않기 때문이다. 그래서 어떤 단어들이 그 자체로는 아무런 효과가 없다고 생각되더라도 이 단어들을 반복해서 사용하면서 어느 정도라도 감동을 받지 않기란 어려운 일이다. 특히 열렬하고 감동적인 어조로 다음과 같은 단어들을 입에 올릴 때는 말이다.

현명하다, 용감하다, 관대하다, 선하다, 위대하다

이런 단어들은 원래 구체적으로 적용되는 대상이 없을 경우 아무런 효과를 갖지 않아야 한다. 하지만 보통의 경우에는 중요한 사건들에 대해 사용하는 이 거룩한 단어들이 구체적인 적용 대상 없이 사용되는 경우에도 우리는 그 말에 감동을 받는다. 일반적으로 이렇게 사용되는 단어들을 한꺼번에 아무런 합리적인 관점 없이, 또는 서로 제대로 어울리지도 않게 사용하는 경우 우리는 이런 문체를 과장법(bombast)이라고 부른다. 많은 경우 이런 언어로부터 자신을 보호하는 데는 아주 훌륭한 센스와 경험이 필요하다. 그렇게 하지 않고 적절한 표현을 위한 노력마저 게을리 하면 사람들은 이런 감동적인 단어들을 엄청나게 많이 사용하게 되며 더 많은 사람들이 이런 표현에 탐닉하게 될 것이다.

제4절 단어의 효과

어떤 단어가 듣는 사람의 마음속에 불러일으키는 효과는 모두 세 가지로 나눌 수 있다. 첫째는 소리이고, 둘째는 그 소리가 지시하는 사물의 그림 또는 표상이며, 셋째는 앞의 두 가지 중 하나나 둘 다에 의해 우리 마음속에 생겨나는 **감정**이다. 우리가 앞에서 언급한 ('명예', '정의', '자유'와 같은) **복합 추상어**들은 첫째와 셋째 효과는 갖지만 둘째 효과는 갖지 못한다. '파랑', '초록', '뜨거움', '차가움'과 같은 **단순 추상어**들은―거기에 수반될 수 있는 다른 관념들에는 그다지 많은 주의를 기울이지 않고―하나의 단순한 관념을 가리키는 데 사용된다. 이런 단어들은 위의 세 가지 효과를 다 불러일으킬 수 있다. '인간, 성, 말' 같은 **집합어**도 마찬가지로 세 가지 효과를 다 일으킬 수 있지만 그 효과는 훨씬 더 강하다. 하지만 이런 단어들의 경우에도, 상상력을 통해 여러 가지 사물들의 표상을 만들어냄으로써 그 단어의 가장 일반적인 효과가 생기는 것은 아니라고 나는 생각한다. 실제로 나 자신의 마음속을 열심히 들여다보고 다른 사람들에게도 자신의 마음속을 살피게 한 결과 그런 표상이 우리 마음속에 나타나는 경우는 스무 번에 한 번 꼴도 되지 않는 것으로 나타났다. 그렇게 되더라도 상상력을 동원하여 특별한 노력을 기울인 결과인 경우가 대부분이었다. 복합 추상어에 대해서 말한 것과 마찬가지로 집합어도, 우리 마음에 어떤 이미지를 제시하는 것이 아니라 수차례 반복 사용의 결과 그 단어의 언급만으로도 원래 대상을 볼 때와 마찬가지 효과가 발생함을 통해서 우리의 감정에 영향을 미친다. 우리가 다음과 같은 글을 읽게 되었다고 가정해보자. "도나우 강은 독일의 심장부에 있는 산지의 축축한 토양에서 발원하여 이리저리

굽이치면서 여러 지역을 적시고는 방향을 바꿔 오스트리아로 흘러갔다가 빈 성벽을 지나 헝가리로 흘러들어간다. 거기서 사브 (Saave) 강과 드라브(Drave) 강과 합쳐지면서 수위가 높아져 엄청 나게 큰 강이 되어 기독교 세계를 떠나서는 타타르와 인접한 미개한 나라들을 굽이쳐 흐른 뒤 여러 어귀를 거쳐 흑해로 흘러들 어간다." 이 글에는 산이나 강, 도시, 호수 등 많은 사물들이 언급되고 있다. 하지만 이 글을 읽으면서 자신이 강, 산, 축축한 토양, 독일 등에 대한 어떤 표상이라도 마음속에 떠올려보았는지 한번 생각해보라. 일상의 대화가 빠른 속도로 진행되고 단어들도 서로 빠르게 연결되기 때문에 단어의 소리에 대한 관념과 그 소리가 지시하는 대상에 대한 관념을 동시에 가진다는 것은 불가능하다. 게다가 실재하는 사물을 표현하는 단어들도 너무나 자주 일반적이고 명목적인 의미를 지닌 다른 단어들과 함께 사용되고 있기 때문에, 감각에서 사유로, 특수에서 일반으로, 사물에서 단어로 도약할 수 없고 그럴 필요도 없다.

제5절 단어들이 어떤 심상을 불러일으키지 않고도 감정에 영향을 미치는 경우

어떤 단어들을 듣고 머릿속에는 아무런 관념도 떠오르지 않는데, 자신들의 감정이 그 단어들의 영향을 받는다고 사람들을 설득시키기는 매우 어렵다. 다른 사람과 일상적인 대화를 하면서 그가 말하고 있는 사물의 이미지를 떠올리지 않고도 그 말을 충분히 이해할 수 있다고 믿게 하기는 더 어렵다. 어떤 사람이 마음 속에 어떤 관념들을 가지고 있는가에 대해 그 사람과 토론하는 것이 이상하게 보일지도 모른다. 얼핏 보기에 이것은 다른 어떤 권위에도 의존하지 않고 각자가 알아서 판단할 일이기 때문이다. 하지만—이상하게 들릴지는 몰라도—우리도 종종 자신이 어떤 관념을 가지고 있는지 또는 어떤 주제에 대해 도대체 관념 자체를 가지고 있기나 한지조차 모를 때가 있다. 따라서 이 문제를 제대로 이해하려면 아주 세심한 주의를 기울일 필요가 있다. 이 글을 쓰고 난 이후 나는, 어떤 단어가 표상하는 사물에 대한 아무런 관념이 없는 상태에서 그 단어를 듣고는 나중에 이 단어를 다른 단어와 연결하여 새롭게, 그것도 아주 적절하고 힘 있게 사용할 수 있음을 보여주는 매우 인상적인 두 가지 예를 발견했다. 첫 번째 예는 블랙록(Blacklock)[2]이라는 사람이다. 그는 날 때부터 맹인인 시인이다. 아주 온전한 시력을 갖춘 사람들 중에서도 이 맹인 시인보다 눈에 보이는 대상들을 더 힘 있게 그러면서도 정확하게 묘사할 수 있는 사람은 별로 없다. 이것은 결코 그가 자신이 묘사하는 사물을 보통 사람들보다 더 명확하게 파악했기 때문일 수는 없다. 스펜스(Spence)[3] 씨는 이 시인의 시집에 훌륭한 서문을 써주었다. 거기서 그는 이 특이한 현상에 대해 아주 독창적인, 내 판단으로는 대부분 정확한 추론을 제시하고 있다. 하지만 나는 이 시집에 실린 시에서 나타나는 언어적·사상적 오류들이 시각적 대상들에 대한 이 시인의 불완전한 이해에서 비롯되었다는 그의 견해에는 전적으로 동의할 수가 없다. 왜냐하면 이런 오류들은 온전한 시력을 소유하고 있고 블랙록보다 더 훌륭한 글을 쓰는 문필가들에게서도 많이 나타나기 때문이다. 여기 자신이 쓴 글을 읽고 다른 사람 못지않게 감동하는 한 시인이 있다. 그런데 그는, 그에 대해 자신이 단순한 소리 이상의 어떤 관념도 지니고 있지 않고 가질 수도 없는 사물들에 의해서 이토록 강한 감동을 느낀 것이다. 그렇다면 그의 작품을 읽는 다른 사람들이 거기 묘사되어 있는 사물들에 대한 실재적인 관념들을 거의 갖고 있지 않다고 해서 이 시인과 마찬가지 방식으로 감동을 받지 못할 이유가 어디 있는가? 두 번째 예는 케임브리지 대학 수학교수인 손더슨(Saunderson)[4] 씨다. 이 학자는 자연과학, 천문학, 기타 수학적 지식에 의존하는 과학 전반에 대해 해박한 지식을 지니고 있다. 내가 지금 다루고 있는 주제와 관련하여 가장 특이한 것은 그가 빛이나 색채에 대해서도 뛰어난 강의를 했다는 사실이다. 다른 사람들에게는 있지만 자신에게는 분명히 존재하지 않는 관념들에 대한 이론을 그들에게 가르쳤던 것이다. 하지만 그에게는 '빨강, 파랑, 초록' 같은 단어들이 색채들의 관념 자체와 마찬가지 의미를 지녔을 수도 있다. 맹인이기는 하지만 그가 빛의 굴절

정도의 크고 작음의 관념을 이 단어들에 적용하게 되고, 다른 어떤 측면에서 이 단어들이 일치하거나 일치하지 않는지 배우게 된다면, 마치 이러한 관념들에 정통한 사람처럼 이 단어들에 대해 이성적으로 사유하는 것이 그에게는 쉬운 일이었기 때문이다. 그가 이와 관련하여 실험을 통해 새로운 발견을 할 수 없다는 것은 분명히 인정해야 한다. 오히려 그가 한 일은 다름이 아니라 우리가 매일 일상적인 대화 속에서 하는 바로 그 일이었다. '매일'이라든가 '일상적인 대화'라는 말을 사용하면서 나는 결코 시간적 연속의 이미지나 서로 의논하고 있는 사람들을 염두에 두지 않았고 독자들이 이 글을 읽으면서 그런 생각을 하리라고도 생각하지 않는다. 빛의 굴절성에 대해 말할 때와 마찬가지로 '빨강, 파랑, 초록' 등에 대해 말할 때도 나는 다른 매개체를 통과하여 원래 경로에서 벗어난 여러 개의 색채나 광선의 이미지를 내 눈앞에 떠올리지는 않는다. 인간에게는 자신이 원하는 대로 이런 이미지를 떠올릴 수 있는 정신적 능력이 있음을 나도 아주 잘 알고 있다. 하지만 그때는 그런 이미지를 떠올리려는 의지적 행위가 필요하다. 그리고 이런 경우를 제외하고는 일반적으로 대화나 독서를 할 때 마음속에 어떤 이미지가 떠오르는 것은 아주 드문 일이다. "다음 여름에는 이탈리아에 갈 거야"라고 내가 말한다면 사람들은 내 말이 무슨 뜻인지 잘 이해할 것이다. 하지만 이 말을 들으면서 상상력을 동원해서 내가 육로나 수로, 또는 두 교통수단을 모두 이용해서, 어떨 때는 말을 타고 어떨 때는 마차를 타고 여행하는 모습을, 그러니까 여행의 모든 세세한 부분을 꼼꼼하게 머릿속으로 그려보는 사람은 아무도 없을 것이다. 내가 여행하려는 이탈리아라는 나라에 대해서 어떤 관념을 갖거나—여름이라는 단어로 대체하게 되는—푸른 들판이나 익어가는 과일, 다른 계절[즉, 봄]이 지나면서 더워진 대기에 대한 관념을 갖는 것은 훨씬 드문 일이다. 게다가 '다음'이라는 단어를 듣고 어떤 이미지를 떠올린다는 것은 불가능한 일이다. 이 단어는 올해 여름만을 제외한 미래의 여러 해 여름을 가리키기 때문이다. 그리고 '다음 여름'이라고 말한 사람도 이러한 연속[여러 해 여름]과 배제[올해 여름]에 대해서는 분명히 아무런 이미지도 갖고 있지 않다. 간단하게 말하자면, 보통 추상적이라 불리고 거기에 대해 어떤 이미지도 만들어질 수 없는 관념들뿐만 아니라 실제로 존재하는 개별적인 존재자들에 대해서도 우리는 상상력을 통해 어떤 이미지를 떠올리지 않고서도 대화할 수 있다. 우리 마음속을 열심히 들여다보면 이런 사실이 분명히 드러날 것이다. 실제로, 마음속에 지각할 수 있는 이미지를 불러일으킬 수 있는가에 따라 시의 효과가 좌우되는 법은 거의 없다. 어떤 묘사든 지각할 수 있는 이미지를 불러일으키는 것이 필요하다면, 시가 지니고 있는 힘의 대부분이 상실될 것이다. 시를 들으면서 지각할 수 있는 이미지가 항상 나타난다면, 시가 사용하는 가장 강력한 수단인 감동적인 단어들의 결합이 그 힘은 물론 일관성과 타당성을 상실하는 일이 자주 있을 것이기 때문이다. 『아이네이스』 전체에서 가장 공이 많이 들어갔고 가장 장엄한 구절은 아마도 에트나 화산의 분화구와 거기서 일어나고 있는 일들에 대한 묘사일 것이다. 베르길리우스는 키클롭스[5]가 망치로 — 비록 완성된 것으로는 아니지만 — 천둥을 만드는 과정을 특히 상세하게 묘사하고 있다. 그런데 이렇게 특별한 현상의 구성 원리는 무엇일까?

휘몰아치는 세 줄기 소나기, 빗물 머금은 세 개의 구름,

세 개의 불, 세 개의 날개 돋친 남풍,

이들에다 무시무시한 번개,

소리, 두려움, 분노의 화염을 뒤섞어 만들었네.[6]

나는 이 시구가 경탄스러울 정도로 숭고하다고 생각한다. 하지만 이런 유의 관념들의 결합으로 형성되는 감각적인 이미지들을 냉정하게 관찰해보면, 미친 사람들이 그리는 괴물들도 이보다 더 엉뚱하고 터무니없지는 않을 정도이다. 이렇게 특이한 성분들을 배합하여 처음에는 거친 형태가 만들어진다. 이것을 키클롭스가 망치로 두들겨 일부는 광택을 내고 일부는 여전히 거친 채로 남겨두는 것이다. 시가 우리에게 — 시공간적인 상황들에 따라, 또는 인과관계를 통해, 또는 어떤 자연적인 연상을 통해 결합

된—수많은 장대한 관념들에 해당되는 단어들의 멋진 조합을 제공해준다면, 이런 단어들의 조합은 실제로 어떤 형태를 이루어내고 그 목적에 완전히 부합하는 기능을 할 수 있다. 이때 시각적 이미지의 결합이 요구되지는 않는다. 왜냐하면 실제로 시각적 이미지가 형성되지는 않기 때문이다. 그리고 그때문에 이 묘사가 효과를 발휘하는 것도 아니다. 헬레나에 대해 프리아모스[7]와 그의 장로들이 한 말은 이 치명적인 아름다움에 대해 있을 수 있는 가장 고상한 관념을 제공해준다고 여겨진다.

> 그들은 외쳤다.
> '이 여자를 둘러싸고
> 긴 세월 동안 전쟁을 했다고 놀랄 일이 아니로다.
> 그 우아함이 얼마나 사람의 마음을 사로잡는가!
> 얼마나 위엄 있는 자태인가!
> 마치 여신과도 같고 여왕과도 같구나.'[8]

여기서는 그녀가 구체적으로 어떻게 아름다운지에 대해서는 전혀 언급되지 않는다. 그녀가 어떤 사람이었는지에 대한 세세한 묘사도 전혀 없다. 하지만 어떤 사람들의 글에서 접할 수 있는 것과 같은—구전되어 내려온 것이든 상상력을 동원해 지어낸 것이든—헬레나에 대한 길고 공들인 묘사보다 이런 식으로 그녀를 묘사하는 것이 훨씬 더 감동적이다. 나는 이것이 벨피비(Belphe-be)⁹에 대한 스펜서의 상세한 묘사보다 훨씬 더 감동적이라고 확신한다. 비록 훌륭한 문필가의 묘사들의 경우에는 언제나 그렇듯이 묘사에도 아주 훌륭하고¹⁰ 시적인 부분들이 있다는 것을 인정하기는 하지만 말이다.

자신의 시 속의 주인공인 한 철학자가 종교에 대항하는 것이 얼마나 대담한 행위인가를 보이기 위해 루크레티우스는 종교의 무시무시함을 엄청난 기백과 호방함이 넘치는 필치로 그려내고 있다고 여겨진다.

하늘로부터 그 얼굴을 보이고
무시무시한 모습으로 인간을 굽어보는
종교에 짓눌려
땅 위에 사는 인간들의 삶이 구차하고 비굴한 모습일 때
한 그리스 사람이 처음으로
그에 대항해 감히 눈을 부릅떴다.¹¹

이렇듯 훌륭한 묘사로부터 여러분은 어떤 관념을 도출해내는가? 아무것도 끌어내지 못한다는 것은 매우 분명한 사실이다. 유령을 상상할 수 있는 온갖 두려운 모습으로 묘사하고자 하는 시인도 유령의 손발이나 얼굴 생김새에 주목하게 할 만한 말은 한마디도

하지 않고 있다. 실제로 시나 수사학은 정확한 묘사에는 회화예술만큼 성공적이지 못하다. 시나 수사학은 모방보다는 오히려 공감을 통해 우리의 마음에 영향을 미친다. 사물 자체에 대해 명확한 관념을 제시하기보다는 오히려 말하는 사람이나 다른 사람들의 마음에 사물들이 미치는 영향을 보여준다. 이것이 이런 장르들이 다룰 수 있는 가장 광범위한 영역이며 동시에 가장 성공적으로 기능하는 영역이다.

제6절 시는 엄격한 의미에서 모방 예술이 아니다

따라서 가장 일반적인 의미에서 시는 엄밀하게 따지면 모방 예술이라고 부를 수는 없다. 물론 언어를 통해 우리 마음의 감동을 표현하는 한(animi motus effert interprete lingua)[12], 즉 사람들이 사용하는 단어들이 표현하는 그들의 관습이나 감정들을 묘사하는 한 시는 일종의 모방이다. 그럴 경우 시는 엄밀하게 따져보아도 모방이다. 순전히 연극으로서의 시가 여기에 속한다.[13] 하지만 글을 통해 실재를 묘사하는 시는 주로 치환(substitution)을 통하여, 즉 관습상 실재를 지시하는 어떤 소리들을 통하여 그 기능을 수행한다. 모조품이란 다른 무언가와 비슷한 것일 뿐이다. 그런데 단어들은 분명히 그것이 지시하고 있는 관념과는 아무런 유사성도 지니고 있지 않다.

제7절 단어들이 우리의 감정에 영향을 미치는 방식

단어들은 그것이 원래 가지고 있는 힘이 아니라 표상(representa-tion)을 통하여 우리의 감정에 영향을 미치기 때문에 우리의 감정에 미치는 영향은 미미할 수밖에 없다고 생각할 수 있다. 하지만 사실은 그와는 전혀 다르다. 우리 자신의 경험에 따르면 유창한 연설이나 시가—다른 어떤 예술 장르나 심지어는 아주 많은 경우에 자연 그 자체에 못지않게, 아니 그보다 훨씬 더—깊고 생생한 인상을 심어줄 수 있다. 그 이유는 다음과 같은 세 가지이다. 첫째로, 우리는 다른 사람들의 감정과 특별한 관계를 맺고 있으며 그들이 보여주는 어떤 표징에 의해서도 쉽게 감정적으로 영향을 받고 감정이입을 하게 되기 때문이다. 그리고 단어들처럼 무수히 많은 감정들을 둘러싼 모든 정황들을 온전하게 표현할 수 있는 표징은 없다. 그래서 어떤 사람이 무슨 주제에 대해서 말하던 그는 그저 그 주제를 여러분에게 전달하기만 할 수 있는 게 아니라 자신이 그 주제로부터 어떻게 감정적으로 영향을 받았는가도 마찬가지로 전달할 수 있다. 대부분의 사물들이 우리의 감정에 영향을 미치게 되는 것은 사물들 자체보다는 그것들에 관한 우리의 생각들 때문이라는 것은 분명한 사실이다. 그리고 이것들은 다시금 다른 사람들의 견해에 엄청나게 많이 좌우된다. 그리고 이런 견해들은 오직 단어들을 통해서만 전달 가능하다. 둘째로, 우리의 마음을 아주 크게 움직일 만한 여러 가지 일이나 사물들이 현실에서 실제로 일어나거나 존재하는 경우는 좀처럼 없는 데 반해, 그 일이나 사물들을 묘사하는 단어들이 존재하는 경우는 자주 있기 때문이다. 이렇게 해서 단어들은 우리의 마음에 깊은 인상을 주고 거기 뿌리내릴 수 있는 기회를 갖게 된다. 반면 실재의 관념은 일시적인 것이며 어떤 이들에게는 실제로 어떤 형태로든 전혀 생겨나지 않을 것이다. 그럼에도 불구하고 이들에게 그것이 전쟁이나, 죽음, 기근처럼 감정적으로 매우 강하게 영향을 미친다. 이 외에도 신, 천사, 악마, 천국, 지옥과 같은 많은 관념들은 어느 누구에게도 감각적으로 지각된 적은 없지만 사람들의 감정에 엄청난 영향력을 행사하고 있다. 셋째로, 단어들을 통해서 다른 방식으로는 아마도 전혀 불가능할 조합들을 이루어낼 수 있기 때문이다. 이렇게 조합하는 능력을 통해서 그리고 거기에다 적절하게 선택된 환경을 덧붙임으로써, 우리는 단순한 대상에 새로운 생명력과 힘을 부여할 수 있다. 회화를 통해서 우리는 우리 마음대로 어떤 형상이든 재현할 수 있다. 하지만 우리는 거기에다 언어적 표현을 통해서처럼 생기를 불어넣을 수는 없다. 그림을 통해서 천사를 재현하기 위해서 우리는 날개가 달린 아름다운 젊은이를 그리기만 하면 된다. 하지만 어떤 그림이 천사라는 말에 주(Lord)라는 한 단어를 덧붙여 만들어지는 "주의 천사"와 같이 굉장한 표현을 만들어낼 수 있겠는가? 내가 이에 대해 명확한 관념을 지니고 있지 않은 것은 사실이다. 하지만 이 단어들은 지각되는 이미지보다 더 많은 감동을 우리에게 준다. 내가 주장하는 바는 이것이 전부다. 제단 아래로 끌려와서 죽임을 당하는 프리아모스의 그림은—그 그림이 잘된 것이라면—의심의 여지없이 우리의 마음을 강하게 움직이겠지만, 사실은 그 그림으로는 전혀 나타낼 수 없는 다음과 같은 주변 상황들이 우리로 하여금 더욱 분노하게 한다.

> 그 [프리아모스] 스스로 신에게 바친 불이 그의 피로
> 더럽혀졌네.[14]

타락한 천사들이 자신들의 황량한 거처를 지나가는 모습을 묘사한 밀턴의 다음과 같은 시구를 또 하나의 예로 살펴보자.

> 어둡고 황량한, 슬픔 가득 찬
> 수많은 골짜기 위로 천사들이 지나가네.
> 얼어붙은 봉우리, 화염에 불타는 수많은 봉우리 위로.
> 죽음의 바위, 동굴, 호수, 늪과 습지, 짐승들의 굴,
> 그리고 죽음의 그림자,
> 죽음의 세계.[15]

이 시구에서는 바위, 동굴, 호수, 짐승들의 굴, 늪과 습지 그리고

그림자들이 함께 발휘하는 힘이 나타나 있다. 하지만 만일 이것들이 죽음의 바위, 동굴, 호수, 짐승들의 굴과 늪과 습지, 그리고 그림자들이 아니라면 이런 효과의 대부분이 사라져버릴 것이다. 겨우 하나의 단어가 다른 단어들에 결합되어 자아내는 이러한 관념이나 감정은 엄청난 숭고의 감정을 불러일으킨다. 그리고 이러한 숭고의 감정은 그 뒤에 따라 나오는 말, 즉 "죽음의 세계"라는 말로 인해 더욱 고양된다. 언어를 통하지 않고는 표현할 수 없는 두 가지 관념이 여기서 또 나타난다. 그리고 그것들을 결합시켜 놓은 표현은 상상을 초월할 정도로 거대하고 놀라운 것이다. 만일 그것들이 인간의 마음에 아무런 뚜렷한 이미지도 제공하지 않는 관념이라 불린다면 그것은 적절한 표현일 테지만, 어떻게 단어들이 이런 대상들에 대해서 명확하게 묘사하지도 않으면서 실제 사물과 관련된 감정들을 자아낼 수 있는지 이해하기란 여전히 어려운 일이다. 그런데 이것이 우리에게 어려운 이유는 언어를 관찰하면서 우리가 명확한 표현과 강한 표현을 충분히 구별하지 않기 때문이다. 이것들은 실제로는 아주 다른 것인데도 서로 혼동되는 경우가 종종 있다. 전자는 오성과 관련이 있는 반면 후자는 감정의 영역에 속한다. 전자는 사물을 있는 그대로 묘사하는 데 반해 후자는 느끼는 대로 묘사한다. 처음에는 사물들에 대하여 우리가 어떤 감정을 갖게 되지만, 그다음에는 이런 사물들과는 별개로 감동적인 어조나 감동어린 표정, 흥분한 몸짓이 우리에게 영향을 미친다. 이처럼 특히 감정에 강하게 영향을 미치는 주제들을 다루고 있고 언제나 어떤 감정을 느끼고 있는 사람들이 사용하는 어떤 단어들이나 단어들의 배열은, 주제를 더 명확하고 분명하게 표현하는 경우보다 훨씬 더 큰 감동을 우리에게 선사한다. 우리는 묘사에서는 거부한 것을 공감에게는 내어준다. 모든 언어적인 묘사는 단순한 묘사로서는 그다지 정확하지 않으며 묘사되고 있는 사물에 대해 매우 빈약하고 불충분한 관념을 전달하기 때문에 아주 작은 효과도 불러일으키기 힘들다. 만일 말하는 사람이 자신의 마음속에 있는 강렬하고 생생한 느낌을 두드러지게 해주는 표현 방식의 도움을 빌지 않는다면 말이다. 그렇게 되면 우리의 감정이 전염되어 우리는 다른 사람 안에 이미 밝혀진 불을 우리 마음속에도 지피게 된다. 그 불은 어쩌면 묘사된 대상을 통해서는 결코 지펴질 수 없었을지도 모른다. 단어들은 우리가 앞에서 이미 언급한 방식들을 통하여 감정을 강하게 전달함으로써 다른 면에서 그것들이 지니고 있는 약점을 충분히 상쇄한다. 아주 세련된 언어나 아주 명확하고 명료하다는 찬사를 듣는 언어에는 일반적으로 힘이 부족하다. 프랑스어는 바로 이렇게 완전함과 결함을 동시에 지니고 있다. 반면 동방언어들은 대개 아주 세련되지 못한 사람들이 사용하는 언어인데 그 표현에는 엄청난 힘과 에너지가 담겨 있다. 그런데 이것은 너무나 자연스러운 현상일 뿐이다. 교양을 갖추지 못한 사람들은 사물들

제5부

을 평범하게 관찰하는 사람들에 불과하며 그것들을 구분하는 데는 비판적이지 못하다. 하지만 바로 그 이유 때문에 그들은 자신들이 보는 것에 더 감탄하고 더 감동을 받는다. 따라서 스스로를 더 열렬하게, 정열적으로 표현하게 된다. 감정이 잘 전달되면 그 효과는 어떤 명확한 관념이 없이도, 종종 처음에 그 감정을 초래한 사물에 대한 아무런 관념 없이도 나타날 것이다. 시의 소재가 워낙 풍부하기 때문에 독자들은 내가 숭고나 아름다움과 관련하여 시를 더 상세히 다룰 것이라고 기대할지도 모른다. 하지만 이런 점에 대해서는 이미 많은 사람들이 여러 차례, 그것도 훌륭하게 연구를 수행했다는 사실을 언급하지 않을 수 없다. 내가 의도한 것은 어떤 예술 장르에서 나타나는 숭고와 아름다움에 대한 비평이 아니라 그것을 위해 필요한 기준을 알아내고 구분하여 확정하려는 시도였다. 나는 이런 의도를 가장 잘 실천에 옮길 수 있는 방법은 우리 안에 사랑과 경악의 감정을 불러일으키는 자연 대상의 속성을 연구하고 그것이 이러한 감정을 불러일으키기 위해 어떤 방식으로 작용하는가를 보여주는 것이라고 생각한다. 단어는 어떤 원리에 입각하여 이런 자연 대상의 대변자가 되는가를 보여주는 한에서만, 그리고 어떤 힘을 통하여 종종 단어가 묘사하고 있는 대상과 마찬가지로, 때로는 훨씬 더 강하게 우리에게 영향을 미칠 수 있는가를 보여주는 한에서만 고려될 수 있을 뿐이다.

해제

경험론적 미학 이론 체계의 완성

1. 버크 사상 내에서 미학의 위치

『숭고와 아름다움의 관념의 기원에 대한 철학적 탐구』(이하『탐구』)의 저자 에드먼드 버크는 『프랑스 혁명에 대한 성찰』(*Reflections on the Revolutions in France*; 1790)을 통해 프랑스 혁명을 날카롭게 비판한 영국의 보수주의 사상가로 '보수주의의 아버지'라고까지 불리는 인물이다. 그는 생애의 대부분을 정치가로서 활동하였다. 그의 저서 대부분도 프랑스 혁명, 식민지와의 관계 등 정치적인 문제들을 주로 다룬다. 실제로 『탐구』는 그의 유일한 미학적 저술이다. 하지만 그는 20대의 젊은 나이에 세상에 내놓은 이 책으로 한순간에 전 유럽에 걸친 학문적 명성을 얻었다. 독일의 철학자 임마누엘 칸트는 이 책이 나온 지 30여 년이 지난 뒤에 출간된 『판단력비판』에서 버크를 아름다움과 숭고에 대하여 경험론적·심리학적 설명을 시도한 이들 중에서 가장 뛰어난 학자라고 평가한다. 오늘날에도 이 책은 미론과 숭고론에 관한 한 관련 도서 목록에서 빼놓아서는 안 될 고전으로 평가받는다. 이 글의 목적은 정치가였던 그가 쓴 단 한 권의 저서가 이토록 중요한 서구 미학의 고전으로 자리매김할 수 있었던 이유를 밝히고 그 의의를 통찰하는 데 있다. 이를 위해 우선 버크 사상 내에서 미학이 차지하는 위치에 대해 고찰해보기로 하겠다.

『탐구』안에서도 그의 보수주의적인 성향은 여기저기서 드러난다. 특히 여성의 아름다움에 관한 다음과 같은 입장은 오늘날 페미니스트들을 격분케 하기에 충분하다.

> 감각적 대상의 경우 완전함 그 자체는 아름다움의 원인과는 거리가 너무 멀어서, 최고의 아름다움이 나타나는 여성의 경우에는 거의 언제나 연약함이나 불완전함이라는 관념이 수반될 정도이다. 여성들은 이러한 사실을 아주 잘 알고 있다. 그래서 여성들은 연약한 것처럼 심지어는 병약한 것처럼 보이려고 혀 짧은 소리로 말하고 비틀거리며 걷는 법을 배운다. 이런 모든 경우 그들은 본성의 가르침에 따르고 있는 것이다.[1]

이러한 그의 보수주의적 성향은 당시에도 이미 진보적인 인사들 사이에서 신랄한 비판의 대상이었다. 하지만 그렇다고 해서 그의 미학 이론 전부를 그의 정치적인 견해와 동일시하여 보수주의적이며 고루한 이론이라고 치부해버릴 수는 없다. 오히려 그는『탐구』를 통하여 아름다움과 숭고에 관한 당대의 지배적 미학 담론을 과감하게 뒤집어엎는 새로운 이론을 제시하였다. 앞으로 살펴보겠지만 그는 더 이상 이전의 미학 이론에서처럼 숭고를 아름다움의 일부로 파악하지 않았다. 하지만 숭고와 아름다움을 독립적으로 파악하였다고 해서 그것이 곧 정치적으로도 진보적인 견해의 단초라고 간주될 수는 없다. 앞의 인용문에서 볼 수 있듯이 그는 근본적으로 보수적인 견해를 견지하고 있었다.

버크의 정치적으로는 보수주의적인 성향과 미학적으로 혁명적인 성향 사이에 어떤 관계가 존재하는지에 대해서는 견해가 엇갈린다. 그의 경험론적 미학 이론이 "미학에서 일체의 가치평가를 배제하고 미학적 현상을 그 자체로서 기술"[2]하려는 시도라고 파악하는 견해와, 버크의 미학 이론과 정치이론을 상호 관련하에 파악하려는 견해[3]가 여전히 공존하고 있다. 그러나 후자의 견해는 그 근거를『탐구』내에서 찾기보다는 비슷한 시기에 출간된 버크의 정치적 저술들 안에서 찾고 있다는 면에서 설득력을 지니기 어렵다. 버크에게 숭고의 특성인 존경과 경외의 감정보다는 아름다움과 밀접한 관련이 있는 사랑과 애착의 감정이 정치적으로 중요했다는 식의 해석[4]은『탐구』가 아니라『미국의 조세 제도에 대한 연설』(Speech on American Taxation; 1774)이나『식민지들과의 화해에 대한 연설』(Speech on Conciliation with the Colonies;

해제

1775)과 같은 정치적 저술들로부터 역으로 추론한 것으로 오히려 『탐구』에서 버크 자신이 제시하고 있는 다음과 같은 견해와는 조화되기 어렵다.

아름다움을 덕에 보편적으로 적용하게 되면 여러 가지 사물들에 관한 우리의 관념이 뒤죽박죽이 될 수 있으며 이로 인해 즉흥적이고 근거 없는 이론이 무수히 생겨나게 된다. […] 이렇게 불명확하고 부정확하게 말하게 되면, 우리는 취미 이론에서든 도덕 이론에서든 그릇된 길로 향하게 된다. 또 의무들에 관한 학문은 그 적절한 토대(우리의 이성, 우리가 서로 맺고 있는 관계들, 우리에게 필요한 것들)로부터 벗어나 전혀 비현실적이고 빈약한 기초 위에 놓이게 된다.[5]

따라서 『탐구』의 여기저기서 보수주의적인 견해가 피력되고 있기는 하지만 전체적으로는 미학의 영역이 정치적·윤리적인 영역과는 구별되어 독립적으로 파악되고 있다고 말할 수 있다. 이렇게 정치와 미학의 영역을 별개로 취급하는 것이 일반적으로 보수주의적 이론이 취하는 전략 가운데 하나이겠지만 말이다. 어쨌든 실제로도 『탐구』는 정치철학과 관련하여 언급되는 경우가 거의 없고, 오직 경험론적 미학 이론의 대표적인 예로서 거론되고 있을 뿐이다. 따라서 여기서는『탐구』에서 제시되고 있는 미학 이론을 버크의 정치사상과 관련시켜 그 상호관계를 고찰하는 방식을 취하지는 않을 것이다. 대신 그의 이론을 전통적인 미학 이론이나 동시대의 지배적인 미학 이론과의 비교 연구를 통해서 파악하는 방법을 택하기로 하겠다. 그래야만 이 책이 왜 지금도 숭고론에 관한 한 필독서로 불릴 만큼 중요한지 이해할 수 있기 때문이다.

해제

2. 『탐구』의 이론적 지평

전통적으로 숭고는 단지 아름다움의 하위 개념에 불과한 것으로 여겨졌으며 이러한 전통은 버크의 동시대 미학 이론에 이르기까지 고수되었다. 그런데 앞서도 밝혔듯이 『탐구』는 숭고 개념을 미 개념으로부터 분리하여 독립적인 미학적 고찰 대상으로 삼고 그 둘 사이의 차이를 면밀히 분석하고 체계적으로 설명한다. 이것이 버크의 미학 이론이 그 이전이나 동시대의 다른 미학 이론에 비해 훨씬 독창적이라고 인정받는 가장 중요한 이유이다. 또 버크는 전통적인 견해와는 달리 아름다움을 대상의 객관적인 성질과 연관시키지 않고 우리의 심리현상과 밀접한 관련하에 해석했다. 물론 연구의 독립적 주제로 새롭게 등장한 숭고의 개념에 대해서도 마찬가지였다. 하지만 버크가 아름다움에 관한 최초의 심리학적 분석을 시도한 것은 아니다. 이미 근대 철학의 선구자였던 르네 데카르트도 아름다움의 본질적 특성을 즐거움(agrément)이라 파악했으며 버크의 동시대인이자 경험론의 대표적 이론가 중 한 사람인 데이비드 흄도 아름다움을 철저하게 심리적인 현상으로 파악하였다. 이 분야에서 『탐구』가 지니고 있던 이론적 의의는 동시대의 다른 학자들이 아름다움과 아름다움의 심리적 특성에 대해 일관된 견해를 제시하지 못하고 있을 때 철저한 경험론적·심리학적 분석을 통하여 체계적인 설명을 시도했다는 점이다. 이 글에서 우리는 이러한 버크의 미학 이론 형성에 직·간접적으로 영향을 미쳤던 여러 가지 이론들과 그러한 이론들에 비해 버크의 이론이 지니고 있는 특성을 상세하게 살펴볼 것이다. 이를 위해 우선 아름다움과 숭고에 관한 전통적인 미학적 견해들과 버크의 이론을 비교한 후 버크가 직접 수용하거나 거부했던 동시대의 미학 이론들을 고찰해봄으로써 『탐구』가 지닌 이론적 지평을 좀 더 명확하게 밝히고자 한다.

1) 전통적 견해에 대한 버크의 입장

1 - 아름다움

진리와 아름다움, 선함과 아름다움의 관계는 오랜 옛날부터 동서양을 막론하고 철학적 성찰의 대상이었다. 서구 철학사에 있어서 이 세 가지 근본 가치 사이의 관계에 대한 견해는 각각의 철학자들이 취하고 있는 입장에 따라 끊임없이 변화되어 왔다. 하지만 이렇게 다양한 견해들로부터 우리는 다음과 같이 몇 가지 중요한 특징을 추출할 수 있다.

첫째로, 어떤 이들은 아름다움은 그 자체로 정의될 수 없고 선(善)이나 진리와 같은 다른 범주를 통해서만 파악될 수 있는 것이라고 주장하였다. 소크라테스가 주장했던 윤리적인 아름다움의 범주가 여기에 속한다고 할 수 있다. 그의 사상을 계승했던 플라톤의 견해에 따르면 진정한 아름다움은 감각적 대상에 내재하는 성질이 아니다. 진정한 아름다움은 감각적 세계의 원형인 이데아의 세계에만 존재하는데 이러한 이데아들에게 아름다움을 부여하는 궁극적인 근원은 아름다움의 이데아이다. 감각적 대상들이 아름답게 느껴지는 것은 이러한 아름다움의 이데아에 참여하여 그 속성을 나눠가지기 때문이다. 그리고 이러한 아름다움의 이데아는 궁극적으로는 최고의 이데아인 선의 이데아와 본질적으로 동일하거나 그에 귀속된다. 따라서 플라톤에게서 아름다움은 윤리적·형이상학적인 의미를 부여받는다. 경험론자로서 버크는 이러한 윤리적·형이상학적 아름다움에서 완전히 결별한다. 그의 미학 이론이 앞에서 언급한 것처럼 윤리적 가치평가로부터 벗어나 있는 이유도 여기서 찾을 수 있다.

둘째로, 어떤 학자들은 아름다움을 사물에 내재하는 객관적인 속성으로 파악하였다. 이러한 견해를 표방한 대표적인 예로는 피타고라스학파를 들 수 있다. 이들에 따르면 아름다움은 사물에 내재하는 비례와 균형, 조화와 같은 성질을 지닌다. 물론 이들이 우리가 구체적으로 발견하는 감각적 사물에서 언제나 이러한 속성들을 발견할 수 있다고 생각한 것은 아니었다. 이러한 속성들은 오히려 수학적 비례를 반영하는 기하학이나 음악과 같은 영역에서 발견될 수 있었다. 따라서 감각적 자연 대상들의 아름다움은 이렇게 미리 존재하는 객관적인 기준에 비추어 거기에 부합하는 경우에 한하여 인정되었다. 건축이나 조각 같은 분야에서도 이렇게 미리 존재하는 아름다움의 객관적 기준에 맞추어 생산된 것만이 아름답다는 평가를 들을 만한 가치가 있었다. 황금분할의 비율이나 8등신의 비율 등이 이러한 객관적 기준의 대표적인 예로서 제시되었다. 이러한 견해는 버크의 시대까지 상당한 영향력을 지니고 있었다. 그런데 이런 견해에 대해 몇 가지 문제가 제기될 수 있다. 우선 비례나 균형, 조화와 같은 특성들은 아름다움의 속성이지 아름다움 자체는 될 수 없기 때문에 여전히 아름다움 자체를 정의해야 하는 문제가 남는다. 게다가 어떤 근거로 특정한 비례나 균형이 아름답다고 할 수 있는가 하는 문제가 항상 제기될 수 있다. 또 어떤 특정한 경우에 특정한 비례가 아름답다고 인정될 수 있다 하더라도 그것이 과연 다른 경우에도 보편적으로 적용될 수 있는가 하는 문제가 제기될 수 있다. 이런 문제에 대해서 버크의 이론은 어떤 답을 제시하고 있을까? 우선, 철저하게 경험론에 입각해 사유하는 버크는 우리가 경험적으로 아름답다고 느끼는 것을 넘어서서 선험적으로 존재하는 아름다움의 정의를 발견할 수 있다고 생각하지 않았다. 실제로 이 책의 서론으로 제2판에 첨부한 취미론에서 그는 정의의 방식을 통하여 어떤 개념의 의미에 관한 혼란을 제거하는 것은 그리 좋은 방법이 아니라고 주장한다. 물론 트집 잡을 빌미를 주지 않기 위해 자신이 생각하는 취미의 뜻을 제시하고 있기는 하지만 그것을 선험적인 정의라고 주장하지는 않았다. 아름다움에 대해서도 마찬가지다. 아름다움을 "사랑이나 그와 유사한 어떤 감정을 불러일으키는, 어떤 대상 속에서 발견되는 성질"(제3부 제1절)이라고 정의하고 있지만 그 정의는 결코 선험적인 정의는 아니다. 그가 고찰하고자 했던 것은 우리가 경험적으로 아름답다고 느끼는 경우에 그러한 감정을 불러일으키는 대상들에게서 어떤 특징을 발견할 수 있는가 하는 문제였다. 그리고 이러한 연구를 통해 그가 발견한 특징들은 전통적인 이론에서 제시했던 비례와 균형, 조화, 완전성, 적합성 등이 아니라 작음, 부드러움, 달콤함, 가냘픔, 지속적인 변화 등이었다. 여기서 기존 이론들과의 차이점이 분명하게 드러난다. 우선 그의 이론은 선험적으로 존재하는 아름다움의 기준을 부정하고 철저하게 경험적으로 아름다움의 특성을 파악하는 데 초점을 맞추고 있다. 둘째로, 그의 이론은 전통적인 이론에서 제시했던 아름다움의 기준에서 벗어나 새로운 기준들을 제시한다. 그런데 이런 특성들 각각이 언제나 아름다움의 특성인 부드러운 사랑의 감정을 불러일으키지는 않는다. 작지만 지속적인 변화를 보이지 않거나 부드럽지만 커다란 대상은 아름답지 않다. 따라서 개별적으로 아름다움의 속성이라 제시된 여러 가지 기준들은 항상 상대적인 가치를 지니며 예외를 허용한다. 또 버크는 어떤 근거로 비례나 균형이 아름다운가 하는 것도 설명할 수 없지만 작고 부드러운 사물이 왜 아름다운지도 마찬가지로 설명할 수 없다고 생각했다. 어떤 현상, 여기서는 아름다움이나 숭고의 궁극적 원인에 도달할 수 있다는 믿음은 인간의 유한한 능력에 비추어볼 때 허황되다는 것이다. 그는 오직 우리가 경험적으로 파악하는 물리적 대상의 어떤 성질이 부드러운 사랑의 감정을 유발하고, 어떤 정신적인 변화가 거꾸로 이런 심리적 현상과 맞물려 있는 신체적 변화를 일으키는가에 대한 설명만을 제시하고자 했다. 보편적인 아름다움의 기준으로 적용될 수 있는 비례가 존재하는가에 대해서 버크는 단호하게 부정적인 태도를 취한다. 어떤 한 대상에게 아름다움의 기준으로 적용되는 비례가 다른 종에 속하는 대상에게서는 그런 기준으로 제시될 수 없는 경우를 경험적으로 무수하게 확인할 수 있기 때문이다. 하지만 그렇다고 해서 그가 이러한 견해를 완전히 버렸다고 말할 수도 없다. 그는 작음이나 부드러움, 지속적인 변화와 같은 속성들이 선험적으로 어떤 대상 내에 존재한다고 말하지는 않지만 경험을 통하여 이런 속성들을 만날 때 그러한 속성을 지닌 대상들이 아름답다고 주장한다. 이런 측면에서 버크가 한편으로는 여전히 아름다움을 대상의 속성으로 파악하고 있다고 말할 수도 있다. 이것이 그와 데이비드 흄의 취미론 사이에 어떤 차이를 낳게 되는지에 대해서는 나중에 살펴보기로 하겠다.

셋째로, 어떤 이들은 아름다움을 우리에게 즐거움을 제공하는 것이라고 정의했다. 버크도 『탐구』에서 근본적으로는 이러한 견해를 따르고 있는 듯이 보인다. 아름다운 사물에게서 우리가 느끼는 감정이 즐거움이라는 그의 주장이 이를 뒷받침해준다. 물론 이 경우 어떠한 즐거움을 의미하는가에 따라 아름다움의 구체적 내용에는 다양한 차이가 존재한다. 고대 그리스의 소피스트들이 아름다움의 기준으로 제시했던 즐거움은 상대주의적 성격을 띠고 있었다. '인간은 만물의 척도다'라는 기준에 따라 각자에게 즐거움을 주는 것은 무엇이든지 아름답다고 판단할 수 있다면 결국 아름다움에 대한 보편적이고 객관적인 기준을 제시하는 것은 불가능해지기 때문이다. 이에 비해 버크가 제시하는 아름다움의 기준은 앞서 밝혔듯이 상대적이라고 보기에는 상당히 구체적이며 어느 정도는 보편적으로 규정 가능한 특징을 보인다. 또 아리스토텔레스에게서는 '고상한 즐거움'으로 파악되었던 숭고의 효과를 그는 아름다움이 주는 즐거움과는 뚜렷이 구별하여 파악한다. 숭고한 대상을 접할 때 우리가 느끼는 것은 실질적인 즐거움이 아니라 일종의 안도감(delight)[6]이다. 이렇게 그는 아름다움과 숭고의 개념을 분명하게 구별한다. 그렇다면 이러한 숭고가 버크에게 어떤 의미를 지니고 있었는지 알아보기로 하자.

2 – 숭고

철학사적으로 숭고가 아름다움과는 구별되는 독특한 미학적 범주로 인정받게 되는 것은 우리가 고찰하고 있는 버크의 『탐구』에 이르러서였다. 그 이전에 숭고는 대부분 아름다움의 하위범주로서만 인정을 받았기에 숭고에 관한 체계적인 고찰을 찾기란 쉽지 않다. 그러나 서구 미학사를 살펴보면 내용적으로는 숭고가 끊임없이 실제적인 연구대상이 되어왔음을 알 수 있다. 게다가 숭고가 아름다움과는 어울리지 않거나 심지어 모순되는 특성을 지니기 때문에 아름다움을 다루는 이론 안에서 끊임없이 내적 갈등을 야기해왔다는 사실 또한 알 수 있다. 그렇다면 숭고 개념이 미학 논의에 이러한 모순과 내적 갈등을 불러일으킨 이유는 무엇일까?

숭고 개념의 어원이 된 그리스어 휩소스(ὕψος)는 '높이, 고양(高揚)'이라는 뜻을 지니고 있었다. 이 어의가 전성되어 고대의 시인들이 신들린 상태에서 시를 낭송할 때 느끼는 영혼의 고양을 가리키게 되었다. 그리고 이러한 감정적 고양의 결과는 카타르시스였다. 종교와 예술이 분리되지 않았던 고대 그리스에서 사람들은 시인이 신의 대변자 역할을 한다고 믿었다. 신이 시인의 입을 빌려 이야기할 때 시인은 일상적인 자아에서 벗어나서 일종의 광적인 정신 상태를 갖게 되는데, 숭고는 바로 이러한 상태를 가리키는 말이었다. 이것이 플라톤에 의하여 처음으로 철학적 고찰의 대상이 된다. 그런데 바로 플라톤 자신이 이에 대해 이중적인 태도를 취한다. 한편으로 그는 자신이 건설하고자 했던 이상 국가에서 시인을 추방해야 한다고 주장하면서 시인들이 신의 대변자 역할을 할 때 빠지게 되는 황홀경의 상태를 그 근거로 든다. 진정한 이상 국가 건설을 위해서는 이성(로고스)이 국민들을 인도하는 통치 원리여야 하는데 시인이 전달하는 강력한 파토스는 사람들을 이러한 로고스로부터 벗어나게 만들 위험이 있기 때문이다. 하지만 그는 다른 한편 진리에 도달하기 위해서는 이러한 일종의 광기가 필요하다고 주장한다. 그에게 로고스의 반대는 사람들의 억견(δόξα; 독사)이지 광기가 아니었던 것이다.

그렇다면 플라톤의 이러한 이중적 태도를 우리는 어떻게 이해해야 할까? 이 물음에 답하기 전에 우선 예술에 대한 그의 태도를 아름다움을 포함하여 좀 더 폭넓게 살펴보기로 하자. 앞서 보았듯이 플라톤에 따르면 진정한 아름다움은 이데아의 아름다움이며 우리가 경험하는 감각적 대상의 아름다움은 이러한 이데아의 이상적인 아름다움의 모상에 불과하다. 따라서 이러한 대상들은 이데아보다 훨씬 덜 아름답다. 게다가 조각이나 회화예술을 통하여 감각적 대상들을 다시 한번 모사할 경우 그 아름다움의

286

격은 더 낮아질 수밖에 없다. 이렇게 되면 인간이 진정으로 추구해야 하는 최고의 가치인 선의 이데아와 신적인 아름다움으로부터 점점 더 멀리 벗어나게 되기 때문이다. 따라서 조형예술과 그를 통해 구현되는 모방의 아름다움을 통해서는 진정한 이데아의 세계에 도달할 수 없다. 그렇다면 인간은 어떤 길을 통해서 거기에 도달할 수 있는 것일까? 플라톤에 따르면 일상적으로 우리는 이데아를 직시하지 못하고 이데아의 그림자에 불과한 가상의 세계를 마치 진짜인 양 믿고 살아간다. 그렇다면 어떻게 이러한 억견의 세계로부터 벗어나 이데아의 세계로 우리 영혼의 눈을 돌릴 수 있을 것인가? 플라톤은 이를 위해 진리에 대한 사랑(에로스)이 필요하며 우리를 강하게 사로잡고 있는 감각적 대상의 세계로부터 벗어나기 위해서는 우리의 영혼이 이러한 사랑으로 인해 강렬한 고양의 상태에 들어가야 한다고 말한다. 그리고 로고스의 기능은 이러한 사랑이 맹목적이 되어 길을 잘못 들지 않게 하는 것이다. 따라서 진리에 도달하기 위해 필요한 이성과 숭고의 감정 사이의 관계는 긴장을 수반한 동반자적 협력관계라고 말할 수 있다. 이런 관계를 통하여 진·선·미의 조화와 일치가 달성될 수 있고 이것이 인간의 영혼이 추구해야 할 궁극적 목적이다. 따라서 플라톤이 이상 국가에서 추방하려 했던 시인은 이렇게 이성의 인도를 받지 않고 신들린 상태에서만 시를 낭송하여 사람들을 미혹케 할 위험이 있는 시인이었다. 그렇게 되면 화가나 조각가와 마찬가지로 시인도, 그 시인의 시를 듣는 청중들도 진정한 의미에서의 선의 이데아, 신적인 아름다움에는 도달할 수가 없기 때문이었다. 그렇다면 문제는 진리에 도달하기 위해 필요한 로고스와 숭고의 감정 사이의 조화가 어떻게 이루어질 수 있는가이다. 이 물음은 오늘날에도 여전히 미결인 채로 남아 있다. 유한한 인간에게 이성과 감성의 영속적 일치가 불가능한 한, 이 문제는 아마도 영원히 풀리지 않는 수수께끼로 남을 것이다. 철학은 존재의 본질에 관한 끊임없는 물음이라는 하이데거의 말은 바로 이러한 인간 실존의 근원적 한계를 지적한 것이라고 볼 수 있다. 어쨌든 이 문제에 대해 서구 철학사를 통해 제시된 해결책들은 대개 이성을 통하여 파악되는 아름다움을 논의의 중심에 두고 그 하위범주 중 하나로 숭고를 언급하는 형태로 제시되어 왔다. 니체 식으로 표현하면 이것은 아폴론적인 것이 디오니소스적인 것을 억압해온 서구 철학의 오래된 전통이었다. 이렇게 되면 신들린 상태는 더 이상 숭고의 특징이 되지 못하게 되고 숭고는 상당히 이성적인(?) 형태를 띠게 된다. 이것은 이미 아리스토텔레스의 『시학』에서도 확인된다. 여기서 아리스토텔레스가 비극의 효과로 제시하고 있는 카타르시스 개념은 숭고의 체험구조를 그대로 지니고 있다. 다만 그 강도가 상당히 약화되어 디오니소스 제전에서와 같은 망아(忘我)의 상태는 더 이상 느끼지 못하게 될 뿐이다. 특히 사유하는 자아를 철학적 기반으로 삼은 근대 철학의 등장이후에는 이러한 경향이 더욱 강해져서 숭고함은 더 이상 '탈존적(脫存的) 황홀경'이나 '신들린 상태'가 아니라 이보다 훨씬 완화된 '정서적 감동'만을 의미하게 된다. 버크도 직접적인 위험에서 벗어나 심리적인 거리를 둘 수 있는 것을 비극에서 숭고를 느끼기 위한 필요조건으로 파악한다.[7] 이런 점에서 그도 여전히 이렇게 숭고를 완화된 '정서적 감동'으로 파악하는 전통 안에 머물러 있다.[8] 어쨌든 그는 숭고한 대상이 우리 안에 불러일으키는 원래의 감정인 '경악'(astonishment)[9]과 그 완화된 형태인 '경외, 숭배, 존경'을 구분함으로써 원래의 숭고와 완화된 '정서적 감동'을 체계적으로 분류한다.

플라톤이나 아리스토텔레스의 저술은 숭고를 체계적으로 다루지는 않는다. 물론 숭고를 중심주제로 다룬 고대문헌들이 존재했다고 전해지지만 지금까지 전해져 내려오는 것으로는 롱기누스의 『숭고론』이 유일하다. 이 책은 숭고에 관한 이후의 거의 모든 논의에서 언급되고 있는 매우 중요한 저술이다. 버크도 『탐구』의 제1판 서문에서 직접적으로 이 책을 거론한다. 따라서 숭고에 관한 미학사적 논의에서 이 책은 필수불가결한 고찰대상이다. 『숭고론』은 수사학적 저술로 숭고한 문체의 특성을 다룬다. 롱기누스에게 숭고한 문체는 우선 독자의 영혼으로 하여금 강한 감동을 통해 스스로에게서 벗어나게 하는 특성을 지닌다. 이런 의미에서 그의 숭고론은 고대의 디오니소스적인 '탈존적 황홀경'의 계기를 포함한다. 하지만 롱기누스 역시 이렇게 강렬한 감성적 계기에 이성의 적절한 통제가 결합되어야 진정으로 고상한 문체를 이룰 수 있다고 주장한다. 물론 『숭고론』이 문학적 서술에서 수사적 기교보다는 영감과 열정을 강조하는 플라톤적 전통 위에 서 있기는 하지만 다른 한편 바로 그 전통에 입각하여 영감과 열정에 대한 제어장치로서의 로고스의 기능도 마찬가지로 강조하고 있는 것이다. 또 롱기누스에게 숭고와 아름다움은 대립되거나 구별되는 개념이 아니다. 어떤 경우에는 두 개념이 거의 같은 의미로 쓰이기도 한다. 버크는 "숭고와 아름다움이 자주 혼동되고 있으며 서로 매우 다른 사물들이나 때로는 정반대되는 성질을 지닌 사물들에게 무차별적으로 적용"되고 있는데 롱기누스도 예외가 아니라고 주장한다. 다른 이들과 마찬가지로 그도 "숭고라는 하나의 명사 안에 서로 극단적으로 대립되는 사물들을 포함시켰다"는 것이다.[10] 따라서 버크에 따르자면 롱기누스도 아름다움과 숭고를 따로 구분하여 체계적으로 고찰하지는 못했다고 말할 수 있다. 하지만 그 이후 근대에 이르기까지 숭고에 대해 언급하는 이론적 전통마저 거의 자취를 감춘다. 17~18세기에 이르러서야 비로소 다시 숭고에 대한 이론적인 연구가 등장하게 된다.

2)『탐구』의 토대가 된 근대 철학의 이론적 지평

『탐구』가 직접적으로 기대고 있는 철학적 지평은 존 로크에 의해 확립된 영국의 경험론적 전통이다. 이를 통해 그는 예술현상이나 자연의 아름다움을 기하학과 같이 체계적인 형태를 통해 해명하려는, 부알로(Nicolas Boileau; 1636~1711)나 뒤보(Abbé Du Bos; 1670~1742)로 대변되는 프랑스의 합리주의적 경향과 대결하고 있다. 이 책에서도 곳곳에서 이러한 대결의 흔적을 엿볼 수 있다. 그 대표적인 예가 시와 회화 사이의 관계에 대한 뒤보의 주장에 대한 그의 비판이다.

> 뒤보 수도원장은 […] 시보다 회화가 더 사람의 마음을 많이 움직인다고 주장한다. 그 주된 이유를 그는 회화가 시보다 더 명확하게 관념을 재현한다는 사실에서 찾고 있다. 평소에는 판단력이 매우 뛰어난 그가 이런 실수를 (만일 실수라면) 하게 된 것은 그 자신의 사상체계 때문이라고 나는 생각한다. 경험에 따르는 것이 좋다고 내가 생각하는 것보다 더 많이 그는 자신의 사상체계에 따르는 편이 낫다고 생각했던 것이다.[11]

여기서 그는 합리적인 체계적 설명을 우선적 과제로 설정하는 철학적 성향이 빠지기 쉬운 오류에 대해 지적한다. 경험적 관찰에 따르면 회화 작품보다는 시가 훨씬 더 사람의 마음을 움직이는 경우가 많다. 그런데 뒤보는 시각을 다른 감각보다 더 우월하다고 파악하고는 시각이 곧 인간에게 더 많은 감동을 준다는 잘못된 추론을 도출해내고 있다는 것이다. 물론 여러 감각들 가운데 시각을 가장 뛰어난 것으로 파악하는 경향은 비단 합리주의 진영에만 국한된 현상은 아니다. 아름다움과 숭고의 문제에 관하여 버크에게 많은 영감을 제공했던 영국의 경험론자 조지프 애디슨 (Joseph Addison; 1672~1719)도 자신의 논문 「상상력의 즐거움」 (Pleasures of the Imagination)에서 시각이 다른 모든 감각보다 탁월하다고 주장한다. 버크 자신도 이 책의 서론으로 첨부한 취미론에서 적어도 감각 자체의 능력에 관해서는 마찬가지 주장을 한다. 실제로 이것은 플라톤 이래로 서구 철학사를 관통하는 아주 오랜 전통이다. 사물의 본질을 시각과 관련된 이데아라는 개념으로 파악하는 데서 이미 이러한 경향이 나타났으며 이것은 독일의 철학자 하이데거나 그의 뒤를 이어 여러 포스트모더니즘 철학자들이 로고스 중심주의를 비판하고 나설 때까지 수천 년 동안 흔들림 없는 철학의 기본이념으로 기능했다. 따라서 버크가 이것을 거부하고 언어적 표현을 통한 감동을 강조한 것은 당시로 보아서는 획기적인 시도라고 할 수 있다.

버크가 이렇게 새로운 시도를 할 수 있었던 철학적 근거는 앞서 밝혔다시피 로크의 경험론이었다. 그렇다고 해서 그는 로크의 입장을 그대로 답습하지는 않았다. 즐거움과 고통의 관계에 대해서 그는 로크의 견해를 정면으로 반박한다. 로크에 따르면 즐거움은 고통이 사라지거나 감소함으로 인해 나타나는 결과이며 반대로 고통은 즐거움이 사라지거나 감소함으로 인해서 나타나는 결과이다. 하지만 버크에 따르면 이 두 감정은 서로 독립적이다. 이것이 그가 아름다움과 숭고를 서로 독립적으로 다루는 근거이다. 아름다움은 우리에게 즐거움을 주는 대상의 성질이며 숭고는 공포를 통해 우리에게 안도감을 주는 성질이다. 물론 그 공포의 대상이 직접적으로 우리에게 해를 미치지 않는 경우에 한해서 말이다. 이러한 그의 입장은 아름다움과 숭고를 함께 취급하고 숭고를 아름다움의 하위 개념쯤으로 치부하던 당시의 다른 학자들, 예를 들어 섀프츠베리나 애디슨, 허치슨 등의 이론과 뚜렷하게 구별된다.

아름다움 자체에 대해서도 이들은 여전히 전통적인 견해에 머무르고 있었다. 경험론적인 입장과 합리론적인 입장을 함께 지니고 있던 섀프츠베리에 의하면 자연적인 아름다움과 도덕적인 아름다움, 다른 말로 하면 미와 선은 본질적으로 동일한 것이다. 심지어 그에게 세상에서 가장 자연적인 아름다움은 정직함의 아름다움이다. 여기서 진·선·미의 세 이념은 여전히 밀접하게 연관되어 파악되고 있다. 이러한 경향은 허치슨에게서도 계속 나타난다. 그리고 이들은 경험론에 입각하여 아름다움에 대한 지각에

해제

는 어떠한 오성적인 요소도 포함되지 않는다고 말하면서도 아름다움의 기준으로 여전히 비례와 균형, 조화 등을 제시한다.『탐구』에서 버크가 제3부 제2절에서 제5절까지 많은 지면을 할애하여 비례와 균형이 아름다움의 원인이 될 수 없음을 밝히는 이유가 여기에 있다.

숭고에 관해서 살펴보자. 롱기누스 이후 숭고를 아름다움과 구별하여 다루는 경향은 자취를 감추었다. 그러다 17세기 들어 롱기누스의『숭고론』이 이탈리아어, 프랑스어와 영어로 각각 번역되어 나오면서 다시 학자들의 관심을 끌기 시작했다. 하지만 이들의 관심은 우선『숭고론』의 대상이었던 수사학에서의 문체와 관련되어 있었다. 미학적 범주로서 숭고가 직접적으로 거론되기 시작한 것은 몇몇 영국 학자들이 알프스를 여행하고 돌아와서 그때 느낀 느낌을 서술하면서부터였다. 이들은 직접적으로 '숭고'라는 단어를 사용하지는 않았지만 그 내용으로 보아 오늘날 우리가 숭고라고 부르는 감정을 서술하고 있음을 쉽게 알 수 있다. 제일 먼저 알프스 여행담을 발표한 이는 존 데니스(John Dennis)였다. 그는 1693년 출간한 문집에서 알프스를 여행하면서 접한 대자연의 모습에 대해 느낀 감정을 "공포, 때로는 거의 절망이 뒤섞인 즐거움"이었다고 서술한다. 이렇게 해서 그는 당시까지 주로 문학비평과 관련이 있는 수사학적 용어였던 '숭고'를 시각적으로 경험한 자연의 모습에서 느끼는 공포의 감정을 묘사하는 데 사용하였고 이를 통하여 숭고가 아름다움과 구별되는 미학적 용어로 발전하게 되는 계기를 마련하였다. 그러나 이렇듯 숭고와 아름다움이 분명하게 대립되는 관념으로 파악되고 있지만 그가 느낀 "공포가 섞인 즐거움"은 '숭고'라는 용어로 지칭되지 않았을뿐더러 체계적으로 분석되지도 못했다. 섀프츠베리도 알프스를 여행한 경험을 1709년 발표했다. 그는 알프스의 황량한 자연에서 즐거움과 동시에 혐오감을 느꼈다고 증언했으며 그 풍경을 "고상한 폐허"(noble ruin)라고 묘사하였다. 하지만 그에게 아름다움과 숭고는 정도의 차이만 있을 뿐 동일한 본질을 지니고 있었다. 숭고함은 무한한 공간에 대한 경외심과 관련이 있고 숭고는 보통의 아름다움보다 훨씬 더 장엄하고 중요한 성질이지만 그 본질에 있어서는 아름다움과 차이가 없었던 것이다. 세 번째로 알프스 기행의 느낌을 발표한 이는 조지프 애디슨이었다. 그는 1712년 『관객』지에 기고한 글에서 알프스는 사람의 마음을 "즐거운 공포"로 가득 채운다고 말했다. 그는 이러한 대상을 직접 숭고라는 단어를 사용하지는 않고 '경계가 없는'(unbounded), '한이 없는'(unlimited)과 같은 형용사를 사용하여 묘사했다. 그리고 그는 상상력이 주는 즐거움을 세 가지로 구분했는데 하나는 새로움 또는 비범함에서 비롯되는 즐거움이고, 다른 하나는 아름다움에서 비롯되는 즐거움이며, 마지막은 거대함(greatness)에서 비롯되는 즐거움이다. 이 중에서 바로 거대함이 버크가 『탐구』에서 논하는 숭고함의 필수적인 구성 요소이다. 이외에도 마크 아켄사이드(Mark Akenside)의 『상상력의 즐거움』(*Pleasures of the Imagination*; 1744), 에드워드 영(Edward Young)의 『야상』(*Night Thoughts*; 1742)도 마찬가지로 『탐구』의 숭고 개념 형성에 중요한 영향력을 행사했다. 그러나 이들의 글 속에 숭고의 개념이 다루어지고 있는 것은 사실이지만 직접 숭고라는 용어로 지칭되지는 않았으며 아름다움과의 관계가 체계적으로 분석되지도 않았다. 『탐구』에 이르러서야 비로소 숭고와 아름다움이 상호 배타적인 관념으로 파악되고 체계적으로 분석되게 된 것이다. 그렇다면 이제 그 체계적 분석의 내용이 어떠한지 살펴보기로 하자.

3. 『탐구』해설

1) 서론(취미론)

버크는 제1판에는 없던 이 서론을 제2판에 덧붙인 이유를 제2판 서문에서 다음과 같이 밝힌다.

> 내 이론을 실질적으로 바꿀 만한 이유는 발견하지는 못했지만, 내용을 더 명확하게 하기 위해서 여기저기 부연해 설명하거나 예를 들고 논의를 보강할 필요가 있다고 느꼈기에 이러한 결함을 고치기 위해 최선의 노력을 다하겠다고 새롭게 다짐하였다. 그래서 취미에 관한 서론을 앞에 첨부하였다. 취미는 그 자체로도 흥미로운 주제이면서 자연스럽게 우리를 이 연구의 주된 주제로 이끌어주기 때문이다.

당시 중요한 미학적 논의의 대상으로 떠올랐던 취미에 대한 논의를 통해 자연스럽게 아름다움과 숭고의 개념에 대해 독자들의 관심을 유도하고자 하는 것이 그의 의도였다. 여기서 그는 취미에 대한 데이비드 흄(David Hume; 1711~1776)의 철저하게 심리학적인 견해와 결별한다. 버크의 『탐구』 제1판이 출간되던 해인 1757년 흄은 「취미의 기준에 관하여」(Of the Standard of Taste)라는 짧은 논문을 출간한다. 흄에게 아름다움은 철저하게 심리적인 현상이다. 그에 따르면 "아름다움은 사물 자체 안에 존재하는 성질이 아니다. 그것은 오직 사물들을 관찰하는 우리의 정신 안에서만 존재한다."**12** 게다가 사람들에게는 각자 다른 아름다움의 기준이 있어서 '실재하는 아름다움'(real beauty)을 찾는다는 것은 부질없는 짓이다. 흄에 따르면 신체 기관들의 특성에 따라 동일한 대상이 단맛을 낼 수도 있고 쓴맛을 낼 수도 있다. 그리고 이러한 현상은 단지 미각뿐만 아니라 정신적 능력으로서의 취미에도 그대로 해당된다. 일정한 자격을 갖춘 비평가들에 의해 예술 작품의 아름다움을 평가하는 데 사용 가능한 취미의 기준이 정립될 수는 있지만 그 또한 언제든 변화될 수 있는 상대적 지위만을 지닌다. 하지만 버크는 이러한 흄의 회의주의적 취미론을 단호하게 거부한다. "'미각에 관해서는 논쟁이 부질없다'는 말은 어떤 특정한 사물의 맛이 어떤 특정한 사람으로 하여금 어떤 즐거움이나 고통을 느끼게 할 것인가 하는 질문에는 어느 누구도 정확하게 대답할 수 없다는 것만을 뜻한다. 여기에 대해서는 정말 어떤 논쟁도 있을 수 없다. 하지만 어떤 사물이 자연 상태에서 즐거움을 줄 것인지 불쾌감을 줄 것인지에 대해서는 논쟁이 가능하며 그것도 결론을 내리기에 충분할 정도로 아주 분명하게 논지를 펼 수 있다." 버크에 따르면 이성의 사용과 마찬가지로 취미에 대해서도 확고한 논리가 존재한다. 이러한 주장을 뒷받침하기 위해 그는 취미를 뜻하는 영어 단어 taste가 원래 지칭하던 미각(味覺)을 관찰한다. 우리가 느끼는 음식의 맛에는 일정한 법칙이 존재하며 이에 대해서는 모든 이들이 동의한다는 것이다. "식초가 신맛이 나고 꿀은 달콤하며 알로에는 쓴맛이 난다는 데는 누구나 동의한다." 습관이나 기타 이유로 체득한 맛은 사람마다 다를 수 있다. 하지만 그렇다고 해서 우리가 자연사물에서 원래 느끼는 맛을 구분하지 못하는 경우는 없다. 시각적 즐거움의 경우에는 미각적 즐거움보다 더 확고한 원리가 존재하며 습관이나 연상 작용으로 인해 변질되지도 않는다. 따라서 취미에는 모든 인간에게 해당되는 보편적인 원리가 존재하는 것이다. 사실 사람들이 취미의 차이라고 부르는 것은 단지 지식의 차이에 불과하다. 취미가 판단력과 연관되지 않고 상상력과만 관련되는 한 그 원리는 모두에게 동일하다. 그렇다면 취미의 대상인 아름다움과 숭고에 대해서도 우리는 모든 사람에게 해당되는 보편적인 원리를 발견할 수 있다는 결론이 쉽게 도출된다. 이로써 버크는 본론을 시작하기 전에 독자들로 하여금 자신의 주장에 귀를 기울일 수밖에 없는 분위기를 조성한다.

2) 본론

이 책의 제1부에서는 경험적으로 확인할 수 있는 아름다움과 숭고의 원인을 다루기에 앞서 일반적인 논의를 전개한다. 제2부에서는 숭고, 제3부에서는 아름다움의 원인에 대해서 다룬 뒤, 제4부에서는 숭고와 아름다움의 원인에 대해 다시 한번 체계적으로 부연 설명한다. 제5부에서는 주로 감각과 관련하여 다루어진 논의에서 벗어나 언어를 통해서 감동을 주는 시의 효과를 다룬다. 전체적인 체계로 볼 때 제5부는 나머지 부분과 어느 정도는 동떨어진 주제를 다루고 있는 것처럼 보이지만 실제로는 그렇지 않다. 오히려 제1부에서 제4부까지 내용 중에서 모호했던 부분들을 더 명확하게 설명해주는 기능을 하고 있으며 다른 한편 단순한 감각의 영역뿐만 아니라 이성 또는 판단력의 영역에서도 취미의 원리가 발견될 수 있다는 그의 믿음을 확증해준다. 이러한 그의 태도는 헤겔이 자신의 미학 강의에서 시를 예술이지만 이미 예술을 넘어선 예술로 파악하는 것과도 맞닿아 있다.

1 - 제1부

제1절에서는 아름다움과 숭고의 필요조건으로서의 새로움에 대해 언급한다. 어떤 대상의 아름다움이나 숭고함을 통해 즐거움이나 안도감을 느끼기 위해서는 그 대상이 진부한 것이어서는 안 된다. 하지만 버크는 이러한 새로움이 절대로 우리가 느끼는 즐거움이나 안도감의 충분조건, 즉 진정한 원인이 될 수는 없다고 주장한다.[13] 이것은 또 「상상력의 즐거움」에서 인간이 누리는 즐거움의 궁극적 원인으로 거대함, 새로움, 아름다움을 들고 있는 조지프 애디슨의 견해에 대한 반박이기도 하다.[14] 버크에 따르면 새로움은 인간이 느끼는 즐거움의 궁극적 원인이 될 수 없다. 그러기에는 새로움을 추구하는 우리의 호기심이 너무나 피상적이기 때문이다. 따라서 아름다움과 숭고의 진정한 원천은 다른 곳에서 찾아져야 한다.

제2절에서 제5절까지는 아름다움과 숭고의 기준이 되는 고통과 즐거움에 관한 서술이다. 버크가 이렇듯 아름다움과 숭고의 원인에 대해서 살피기 전에 고통과 즐거움에 대해서 고찰하는 것은 고통과 즐거움이 아름다움과 숭고와 밀접한 관계를 맺고 있기 때문이다. 여기서도 그는 동시대의 다른 학자들과 견해를 달리 한다. 애디슨이 인간이 느끼는 즐거움의 원인으로 든 세 가지 중 거대함은 숭고에 비견되는 것이다. 따라서 그는 숭고한 대상에서 느끼는 즐거움이나 아름다운 대상에서 느끼는 즐거움을 엄밀

해제

하게 구분하지 않는다.[15] 하지만 버크에 따르면 아름다움이 불러일으키는 감정은 즐거움인 반면, 거대함, 즉 숭고가 불러일으키는 감정은 그것과는 뚜렷하게 구별되는 안도감이다. 아름다운 대상은 우리에게 사랑의 감정을 불러일으키며 그로 인해 우리는 긴장이 완화된 상태에서 즐거움을 느낀다. 반면 숭고한 대상은 우리에게 공포와 두려움을 불러일으킨다. 이러한 대상이 우리에게 직접 그 힘을 행사하게 되면 우리는 실제로 공포와 두려움을 느끼게 되고 그로 인해 고통을 느낀다. 하지만 이런 대상이 직접 우리에게 해를 끼치지 않고 우리가 어느 정도 거리를 두게 되면 이런 대상들은 일종의 안도감을 불러일으킨다. 이에 근거하여 버크는 숭고는 고통과 관련이 있으며 아름다움은 즐거움과 관련이 있음을 주장한다.

제6절 이하에서 버크는 이런 견해에 입각해서 숭고와 아름다움을 우리 인간에게 내재하는 두 가지 본능과 연관시킨다. 하나는 인간의 자기보존 본능(제7절)과, 다른 하나는 종족보존 본능(제8절)과 관련되어 있다. 전자는 자신의 안전이 위험에 처했을 때 인간이 느끼는 감정으로 숭고와 관련되어 있고 후자는 사랑의 감정과 관련이 되어 있지만, 그렇다고 해서 성욕과 직접적으로 관련되어 있지는 않다. 특히 아름다움의 원천이 되는 사랑의 감정은 오히려 그러한 격렬한 감정이 배제된 차분한 상태를 가리킨다. 따라서 이럴 경우 아름다운 대상은 열광적인 기쁨보다는 잔

잔한 기쁨을 자아낸다. 제10절에서 버크는 아름다움을 사회적인 성질이라고 파악하는 이유에 대해서 설명한다. 그에 따르면 아름다운 대상은 우리로 하여금 기쁨을 느끼게 하고 따라서 그 대상을 우리 곁에 두고 싶어하게 만들기 때문이다. 따라서 고독은 대부분 우리에게 고통을 안긴다(제11절). 이러한 사회적인 감정들을 공감, 모방, 야망으로 열거한 다음(제12절) 그는 그 특성 각각에 대해서 자세하게 다룬다. 제13절에서 이러한 공감의 효과에 대해 논한 다음 버크는 이렇게 주장한다. 다른 사람의 고통을 목도하면서 느끼는 공감으로 인해 숭고의 경우와 같이 일종의 안도감을 느끼게 된다는 것이다(제14, 15절). 제16절에서 버크는 모방의 효과에 대해서 다루고 있다. 그에 따르면 모방은 사회를 이어주는 가장 강력한 유대 관계 중 하나이다. 하지만 전적으로 모방에만 집착하게 되면 아무런 진보가 없을 것인데 다른 사람보다 뛰어나기를 바라는 심성 때문에 우리가 단순한 상호모방에 머물지 않고 창조적 발전을 이룰 수 있다고 그는 주장한다. 이것이 그가 제17절에서 야망을 다루는 근거이다. 제18절에서는 이제까지 논의한 내용을 요약한 다음 제19절의 결론 부분에서 제1부의 내용 전체가 지니고 있는 의의에 대해서 서술한다. 감정의 근본적 원리에 대한 탐구가 이 연구의 목적이며 이를 위해서는 "감정이 기능하는 다양한 영역들을 추적하여, 외면적으로는 접근할 수 없어 보이는 우리 본성의 내밀한 부분까지 꿰뚫어보아야" 한다.

해제

2 – 제2부

제2부에서는 숭고에 대하여 다룬다. 버크에 따르면 숭고한 대상이 불러일으키는 가장 강렬한 감정은 경악이다. 경악을 느끼는 사람은 완전히 그 대상에 사로잡혀 저항할 수 없게 된다. 그보다 약한 숭고의 효과로는 경탄과 숭배, 존경 등이 있다(제1절). 그러고 나서 버크는 이러한 감정들을 불러일으키는 대상의 특징으로 공포(제2절), 불분명함(제3, 4절), 힘(제5절), 결핍(제6절), 광대함(제7절), 무한함(제8절), 어려움(제12절), 웅장함(제13절), 갑작스러움(제18절), 간헐적으로 지속되는 속성(제19절) 등을 든다. 제2절에서 숭고의 원인으로 제시된 공포는 거대함이나 위험함에서 비롯된다. 제3절에서는 종교와 관련된 공포가 불분명함에서 비롯되는 예들을 들고 있으며 제4절에서는 회화와 시 중에서 회화가 사람의 마음을 더 감동시킨다는 뒤보의 합리주의적 견해를 비판한다. 회화가 제공하는 이미지는 명확하지만 바로 그때문에 숭고의 원인이 될 수 없고 반면 언어를 통해 제공되는 불분명한 이미지는 오히려 공포를 유발함으로써 숭고의 원인이 될 수 있다는 것이다. 이에 대해 더 자세한 논의는 제5부에서 따로 이루어진다. 제5절에서는 강한 힘이 위험과 결합될 때 숭고의 원인이 된다는 사실과 아무리 강한 힘을 가지고 있더라도 위험하지 않을 때는 숭고의 원인이 될 수 없다는 사실을 언급한다. 이것은 자연적인 힘의 경우나 제도에 기인하는 힘에서나 마찬가지로 적용되는

원리이다. 전지전능한 신의 능력도 숭고의 원인이 된다. 심지어 신의 은총으로 인해 느끼는 기쁨도 "두려움에 떨면서 느끼는 기쁨"이다. 제6절에서는 두려움을 자아내는 공허, 어두움, 고독, 침묵 등 모든 전반적 결핍에 대해 간략하게 서술한다. 제7절에서는 광대함이 길이와 높이, 깊이의 측면에 따라 그 효과가 달라짐을 지적하고 있으며, 제8절에서는 숭고의 원인인 무한성이 대부분 인위적 무한성의 특징을 가진다는 사실을 보인다. 실제로 존재하는 자연 대상들 가운데는 무한한 크기를 가진 대상을 발견할 수 없지만 착시현상에 의해 무한하다는 인상을 주는 대상들은 존재하기 때문이다. 이러한 인위적 무한성을 이루는 요소로 버크는 제9절에서 연속과 균일성을 든다. 제10절에서는 건축물의 웅장함을 위해 필요한 특별한 조건에 대해 언급하고 있으며 제11절에서는 웅장함과 아름다움의 관계에 대해 서술한다. 그리고 버크는 이러한 내용들을 시각뿐만 아니라 청각, 촉각, 심지어는 미각과 관련해서도 서술한다. 제14절에서 제16절까지는 시각의 대상인 빛과 색채에 대해 언급하며, 제17절에서 제20절까지는 주로 청각적인 대상을 다루면서 간헐적으로 시각적인 대상도 함께 언급한다. 제21절에서는 후각과 미각, 마지막으로 제22절에서는 촉각과 관련하여 숭고를 불러일으키는 특성을 다룬다.

3 - 제3부

제3부에서는 아름다움에 대하여 논하고 있다. 우선 그는 아름다움에 대한 전통적인 견해들을 비판하고 있다. 제1절에서는 자신이 정의하는 아름다움에 대해 다시 한번 명확하게 개념규정을 한다. 제2절에서 제5절까지는 비례와 균형, 제6, 7절에서는 적합성에 대해 고찰하고, 제8절에서 그 내용을 요약한 다음, 제9절에서는 완전성에 대해 고찰한다. 이러한 특성들이 아름다움의 진정한 원인이 아님을 밝힌 다음, 제10절에서는 정신적인 덕목들을 아름다움과 밀접한 관련을 갖는 것들과 숭고와 밀접한 관련을 갖는 것들로 구분하여 살피는 한편, 제11절에서는 아름다움과 덕을 연관시키는 것도 잘못된 것임을 밝힌다. 이로써 그는 아름다움과 선함을 동일한 것으로 파악하던 섀프츠베리나 허치슨 식의 사고로부터 완전히 벗어난다. 그러고는 아름다움의 진정한 원인에 대해 서술한 다음(제12절), 이러한 진정한 원인으로 작음(제13절), 부드러움(제14절), 점진적인 변화(제15절), 가냘픔(제16절) 등을 든다. 제17절에서 이러한 속성이 색채의 경우에는 어떻게 적용될 수 있는지 밝히고, 제18절에서는 이제까지의 논의를 요약한 다음, 제19절에서는 인상, 제20절에서는 눈과 관련하여 구체적으로 아름다움의 조건을 거론한다. 제21절에서는 추함, 제22절에서는 우아함, 제23절에서는 세련됨과 그럴듯함 등과 같이 아름다움과 반대되거나 비슷하지만 구별되는 특성들에 대해 고찰한 다

음, 제24절에서는 청각, 제25절에서는 촉각, 제26절에서는 미각과 후각과 관련하여 논의를 확장한다. 마지막으로 제27절에서는 제2부에서 논한 숭고의 원인과 제3부에서 언급한 아름다움의 원인을 비교·분석한다.

4 – 제4부

제4부에서는 제2부와 제3부에서 다루었던 아름다움과 숭고의 원인들에 대해서 부연 설명한다. 우선 제1절에서는 숭고와 아름다움의 원인에 대한 개념규정을 좀 더 명확하게 제시한다. 그가 밝혀내고자 하는 원인은 아름다움과 숭고의 궁극적인 원인은 아니다. 그것을 규명한다는 것은 불가능하기 때문이다. 그에게 원인은 우리 내부에 즐거움이나 안도감이 생겨나게 하는 대상의 어떤 특성이다. 제2절에서는 관습에 의해 생겨난 연상 작용이 숭고와 아름다움의 진정한 직접적인 원인을 파악하는 것을 어렵게 한다는 사실을 언급한 다음, 제3절에서부터 제5절까지는 고통이나 공포가 숭고의 원인이라는 사실을 밝히고, 제6절에서는 그 이유를 설명한다. 제7절에서는 고통은 열등한 신체 기관, 공포는 섬세한 신체 기관들에 있어서 숭고의 원인임을 밝히고, 제8절 이후에는 위험하지도 않은 사물들이 공포와 유사한 감정을 유발하는 이유에 대해서 설명한다. 제9절부터 제13절까지는 숭고함의 원인인 거대함과 관련된 여러 가지 문제를 고찰한다. 제10절에서는 통

일성, 제11절에서는 인위적 무한성, 제12절에서는 진동의 유사성, 제13절에서는 연속성에 대해서 언급한다. 제14절에서 제18절까지는 공포의 감정을 불러일으켜 숭고의 원인이 되는 어두움이나 암흑에 대해 언급하고 있으며, 제19절에서 제24절까지는 아름다움의 원인에 대해서 다시 한번 고찰한다. 제19절에서는 아름다움으로 인해 나타나는 신체의 물리적 현상에 대해서 서술하고, 제20절에서는 부드러움, 제21, 22절에서는 달콤함, 제23절에서는 완만하면서도 지속적인 변화, 제24절에서는 작음을 아름다움의 원인으로 제시하고 구체적인 예를 들어 설명한다. 제25절에서는 색채의 특징에 대해 언급한 다음 숭고와 아름다움의 원인에 대해 다음과 같이 간략하게 정리한다. "숭고와 아름다움의 원인과 결과에 대해 이제까지 말해진 모든 것을 다시 음미해보면, 이 둘을 구성하는 원리가 서로 매우 다른 것이며 그것들이 미치는 영향도 마찬가지로 다르다는 사실이 드러날 것이다. 거대함은 공포를 그 근거로 하며 그 공포가 완화되었을 때는 우리 마음속에 내가 경악이라 부르는 감정을 불러일으킨다. 아름다움은 순전히 실재적인 즐거움에 근거하고 있으며 인간의 영혼 속에 사랑이라 부르는 감정을 유발한다. 이런 감정들의 원인이 제4부의 주제였다."*

---

* 제4부 제25절.

308

5 – 제5부

제5부에서는 자연 대상과 시각, 청각예술 작품들을 중심으로 하여 진행된 제4부까지의 논의를 보완하기 위해 시의 효과를 고찰한다. 제1절에서 우리가 일상적으로 사용하는 단어들이 기능하는 방식과 자연 대상, 회화 작품이나 건축물이 기능하는 방식 사이에 존재하는 차이에 대해서 언급하고, 제2절에서는 우리가 일상적으로 사용하는 단어들을 집합어, 단순 추상어, 복합 추상어로 구분한 다음, 이러한 단어들의 분석을 통하여 시의 효과가 어떤 대상의 관념을 통해서 나타나지 않는다고 주장한다. 제3절에서는 보편적인 것을 가리키는 추상적인 단어들을 우리가 관념 이전에 배우게 된다는 사실, 제4절에서는 단어가 우리 마음에 불러일으키는 세 가지 효과에 대해 언급한다. 이 세 가지 효과는 소리, 그 소리가 지시하는 사물의 표상, 이 두 가지 중 하나나 둘 다에 의해 우리 마음속에 생겨나는 감정이다. 복합 추상어는 첫째와 셋째 효과만 가진다. 단순 추상어와 집합어는 세 가지 효과를 모두 갖지만 집합어의 효과가 훨씬 더 강하다. 제5절에서는 단어들이 대상에 대한 이미지를 불러일으키지 않고도 기능한다는 사실에 대해서 맹인 시인과 맹인 수학자의 예를 들어 언급한 다음, 이런 토대 위에서 제6절에서는 시가 엄격한 의미에서는 모방 예술로 불릴 수 없음을 밝힌다. 마지막으로 제7절에서는 이러한 특성을 가진 언어가 어떻게 우리의 마음에 영향을 미치는가에 대

해서 상세하게 서술한다.

4. 『탐구』의 미학사적 의의

앞서 밝힌 바와 같이 『탐구』를 통해 영국 경험론적 미학은 체계적으로 완성되었다. 이 책은 그 이후의 미학 발전을 위한 끊이지 않고 샘솟는 영감의 근원이 되었다. 무엇보다 중요한 것은 이전에는 아름다움과 숭고에 관한 논의가 주로 아름다움을 중심으로 이루어졌고 숭고는 부차적으로 다루어지거나 중심 주제로 다루어지더라도 아름다움과 혼동되어 다루어졌던 데 반해 그 이후에는 체계적으로 둘을 구분하여 다룰 수 있게 되었다는 사실이다. 이것은 독일 근대 미학의 총아라 할 수 있는 칸트의 미학에서도 마찬가지였다. 이 글의 서두에서도 언급했지만 칸트는 버크를 아름다움과 숭고에 대하여 경험론적·심리학적 설명을 시도한 이들 중에서 가장 뛰어난 학자라고 평가했다. 그뿐만 아니라 『탐구』의 이론적 성과는 『판단력비판』의 내용에도 구체적으로 영향을 미쳤다. 칸트도 버크처럼 '아름다움'과 '숭고'를 체계적으로 구분하여 자신의 미학 이론을 전개하였다. 숭고의 원인을 시각적 차원과 역학적 차원으로 나누어 '광대함'과 '힘'으로 구분하여 다룬 것도 칸트에게서 '수학적 숭고'와 '역학적 숭고'의 구분을 통해 그대로 받아들여졌다.

현대 미학에 있어서도 『탐구』는 지대한 영향을 미쳤다. 버크는 '추한 것', '끔직한 것'과 '숭고'가 결합될 수 있음을 체계적으로 규명한 최초의 철학자이다. 이런 의미에서 그는 애드가 앨런 포(Edgar Allen Poe)나 샤를 보들레르(Charles Baudelaire)를 중심으로 한 유미주의 출현의 이론적 토대를 놓았다고 할 수 있다. 19세기를 거쳐 20세기 아방가르드 예술을 통해 예술적 실천의 중심이 '모방'에서 '표현'으로 옮겨가면서, 무의식의 발견으로 '내 안의 끔직한 것', '무의식'에 대한 관심은 더욱 증대되었다. 『탐구』를 통하여 독립적인 미학개념으로 등장한 숭고의 개념은 분명 이런 현상을 미학적으로 해석할 수 있는 이론적 단초를 제공하였다.

오늘날 우리는 이른바 '숭고의 유행'을 목격하고 있다. 현대인들은 이제 뭉크의 절규하는 사람이 보여주는 불안하고 고통스러운 모습, 프랜시스 베이컨이 그려낸 푸줏간에 걸린 듯이 보이는 인간의 머리, 말레비치처럼 캔버스를 온통 검은 색으로 칠해버린 '예술의 자살행위'에 이르기까지 끊임없이 사람의 심기를 불편하게 하면서도 무언가 묘한 감동을 주는 작품들 앞에 서 있다. 현대의 대중문화, 특히 '컬트'라는 이름이 붙는 문화 현상들은 진정한 숭고와 키치의 경계를 넘나들고 있다. 이것을 분석하기 위해 인구에 회자되기 시작한 '숭고'는 이제 거의 유행어가 된 느낌이다. 그러나 분명한 점은 오늘날의 예술 현상을 진지하게 성찰하고자 하는 이들은 숭고의 개념을 결코 그냥 지나칠 수 없다는 사실이다. 이 모든 변화의 근원에 『탐구』가 자리 잡고 있다면 지나친 과장일까? 하지만 이 책이 절대로 간과할 수 없는 묵직한 존재감을 지닌 채 우리 앞에 놓여 있는 것은 사실이다. 따라서 오늘날 접하게 되는 수많은 문화·예술 현상의 본질을 이해하기 위해 이 책 속에 담겨진 이야기에 귀를 기울이는 것은 매우 유익한 사유의 모험일 것이다.

옮긴이 주(註)

서문

1   롱기누스(Longinus)는 1세기 또는 3세기에 살았을 것으로 추정되는
    그리스의 수사학자이자 문예이론가로, 여기 언급된 『숭고론』(Περὶ
    Ὕψους; 페리 휩수스)을 통해서만 알려져 있다. 이 책에서는 주로
    훌륭한 문체를 다루고 있는데 숭고의 관념은 보통의 문체보다 훨씬
    고상한 문체에 해당되는 특성으로 언급되고 있다.

2   이 문제에 대한 자세한 정보를 얻으려면 Wicheln, H. A.(1922).
    "Burke's Essay on the Sublime and its Reviewers" in: *Journal of
    English and Germanic Philology*, 21, pp. 645~661을 참조하라.

3   키케로(Cicero), 『학문론 1권』(*Academica priora*), ii, 127.

서론

1   호라티우스(Horatius), 『시작의 기술』(*Ars Poetica*), 132, 135행. 버크는
    자신의 필요에 따라 의미를 바꾸기 위해 호라티우스의 시 후렴구에
    있는 단어 non(아니다)을 생략했다.

2   버크가 여기서 갑자기 연구방법과 교수방법에 대해 논하는 것이 얼핏
    보기에는 생소하게 느껴질 수 있다. 하지만 이러한 논의에는 버크
    나름대로의 분명한 논리가 담겨 있다. 문제가 되고 있는 개념에 대해
    먼저 명목적인 정의를 제시하는 것은 그에게 "내용도 빈약하고 맥

빠진 몇 가지 진리를 반복하는 데" 지나지 않는다. 만일 교수방법으로 이렇게 맥 빠진 정의를 먼저 제시하는 것을 택한다면 그것은 교수방법 자체로도 바람직하지 않다는 것이 그의 생각이다. 따라서 연구방법과 근접해 있는 교육방법이라 함은 미리 명목적인 정의를 제시하는 데 만족하는 것이 아니라 "대상의 본질을 제대로 서술하기" 위해 문제를 탐구하는 과정 자체를 그대로 피교육자에게 제시하고 '취미의 본질이 무엇인가' 함께 생각하도록 하는 방법을 말한다.

3 취미를 뜻하는 영어 단어 taste는 원래 미각이라는 의미를 지니고 있다.

4 버크는 존 로크(John Locke)의 『인간오성론』(*An Essay Concerning Human Un-derstanding*; 1690)에 나타나 있는 경험론적 철학에 근거하여 이처럼 감각의 우위를 강조하고 있다.

5 이에 대해서는 존 로크, 『인간오성론』, II, xi, 2를 참조하라.

6 스페인 작가 헤로니모 페르난데스(Jerónimo Fernández)의 모험소설 『용감한 무적의 사나이 그리스의 돈 벨리아니스 장군 이야기』(*Historia del magnánimo, valiente, e invencible cavaliere don Belianis de Graecia*; 1545)를 참조하라.

7 윌리엄 셰익스피어(William Shakespeare)의 희곡 『겨울 이야기』(*The Winter's Tale*; 1610~1611)에 나오는 오류를 가리킨다. 보헤미아는 체코 서부지역의 지명으로 내륙지방이기 때문에 배가 난파될 리 없다.

8 이에 관하여는 호라티우스, 『시학』, 309~316을 참조하라.

9 취미라는 단어가 왜 이런 내용을 갖게 되었는지에 대해서는 데이비드 흄, 『취미의 기준에 대하여/비극에 대하여 외』, 김동훈 옮김, 2019, 마티, 164쪽을 참고하라.

10 단순 관념은 존 로크에게서 차용한 용어이다. 로크는 인간의 마음에
떠오르고 그 대상이 되는 것 전부를 관념이라고 부르고 그것을 단순
관념과 복합 관념으로 분류한다. 단순 관념은 그것이 외부 대상에
관한 것이든 우리 안에서 발견하는 것이든 직접적으로 경험되는
것이어서 개념을 통한 정의가 불가능하다. 그가 대변하고 있는
경험론에 따르면 개념은 이런 단순 관념들이 모여 체계화되어야만
비로소 이루어지는 것이기 때문이다. 이 용어에 대한 자세한 논의에
대해서는 존 로크, 『인간오성론』, II, vii, 1.을 참조하라.

11 오비디우스(Ovidius), 『헤로이데스』(*Heroides*), xv, 79~80.

12 테렌티우스(Terentius), 『환관』(*Eunuchus*), 566.

제1부

1 호메로스(Ὅμηρος), 『일리아스』(*Ἰλιάς*), xxiv, 480~482.

2 여기서 버크가 delight라는 단어에 부여하고 있는 특별한 의미를
담고 있는 단어가 우리말에 없어 역어를 선정하는 데 많은 어려움을
겪었다. 본문에서 버크 자신이 밝히고 있듯이 영어에서도 이 단어가
일상적으로는 버크가 말하는 특정한 의미로 사용되지도 않는다.
게다가 우리말에서도 그런 특정한 의미로 사용되는 단어를 찾기가
쉽지 않았다. 따라서 버크와 마찬가지로 역자도 우리가 일상적으로
사용하는 말 중에서 버크가 사용하고 있는 의미에 가장 가까운
것을 역어로 사용하기로 원칙을 정했다. 그런데 숭고에 관한 국내
최초의 본격적인 이론서라 할 수 있는 안성찬, 『숭고의 미학』,
(유로서적, 2004)에서는 delight의 역어로 '환희'를 채택하고 있다.
하지만 한국어에서 '환희'는 고통에서 벗어난 뒤에 느끼는 감정보다는

기쁨이나 감동이 극도에 달한 경우를 가리키기에 적합한 역어로 보기는 어렵다. delight가 환희의 감정과 연결되는 경우가 있을 수는 있겠지만 두 단어가 의미상 바로 상응한다고 볼 수는 없는 것이다. 안성찬의 책에서 delight가 단 한 번 '안도감'으로 번역되고 있는데 이 단어도 버크가 delight에 부여하고 있는 의미를 다 담고 있지는 않지만 적어도 그 의미의 일부는 담고 있다고 보이기에 이 책에서는 '안도감'을 일단 delight의 역어로 사용하기로 하겠다. 하지만 한국어에서 안도감이 위험에서 벗어난 뒤에 느끼는 감정 일반을 뜻하고 숭고한 사물에서 느끼는 감정보다는 그 강도가 덜한 것이 보통이기에 이 단어도 버크가 delight에 부여한 의미를 다 담고 있다고 볼 수는 없다.

3   호메로스, 『오디세이아』(Οδύσσεια), iv, 100~103. 메넬라오스는 그리스신화에 등장하는 스파르타 왕으로 아가멤논의 동생이며 트로이 전쟁의 원인을 제공했던 헬레네의 남편이다. 그는 60척의 함대를 이끌고 형 아가멤논과 함께 그리스군의 총수로서 참전하였다. 『오디세이아』에 의하면 승리를 거둔 뒤 8년의 표류생활을 거쳐 귀국하여 헬레네와 행복한 나날을 보냈다고 한다.

4   1757년 1월 5일 로베르 다미앵(Robert Damiens)이라는 사람이 루이 15세를 살해하려다 미수에 그쳤고 3월 28일 처형당했다. 다미앵의 처형은 프랑스 절대왕정의 잔혹성을 보여주는 전형적인 예로 알려져 있다.

5   『관객』(Spectator), 제413호(1712년 6월 24일 자)에 실린 조지프 애디슨(Joseph Addison)의 글을 참조하라. 『관객』은 애디슨이 자신의 친구 리처드 스틸(Richard Steele)과 함께 창간했던 일간신문으로 1711년 3월 1일부터 1714년 12월 20일까지 발행되었으며 애디슨 자신도 여기에 많은 글을 기고하였다. 버크가 언급하고 있는 원문의

내용은 다음과 같다. "조물주는 우리 인류에게서 나타나는 모든 아름다움이 우리에게 즐거움을 주고, 모든 피조물들은 동류의 아름다움에 매혹되어 자신들의 종족을 번식시켜 온 세상에 퍼지도록 창조하였다. […] 만일 모든 동물이 자신들의 동류의 아름다움에 매혹되지 않는다면 생식은 중단되고 지구는 텅 비게 될 것이다."

6　이 주제가 처음으로 다루어진 것은 아리스토텔레스의 『시학』 제4장에서였다. 18세기 영국에서 행해진 이 주제에 관한 주목할 만한 연구로는 『관객』 제418호(1712년 6월 30일 자)에 실린 애디슨의 논문과 데이비드 흄(David Hume)의 「비극에 대하여」(Of Tragedy)를 들 수 있다. 현대의 연구로는 앤서니 데이비드 너틀(Anthony David Nuttal), 『왜 비극이 즐거움을 선사하는가』(*Why Does Tragedy Give Pleasure?*), Oxford: Clarendon Press, 1996를 들 수 있다.

7　여기서 시는 아리스토텔레스의 『시학』에서와 같은 의미로 사용되고 있다. 즉, 인간의 행위를 모방하는 연극이나 서사시를 가리킨다.

8　알렉산더 대왕을 가리킴.

9　아리스토텔레스는 『시학』 제4장에서 모방에 대해 서술하고 있다.

10　롱기누스, 『숭고론』, 제7장.

11　페르시우스 플라쿠스(Persius Flaccus: 고대 로마의 풍자시인, A. D. 34~62), 『풍자시집』(*Saturae*), v, 29.

12　버크는 여기서 인간에게는 이성적으로 사고하려는 본성이 있다는 사실에 대해 언급하고 있다. 영국의 근대 경험론도 이성이 인식을 위해 인간에게 주어져 있는 본질적인 능력이라는 사실을 당연히 인정한다. 다만 어떤 명제의 궁극적인 참 거짓을 밝히기 위해서는 언제나 경험이

궁극적 척도가 된다는 사실을 말하고 있을 뿐이다.

제2부

1   기독교로 개종 전의 고대 켈트 족 성직자로, 예언자, 재판관, 시인,
    요술사 등의 역할도 하였다.

2   존 밀턴(John Milton), 『실낙원』(*Paradise Lost*), ii, 666~673. 버크는 종종
    그렇듯 기억에 의존해서인지 약간 다르게 인용하고 있다. 원전에는
    'black it (버크의 인용문에는 he) stood a night', 'a dreadful (버크의
    인용문에는 deadly) dart'로 되어 있다.

3   호라티우스, 『시작의 기술』, 180, 181.

4   뒤보 수도원장(Abbé DuBos)은 그의 책 『시와 회화에 대한 비판적
    성찰』(*Réflexions Critiques sur la Poésie et sur la Peinture*; 1755), I, 415,
    416, 제1부 제40절에서 다음과 같이 말하고 있다. "나는 인간에게
    미치는 회화의 힘이 시의 힘보다 훨씬 크다고 생각한다. 내가 이렇게
    생각하는 이유는 두 가지이다. 첫째로, 회화는 시각을 통해 우리에게
    영향을 미친다. 둘째로, 회화는 시처럼 인공적인 기호를 사용하지 않고
    자연적인 기호를 사용하여 모방을 하고 있다."

5   체비 체이스는 잉글랜드와 스코틀랜드 국경에 있는 사냥터
    체비엇(Cheviot) 구릉지에서 열렸던 사냥행사를 가리킨다. 잉글랜드의
    한 백작이 여기서 사냥을 하자 그것을 스코틀랜드에 대한 침략으로
    간주한 스코틀랜드 백작이 사냥을 금지시켰고 이로 인해 전쟁이
    일어나 무수히 많은 이들이 목숨을 잃었다는 이야기가 어린아이들이
    부르던 민요로 구전되었다고 한다.

6 이 노래 또한 어린아이들이 부르던 구전 민요다. 내용은 다음과 같다. 어느 날 두 아이의 부모가 죽자 숙부에게 맡겨지는데 아이들의 유산이 탐이 난 숙부가 악당들을 고용하여 아이들을 죽이려고 했다. 그런데 악당들끼리 서로 싸우다 한 악당이 다른 악당을 죽이게 되었다. 이 악당 또한 아이들에게 먹을 것을 구해 온다고 하면서 떠나갔지만 다시는 돌아오지 않았다. 홀로 남은 아이들은 숲속을 헤매다 죽게 되고 새들이 아이들의 시체를 나뭇잎으로 덮어주었다.

7 존 밀턴, 『실낙원』, ii, 666~673.

8 「욥기」 제4장 제13~17절.

9 성 안토니우스(St Antonius)는 수도원의 창시자로 알려진 성인이다. 무덤에서 고행을 하던 중 짐승의 형상을 한 악마들의 유혹을 받았다는 전설이 있고 그 전설은 많은 화가들의 작품 소재가 되었다. 가장 최근의 그림 중 하나로는 살바도르 달리(Salvador Dali)의 「성 안토니우스의 유혹」(1946)을 들 수 있다.

10 「욥기」 39장 19, 20, 24절.

11 「욥기」 39장 5~8절.

12 「욥기」 39장 9~11절, 41장 1, 4, 9절.

13 「욥기」 29장 7, 8절.

14 「시편」 139편 14절. 개역개정판 성경에는 다음과 같이 번역되어 있다. "나를 지으심이 심히 기묘하심이라!"

15 호라티우스, 『서간집』, I, vi, 3~5.

16 루크레티우스(Lucretius), 『사물의 본성에 관하여』(*De rerum natura*), iii, 28~30.

17 「시편」 68편 8절.

18 「시편」 114편 7, 8절.

19 스타티우스(Statius), 『테바이스』(*Thebais*), iii, 661.

20 그리스 신화에 나오는 지옥의 강들 중 하나로 '불의 강'을 뜻함.

21 그리스 신화에 나오는 지하세계의 왕.

22 베르길리우스(Vergilius), 『아이네이스』(*Aeneis*), vi, 264~269.

23 베르길리우스, 『아이네이스』, vi, 371~378. 버크는 1740년에 출간된 크리스토퍼 피트(Christopher Pitt)의 영역본 해당 구절을 인용하고 있다.

24 베르길리우스, 『아이네이스』, vi, 378, 379. 버크는 1697년에 출간된 존 드라이든(John Dryden)의 영역본 해당 구절을 인용하고 있다.

25 여기서 상상력은 감각 기관을 통하여 받아들여진 감각적 자료들을 결합하여 하나의 심상을 만들어내는 인식 능력을 말한다. 그런데 계속 같은 내용의 감각적 자료들만을 받아들이게 될 경우 상상력은 그 작용을 멈출 수가 없게 된다. 이로 인해 실제로는 유한한 어떤 대상이 무한하다는 인상이 생겨나게 되는 것이다.

26 『관객』은 제1부에서 밝혔듯이 조지프 애디슨과 리처드 스틸이 발간한 일간지로 계몽주의 사상을 전파하기 위해 만들어졌다. 애디슨은 '상상력이 주는 즐거움'에 대해 『관객』 제409, 411~421호 (1712년 6월

19일~7월 3일 자)에서 다루고 있으며 버크가 언급한 애디슨의 논문은 그중 제415호에 실려 있다. 그 원문은 다음과 같다: "모든 건축 형태들 중에서 가장 커 보이는 것은 오목하거나 볼록한 형태를 지닌 것들이다. [···] 나는 그 이유가 이러한 형태의 건축물들은 다른 건축물들보다 더 많은 부분을 눈으로 확인할 수 있기 때문이라고 생각한다. [···] 둥근 지붕을 바깥에서 바라보게 되면 우리 눈은 그 절반을 보게 된다."

27   1596~1597년에 윌리엄 셰익스피어가 쓴 역사극으로 각각 5막으로 되어 있는 두 부분으로 구성되어 있다. 이 작품의 주인공은 헨리 4세가 아니라 뒤에 헨리 5세가 되는 왕자 할(Hal)이다.

28   윌리엄 셰익스피어, 『헨리 4세』, IV, i, 97~109(105행은 생략되었음).

29   「집회서」는 '시락의 아들의 지혜서'로도 불리는 기독교 외경 중 하나로, 여기 인용된 부분은 「집회서」 50장 5절에서 13절의 내용이다(번역에 참조한 역본은 공동번역 개정판이다).

30   존 밀턴, 『실낙원』, ii, 266, 267. 『실낙원』 원문에는 "그의 보좌를 덮고 있다"로 되어 있음.

31   같은 책, iii, 380.

32   베르길리우스, 『아이네이스』, v, 270, 271.

33   에드먼드 스펜서(Edmund Spencer), 『선녀여왕』(The Faérie Queene), II, vii, 29.

34   베르길리우스, 『아이네이스』, vii, 15~18.

35   이탈리아 티볼리 지방의 유황샘을 가리킨다. 이 샘을 지키는 요정 또는 여신의 이름이기도 하다.

36 고대 로마신화에 나타나는 숲의 신. 농부와 가축, 농작물을 보호하는
   신이기도 했으며 다산의 신이기도 했다. 예언의 힘을 지니고 있다고
   생각되기도 했는데, 사람들이 숲에서 들리는 신비로운 목소리를 이
   신의 것으로 여겼기 때문이다.

37 베르길리우스, 『아이네이스』, vii, 81~84.

38 아케론(Ἀχέρων)은 그리스 북서부의 에피루스 지방을 흐르는 강의
   이름이다. '비통의 강'이라는 뜻을 지니고 있으며 그리스 신화에 나오는
   명계(冥界)의 강을 가리키기도 하는데, 죽은 사람의 영혼이 명계로
   가려면 나루터지기 카론의 배로 이 강을 건너야 했다.

39 베르길리우스, 『아이네이스』, vi, 237~241.

40 베르길리우스, 『농경시』(Georgics), iii, 284, 285.

제3부

1 현대 영어에서 convenience라는 단어는 '편리, 편의, 유리한 사정'
  등의 의미를 지닌다. 하지만 고어에서는 그 어원이 되었던 라틴어
  동사 convenio가 지녔던 원래 의미대로 '적합성(suitability),
  일치(accordance, agreement)' 등의 의미로도 쓰였다. 오늘날에도 불어
  동사 convenir에는 이러한 의미가 여전히 남아 있다. 여기서는 후자의
  의미로 사용된 것이기에 '적합성'으로 번역하기로 하겠다. 문맥에
  따르면 오성이 자기 편의에 따라 사물에 부여한 특징이라고 해석될
  여지가 전혀 없는 것은 아니다. 하지만 전통적인 견해가 비례와 균형을
  아름다움의 본질적 속성으로 파악했다면 그것이 자의적이고 편의에
  따른 기준이라고 해석하기는 어렵다. 그리고 '편의성'이라고 번역하게

되면 '질서와 관련된 모든 관념과 마찬가지로'라는 표현도 설명하기 어려워진다. 우리의 감각적 경험의 영역을 벗어나서 사물의 본성에 입각한 질서가 있다고 가정했던 플라톤 철학의 전통을 고려한다면 convenience를 편의성으로 번역하는 것은 이치에 맞지 않는다고 하겠다.

2 얼음이나 불은 감각을 통해서 우리에게 차가움이나 뜨거움이란 관념을 제공해준다. 여기에는 이성적 추론이나 의지의 작용이 불필요하다. 이처럼 아름다움을 느끼는 데도 이성적 추론은 불필요하다.

3 예를 들어 공작과 백조를 보고 우리가 똑같이 아름답다고 느꼈다고 하자. 공작의 몸에서 우리가 발견하는 비례는 백조의 몸에서 발견하게 되는 비례와는 전혀 다르다. 우리 마음속에 나타난 결과, 즉 아름다움이 서로 다른 비례에서 비롯되었다는 건 이런 경우를 두고 하는 말이다. 하지만 이때 아름다움의 진짜 원인은 이런 비례는 아니다. 이에 대해서는 제3부 제3절을 참조하라. 반대로 호랑이의 신체 부위들 간의 비율이, 예를 들어 목과 머리 길이의 비율이 기린의 목과 머리 길이의 비율하고 같다면 우리는 그 호랑이를 아름답다고 느끼지 않을 것이다. 이런 경우에도 이 비율은 아름다움을 느끼게 하는 원인이 될 수 없다.

4 영국식 정원은 가능하면 자연친화적인 형태를 띤다. 18세기에 등장한 이와 같은 정원 형태는 17세기에 유행한, 기하학적인 비례에 따라 자연의 대상들을 재단하여 인공적인 형태를 추구하는 프랑스식 정원과 뚜렷하게 대비되는 특징을 지니고 있다.

5 이에 대한 플라톤의 이론은 그의 대화편 중 하나인

『고르기아스』에서 발견할 수 있다. 이 책에서 플라톤은 아름다운 대상을 구분하는 기준으로 유용성과 즐거움을 들고 있다. 그리고는 신체 부위들 간의 원래의 비례를 벗어난 기형적인 대상은 유용하지도, 즐거움을 주지도 않기에 아름답지 않다고 주장한다. 대상의 부분들이 각각 자신의 존재 목적에 적합한 형태를 띠어야 그 대상이 아름답다는 것이다. 버크가 아름다움에 대한 전통적인 견해에서 찾을 수 있는 비례와 적합성 사이의 밀접한 관계를 강조하는 이유도 여기에서 찾을 수 있다. 제3부 제6절 참조.

6   조지 그레이엄(George Graham, 1673~1751)은 당시 영국의 유명한 시계제작기술자였다.

7   여기에 묘사된 성격들은 고대 로마의 역사가 살루스티우스(Gaius Sallustius Crispus, B. C. 86~34)의 대표적인 저작 『카틸리나의 전기』(Bellum Catilinae) 54장에서 인용된 것이다.

8   여기서 다루어지는 것은 윌리엄 호가트(William Hogarth, 1697~1764; 영국의 화가이자 풍자시인, 예술이론가), 『아름다움의 분석론』(Analysis of Beauty; 1753)의 내용이다.

9   베르길리우스, 『아이네이스』, I, 590, 591의 변형된 인용으로 원문은 lumenque juventae/purpureum이다. 의미는 같다.

10   안티누스는 소아시아 비튀아의 아름다운 청년으로 로마 황제 하드리아누스(재위 A. D. 117~136)의 총신이었는데 우울병에 걸려 나일 강에 빠져 죽었다고 전해진다. 그는 또 하드리아누스 황제의 연인이었다고 전해지기도 한다. 그의 모습은 많은 전신상, 흉상, 보석세공, 화폐 등에 새겨져 청년의 이상미로 표현되었다.

11 고대 소아시아 지역의 일부를 가리키는 말로 리디아 선법(旋法)이라
    불리는 가요 가락이 그리스에 전해졌다고 한다.

12 존 밀턴, 『알레그로』(*L'Allegro*), 135~144(137, 138행은 생략됨).

13 윌리엄 셰익스피어, 『베니스의 상인』(*The Merchant of Venice*), V, i, 69.

14 알렉산더 포프(Alexander Pope, 1688~1744; 영국 시인),
    『인간론』(*Essay on Man*), ii, 213, 214.

제4부

1 이에 대해서는 아이자크 뉴턴(Isaac Newton), 『자연철학의 수학적
   원리』(*Philosophiae Naturalis Principia Mathematica*), 1713, p. 484를
   참조하라. 원문의 내용은 다음과 같다. "이제 우리는 아주 미세한
   어떤 물체에 관해 몇 마디 언급할 수 있을 것이다. 이것은 모든 커다란
   물체의 배후에 존재하고 있는데, 이것의 힘과 운동에 따라 물체의
   입자들이 가까운 거리에서는 서로 잡아당기고, 맞닿게 되면 서로
   밀집하게 된다. […] 하지만 이것을 몇 마디 말로는 설명할 수 없으며
   탄력이 있으면서 전기적 성질을 지닌 이 미세한 물체의 작동원리를
   정확하게 규정하고 증명해 보이기에 충분한 실험결과가 아직 나오지도
   않았다."

2 영어 원문에는 제1부 제8절로 되어 있지만 "공포를 불러일으킬 수
   있는 것은 무엇이든지 숭고의 근거가 될 수 있다"는 내용은 제1부
   제7절에 나온다.

3 17세기 프랑스 리용 출신의 인문주의자.

4   공포와 놀라움, 존경과 두려움에 대해 같은 단어를 사용했던 고대 언어와 그런 단어들의 흔적이 남아있는 현대 언어에 대해서는 이 책 제2부 제2절을 참조하라.

5   존 로크, 『인간오성론』, II, vii, 4.

6   존 로크, 『인간오성론』, II, xxxiii, 10.

7   호메로스, 『일리아스』, xvii, 645~647.

8   이 소년에 대한 윌리엄 치즐던(William Cheselden, 1688~1752; 영국의 외과의사로 해부학과 외과의학을 의학 분과로 정착시키는 데 많은 기여를 하였음)의 보고서는 『왕립학회 철학회보』(*Philosophical Transactions of the Royal Society*) 35, 1729, pp. 447~450에 수록되어 있다.

9   이 규칙은 아이자크 뉴턴, 『광학: 빛의 반사와 굴절, 만곡과 색채』(*Opticks: or, A treatise of the Reflections, Refractions, Inflections and Colours of Light*), 1730[제4판], London, p. 380에 실려 있다. 본문의 내용은 다음과 같다. "다루기 힘든 대상에 대해서는 수학에서처럼 자연과학에서도 분석적 방법론을 통한 연구가 구성적 방법론을 통한 연구보다 선행해야 한다. 이러한 분석적 방법론의 본질은 실험과 관찰을 수행하고 그것으로부터 귀납적 추론을 통하여 일반적 결론을 도출해내고 그 결론에 대해 실험이나 다른 확실한 진리를 근거로 제기된 것 외에는 어떠한 반론도 인정하지 않는 데 있다. 실험적 과학에서는 가정을 중시해서는 안 되기 때문이다. 실험과 관찰로부터 귀납적 추론을 통하여 논의를 전개한다고 해서 보편적 결론이 증명되는 것은 아니다. 하지만 이것이 사물의 본질이 허락하는 가장 최선의 방법이며 귀납적 추론의 범위가 더 보편적인 정도만큼 더

강력한 방법이라 여겨질 수 있다. 그리고 아무런 예외현상도 나타나지 않는다면 결론을 보편적이라 선언할 수 있다. 나중에 어느 때라도 실험으로부터 예외적인 현상이 관측되면 그러한 예외 현상을 함께 언급하면서 그것을 법칙이라 선언하면 된다. 이런 분석적 방법론을 통해서 우리는 합성물로부터 그 성분으로, 운동으로부터 그것을 유발한 힘으로, 일반적으로 말하자면 결과에서 원인으로, 특수한 원인에서 더 보편적인 원인으로 나아갈 수 있다. 이런 과정을 거쳐 우리는 결국에는 가장 보편적인 것에 도달하게 될 것이다."

10 외관이 훌륭하다(fine)는 표현의 의미에 대해서는 제3부 제23절의 관련 내용을 참조하라.

11 폴리페모스(Πολύφημος)는 그리스신화에 나오는 외눈박이 거인족 키클롭스 중의 한 사람이며 바다의 신 포세이돈의 아들이다. 트로이전쟁을 마치고 귀국하던 오디세우스 일행이 그들의 섬에 표착하였을 때, 오디세우스와 그 부하들을 동굴 속에 가두고 아침과 저녁에 한 사람씩 잡아먹었는데, 오디세우스에 의하여 장님이 되었다. 그러자 포세이돈에게 구원을 청하여 오디세우스의 귀로를 훼방하여 많은 난관에 부딪치게 하였다.

12 카코스(Κακός)는 그리스신화에 나오는 거인으로 불과 화산의 신인 불칸의 아들이며 불을 입으로 내뿜었다고 전해진다. 사람의 고기를 주식으로 했고 자기가 살던 동굴에 자기가 잡아먹은 사람들의 머리를 내걸었는데 헤라클레스의 가축을 훔쳤다가 그에게 죽임을 당했다.

13 트로이의 젊은이로 트로이 전쟁에서 전사한 시모에이시오스 (Σιμοείσιος)의 이야기는 호메로스, 『일리아스』, iv, 473~489에 실려 있다.

옮긴이 주(註)

14   이 젊은이의 이름은 이피다마스(Ἰφιδάμας)이다. 신혼 중에 트로이
전쟁에 참가했다가 아가멤논에게 죽임을 당한 그의 이야기는
호메로스, 『일리아스』, xi, 221~231에 실려 있다.

15   영어 원문에는 24절(sec. 24)이라고 되어 있지만 이것은 명백히 잘못된
것이다. 내용상 이것은 제2부 제4절에서 불분명함과 관련하여 확정된
원칙을 가리키는 것으로 해석되어야 한다.

제5부

1   이에 대해서는 존 로크, 『인간오성론』, III, v, 15; III, ix, 9를 참조하라.

2   토머스 블랙록(Thomas Blacklock, 1721~1791). 스코틀랜드 출신의
맹인 시인.

3   조지프 스펜스(Joseph Spence; 1699~1768). 학자이자 성직자로서
옥스퍼드 대학의 문학교수로 시에 대해 강의하였는데, 버크가
언급하고 있는 블랙록의 독특한 능력에 대해서 증언하였고 그의
후견인이 되어주기도 했다.

4   니콜라스 손더슨(Nicholas Saunderson; 1682~1739). 영국의 수학자.
그는 한 살 때 천연두로 시력을 잃었다. 하지만 그는 프랑스어,
그리스어와 라틴어에 능통했고 수학을 공부하여 케임브리지 대학의
수학교수가 되었다. 그 이전에는 아이작 뉴턴이 그 교수직을 지니고
있었으며 최근까지 스티븐 호킹이 지니고 있었다.

5   그리스 신화에 등장하는 외눈박이 거인. 천둥번개를 만들어내어
제우스신을 도와 그의 아버지인 크로노스에게 승리할 수 있게
해주었다고 전해진다.

6 베르길리우스, 『아이네이스』, viii, 429~432.

7 프리아모스는 트로이의 마지막 왕으로 헬레나를 납치해 트로이 전쟁의 빌미를 제공한 파리스와 트로이 전쟁의 영웅 헥토르의 아버지였다. 트로이가 함락될 때 살해당했다.

8 호메로스, 『일리아스』, iii, 156~158.

9 에드먼드 스펜서(Edmund Spencer, 1552~1599; 르네상스시대의 정점을 이룬 영국 시인의 한 사람으로 런던 출생임), 『선녀여왕』, II, iii, 21~31. 벨피비는 이 작품에서 스펜서가 당시 영국 여왕 엘리자베스 1세를 비유해 그려낸 인물이다.

10 외관이 훌륭하다(fine)는 표현의 의미에 대해서는 제3부 제23절의 관련 내용을 참조하라.

11 루크레티우스, 『사물의 본성에 관하여』, i, 62~67.

12 호라티우스, 『시작의 기술』, 111.

13 오늘날의 분류 방식에 따르면 연극이 시라는 주장은 매우 낯설게 느껴질 것이다. 하지만 원래 서양의 전통에서 시(poetry)는 '무언가를 만들다', '행동하다'는 뜻을 지닌 그리스어 동사 포이에오(ποιέω)에서 유래했다. 따라서 그리스인들은 신체의 움직임같이 외면적인 행위든 생각, 감정의 변화처럼 내면적인 행위든 인간의 행위를 모방하는 모든 장르를 시의 범주에 포함시켰고 아리스토텔레스는 그중에서도 연극을 인간의 행위를 모방하는 데 가장 적합한 장르로 간주하였다. 따라서 그의 책 『시학』이 다루고 있는 주된 장르도 서사시나 서정시가 아니라 연극이다. 버크는 바로 이러한 전통을 따르고 있는 것이다.

14 베르길리우스, 『아이네이스』, ii, 502.

15 존 밀턴, 『실낙원』, ii, 618~622.

해제

1 『탐구』, 제3부 제9절.

2 안성찬, 『숭고의 미학』, 유로서적, 2004, 98쪽.

3 데이비드 웜슬리(David Womersley), 「서문」(Introduction) in: 『숭고와 아름다움의 관념의 기원에 대한 철학적 탐구 외 기타 혁명 전 시기의 저술들』(*A Philosophical Enquiry into the Origin of Our Ideas of the Sublime and Beautiful and Other Pre-Revolutionary Writings*), Penguin Books, 1998, p. xi.

4 같은 책, p. xii.

5 『탐구』, 제3부 제11절.

6 delight의 번역과 관련된 문제에 대해서는 이 책의 「번역어와 관련하여」의 해당 항목과 제1부 미주 3(317쪽 이하)을 주를 참고하라.

7 『탐구』 제2부 제15절 참조.

8 이러한 과정은 자본주의의 발전에 따라 등장한 문화산업을 통해 더욱 심화되고 심지어 왜곡되기까지 한다. 독일의 철학자 아도르노가 그의 저서 『계몽의 변증법』에서 날카롭게 분석한 대로 문화산업은 우리에게 값싼 쾌락을 제공한다(테오도르 아도르노, 막스 호르크하이머, 『계몽의 변증법』, 김유동 옮김, 문학과지성사, 2001, 183~251쪽

참조). 오늘날 이러한 문화산업은 겉으로 보기에는 그 엄청난 규모와 특수효과로 우리를 압도한다. 하지만 이런 특수효과에서 느끼는 감동은 잘 준비된 메커니즘에 따라 관객이 느끼게 되는 연출된 감동일 뿐이다.

9 『탐구』, 제2부 제1절 참조.

10 『탐구』, 제1판 서문 참조.

11 『탐구』 제2부 제4절.

12 데이비드 흄, 「취미의 기준에 대하여」 제7절, 『취미의 기준에 대하여 / 비극에 대하여 외』, 김동훈 옮김, 도서출판 마티, 2019.

13 필요조건과 충분조건의 이러한 관계에 대해서는 이 책의 제1부 제15절의 이와 관련된 논의를 참조하라. 버크에 따르면 살인이 성립하기 위해서는 그전에 살인범과 피해자 모두 살아 있어야 한다는 것이 필요조건이기는 하지만 그것이 살인의 원인이 될 수는 없다. 따라서 안도감을 느끼기 이전에 급박한 위험에서 벗어나 있는 것은 숭고의 필요조건에 불과하지, 그 진정한 원인이 아니다. 오히려 버크는 "우리 스스로가 고통을 겪고 있을 때 다른 사람의 고통에 공감할 수 있는 법이다. 그리고 자신의 불행으로 인해 마음이 부드러워져 있을 때 우리는 다른 사람의 불행에 가장 많이 공감하게"된다고 말한다. 따라서 "과연 숭고의 체험이 버크가 지적한 대로 단지 현실적 위험에서 벗어난 데서 오는 안도감에 불과한 것일까?"(안성찬, 『숭고의 미학』, 98쪽)라는 물음은 버크의 논의의 핵심을 벗어난 물음이라고 할 수밖에 없다. 물론 이러한 물음을 제기한 이도 "숭고의 본질에는 소극적인 안도감을 넘어선 보다 적극적인 무언가 있지 않을까?"라는 수사학적 질문을 통해서 버크가 제기한 '공감'의 문제를

옮긴이 주(註)

다룬다. 따라서 버크는『숭고의 미학』의 저자가 생각하는 것처럼 칸트에게서 멀리 떨어져 있지 않았을지도 모른다. 자신의 힘으로는 어쩔 수 없는 운명에도 불구하고 그 숙명을 능동적으로 받아들이는 주인공의 고매한 인격과 불굴의 의지에 대한 공감이 비극의 효과의 원천이며 보통의 경우에는 모방을 통하여 아름다움의 원천이 되는 공감이 숭고의 원천이 되는 이유이다. 이런 의미에서 사실 버크 자신이 엄격하게 분리시키려 했던 아름다움과 숭고는 다시 만난다. 따라서 버크의 이론에서도 아름다움과 숭고는 그가 원했던 것처럼 이원론적으로 분리시켜 파악할 것이 아니라 변증법적으로 상호 관련하에 파악해야 하는 것은 아닌가 하는 의문이 생긴다. 물론 그렇다고 해서 버크가 숭고를 아름다움의 하위개념쯤으로 파악했던 전통적 견해로 돌아갔다고 해석하자는 것은 아니다. 버크에게서 숭고와 아름다움은 각각 고통과 즐거움이라는 서로 전혀 다른 감정과 밀접한 관련을 맺고 있기 때문에 이 둘이 확연하게 구분되고 있음은 부인할 수 없는 사실이기 때문이다.

14 애디슨의 논문「상상력의 즐거움」에 대해서는 본문 제1부 미주 5와 제2부 미주 25를 참조하라. 버크는 이외에도『탐구』의 여러 곳에서 이 논문에 실린 애디슨의 견해를 직·간접으로 다룬다. (예: 제1부 제10절, 제2부 제9절 등.)

15 애디슨은「상상력의 즐거움」중『관객』제412호에 실린 글에서 숭고의 감정에 대해 비교적 상세하게 서술한다. "나는 거대함이라는 말은 어떤 한 가지 대상의 크기만이 아니라 하나로 파악할 수 있는 광경 전체를 가리키는 데 사용한다. 드넓은 평원이나 황량하고 광활한 사막, 엄청나게 큰 산맥, 높은 바위 절벽이나 망망대해를 보면서 우리는 그 아름다움이나 새로움이 아니라 이 엄청난 대자연의 작품들의

장엄함에 감동을 받는다." 이렇게 장엄한 광경을 보면서 우리가 일종의 '즐거운 놀라움'(pleasing astonishment)을 얻는다고 그는 주장한다. 여기서 우리는 그가 숭고한 대상에게서 얻게 되는 감정을 즐거움과 밀접히 관련시켜 파악하고 있음을 알 수 있다. 그는 또 이러한 숭고한 대상에게 아름다움이나 새로움의 속성이 결합되어 나타나면 우리의 즐거움이 더욱 커진다고 말하고, 그 예로 폭풍우가 치는 바다, 별이 빛나는 밤하늘 등을 들고 있다. 여기서 그와 버크의 견해가 갈리기 시작한다. 버크는 앞에 든 예들을 순전히 숭고의 대상의 예로 생각하였고 아름다움과 숭고는 상호 배타적인 속성을 갖는 것으로 파악했다. 아름다움의 원인이 되는 성질, 예를 들어 작음(smallness)은 거대함과는 양립할 수 없기 때문이다.

옮긴이 주(註)

참고문헌

1. 버크의 저술

Burke, Edmund(1759; 1757). *A Philosophical Enquiry into the Origin of Our Ideas of the Sublime and Beautiful*, London: R. and J. Dodsley.

_____ (1998). *A Philosophical Enquiry into the Origin of Our Ideas of the Sublime and Beautiful and Other Pre-Revolutionary Writings*, London: Penguin Books.

_____ (1989). *Philosophische Untersuchung uber den Ursprung unserer Ideen vom Erhabenen und Schonen*, übersetzt von Friedrich Bassenge, Hamburg: Felix Meiner.

_____ (1792). *The works of the right honourable Edmund Burke*, London: Dodsley.

2. 버크 저술에 언급되거나 인용된 문헌

1) 동시대 문헌

Addison, Joseph(1712). *Pleasures of Imagination* Nos. 411~421 in: Addison, Joseph／Steele, Richard(1803). *The Spectator*, Philadelphia: Robert Carr.

DuBos, Jean Baptiste(1755; 1719). *Réflexions critiques sur la poésie et sur la peinture*, Paris: Jean Mariette.

Locke, John(1975; 1690). *An essay concerning Human Understanding*,

Oxford: Clarendon Press.

Milton, John(1667). *Paradise Lost*, London: Peter Parker.

_____ (1645). *L'Allegro* in: (1895). *L'Allegro & Il Penseroso*, New York: F. A. Stokes.

Fernández, Jerónimo(1587; 1505). *Historia del valeroso e invincibile Principe don Belianis de Grecia*, Burgos: Alonso y Esteuan Rodriguez.

Shakespeare, William(2007; 1623). *The Winter's Tale, edited by Snyder, Susan / Curren-Aquino, Deborah*, Cambridge: Cambridge University Press.

_____ (2014; 1596~1597). *The First Part of King Henry IV*, Adelaide: The University of Adelaide Library.

Spencer, Edmund(1590). *The Faerie Queene*, London: William Ponsonbie.

Hogarth, William(1753). *Analysis of Beauty*, London: J. Reeves.

Cheseldon, William(1729). "An Account of some Observations made by a young Gentleman, who was born blind, or lost his Sight so early, that he had no Remembrance of ever having seen, and was couch'd between 13 and 14 years of Age" in: *Philosophical Transactions of the Royal Society*, 35: 447~450.

Newton, Isaac(1713). *Philosophiae Naturalis Principia Mathematica*, Cantabrigiæ: Cornelius Crownfield.

_____ (1730; 1703). *Opticks: or, A treatise of the reflections, refractions, inflections and colours of light*, London. W. Innys.

2) 고대 문헌

Ἀριστοτέλης(Aristoteles), *Περὶ ποιητικῆς* (Peri Poietikes).

Cicero, *Academica Priora*.

Ὅμηρος(Homeros), Ὀδύσσεια(Odysseia).

_____ Ἰλιάς (Ilias).

Horatius, *Ars Poetica*.

_____ *Epistulae*.

Longinus, *Peri Hypsous*.

Lucretius, *De Rerum Natura*.

Ovidius, *Heroides*.

Persius, *Saturae*.

Sallustius, *Bellum Catilinae*.

Statius, *Thebais*.

Terentius, *Eunuchos*.

Vergilius, *Georgica*

_____ *Aeneis*.

3. 「해제」 및 미주에 참고된 문헌

1) 국내 문헌

데이비드 흄, 『취미의 기준에 대하여 / 비극에 대하여 외』, 김동훈 옮김, 마티, 2019.

아리스토텔레스 외, 『詩學』, 천병희 옮김, 문예출판사, 2002.

안성찬, 『숭고의 미학: 파괴와 혁신의 문화적 동력』, 유로서적, 2004.

이마누엘 칸트, 『아름다움과 숭고함의 감정에 관한 고찰』, 이재준 옮김, 책세상, 2005.

장 뤽 낭시 외, 『숭고에 대하여: 경계의 미학, 미학의 경계』, 김예령 옮김, 문학과지성사, 2005.

장 프랑소와 료타르, 『칸트의 숭고미에 대하여』, 김광명 옮김, 현대미학사, 1991.

진중권, 『진중권의 현대미학 강의: 숭고와 시뮬라크르의 이중주』, 아트북스, 2005(2003).

테오도르 아도르노, 막스 호르크하이머, 『계몽의 변증법』, 김유동 옮김, 문학과지성사, 2001.

2) 해외 문헌

Aristoteles(1831). *Ethica Nichomachea; Analytica Posteriora; De Arte Poetice; De Coelo* in: *Aristoteles Graece*, ex recensione Immanuelis Bekkeri, Berlin: Acamedia Regia Borussica.

_____ (1999). *Poétique*, traduit par J. Hardy, Paris: Les belles lettres.

Hume, David(1874~75). *The Philosophical Works of David Hume*, edited by T. H. Green and T. H. Grose. 4 volumes, London: Longman, Green.

Hutcheson, Francis(2004; 1725). *An inquiry into the original of our ideas of beauty and virtue in two treatises*, Indianapolis: Liberty Fund.

Kant, Immanuel(1918; 1790). *Kritik der Urteilskraft* in: *Kant's Werke* Band V, Berlin: Georg Reimer.

_____ (1918; 1764). *Beobachtungen uber das Gefuhl des Schonen und Erhabenen in: Kant's Werke* Band II: *Vorkritische Schriften* II, Berlin: Georg Reimer.

Lyotard, Jean-François(1991). *Leçon sur l'analytique du sublime*, Paris: Galilée.

Nuttall, A. D. (1996). *Why Does Tragedy Give Pleasur?*, Oxford: Clarendon Press.

Ritter, Joachim(ed.)(1972). *Philosophisches Wörterbuch der Philosophie* Bd. 2, Basel/Stuttgart: Schwabe.

_____ (1992). *Philosophisches Worterbuch der Philosophie* Bd. 8, hrsg. von
Joachim Ritter, Basel / Stuttgart: Schwabe.

Shaftesbury, Anthony(2001; 1711). *Characteristicks of men, manners, opinions,
times*, Indianapolis: Liberty Fund.

4. 버크 관련 연구 문헌

1) 국내 문헌

기정희(2002). 「버크의 『철학적 탐구』에 나타난 숭고의 관념」, 한국미학회,
『미학』 32: 143~167.

류주희, 성기문, 김형우(2011). 「현대건축에 있어서 숭고의 표현 방식에
관한 연구: 에드먼드 버크의 숭고론을 중심으로」, 대한건축학회,
『대한건축학회연합논문집』 13(1): 43~51.

에드먼드 버크 지음, 김혜련 옮김, 『숭고와 미의 근원을 찾아서 — 쾌와 고통에
대한 미학적 탐구』, 한길사, 2010.

유경훈(2012). 「에드먼드 버크의 미학과 정치」, 21세기영어영문학회,
『21세기영어영문학』 25(1): 27~62.

이지언(2014). 「18세기 근대 미학에서 울스턴크래프트의 "정의의 미"와
버크의 "미" 개념 비교 고찰」, 한국미학회, 『미학』 79: 163~193.

2) 해외 문헌

Anonymous(2013). "The Sublime and the Fantastic: Joseph Addison,
Longinus, Edmund Burke" in: *The Scriblerian and the Kit-Cats*, 45(2):
177~178.

Antal, Éva(2018). "The Rhetoric of Sublime Astonishment in the Burkean
and Blakean Readings of Milton" in: *Hungarian Journal of English and*

American Studies, 24(2): 393~413, 504, 550.

Binney, Matthew W. (2013). "Edmund Burke's Sublime Cosmopolitan Aesthetic" in: *Studies in English Literature, 1500~1900*, 53(3): 643~666.

Blackwell, Mark (2003). "The sublimity of taste in Edmund Burke's A Philosophical Enquiry into the Origin of Our Ideas of the Sublime and Beautiful" in: *Philological Quarterly*, 82(3): 325~347.

Bourke, Richard (2015). *Empire and Revolution: The Political Life of Edmund Burke*, Princeton: Princeton University Press.

Bromwich, David(2014). *The Intellectual Life of Edmund Burke: From the Sublime and Beautiful to American Independence*, Cambridge: Harvard University Press.

Byrne, William F. (2006). "Burke's Higher Romanticism: Politics and the Sublime" in: *Humanitas; Bowie*, 19(1/2): 14~34.

Col, Norbert(2016). "Le rôle des références bibliques dans Sublime and Beautiful d'Edmund Burke" in: *Mentalities / Mentalités*, 28(3).

De Bruyn, Frans(2012). *'Expressive Uncertainty': Edmund Burke's Theory of the Sublime and Eighteenth-Century Conceptions of Metaphor*, Dordrecht: Springer Netherlands.

Doran, Robert(2015). *The Theory of the Sublime from Longinus to Kant*, Cambridge: Cambridge University Press.

_____ (2015). "Burke: Sublime Individualism" in *The Theory of the Sublime from Longinus to Kant*, Cambridge: Cambridge University Press.

Duro, Paul(2013). "Observations on the Burkean sublime" in: *Word & Image*, 29(1): 40~58.

Dwan, David(2011). "Edmund Burke and the Emotions" in: *Journal of the History of Ideas*, 72(4): 571~593.

Eagleton, Terry(1989). "Aesthetics and Politics in Edmund Burke" in:
    History Workshop Journal, 28(1): 53~62.

Erdogdu, Neslihan Ozgenc(2017). "Turner's Sublime Aesthetic: A Text on
    Edmund Burke" in: *Idil Sanat ve Dil Dergisi*, 6(37): 2429~2443.

Ferguson, Frances(2012). "Reflections on Burke, Kant, and Solitude and the
    Sublime" in: *European Romantic Review*, 23(3): 313~317.

_____ (1992). *Solitude and the Sublime: The Romantic Aesthetics of
    Individuation*, London: Routledge.

_____ (1981). "The sublime of Edmund Burke, or the bathos of
    experience" in: *Glyph*, 62~78.

Furniss, Tom(1988). Edmund Burke's revolution: the discourse of aesthetics,
    gender, and political economy in Burke's 'Philosophical Enquiry' and
    'Reflections on the Revolution in France', *Dissertation of University of
    Southampton*.

Ibata, Hélène(2018). *The Challenge of the Sublime: From Burke's Philosophi-
    cal Enquiry to British Romantic Art*, Oxford: Manchester University
    Press.

Krul, W. E.(2005). "Style and ideology in Edmund Burke's concept of the
    sublime" in: Phrasis. Studies in *Language and Literature*, 46(1): 31~41.

Pahl, Dennis(2009). "Sounding the Sublime: Poe, Burke, and the (Non)
    Sense of Language" in: *Poe Studies*, 42(1): 41~60.

Pharabod-Ibata, Hélène(2018). "The challenge of the sublime: from
    Burke's Philosophical enquiry to British Romantic art", Manchester:
    Manchester University Press.

Ryan, Vanessa L.(2001). "The physiological sublime: Burke's critique of
    reason" in: *Journal of the History of Ideas*, 62(2): 265~279.

Sarafianos, Aris(2005). "Pain, Labor, and the Sublime: Medical Gymnastics and Burke's Aesthetics" in: *Representations*, 91: 58~0_4.

Shusterman, Richard(2005). "Somaesthetics and Burke's Sublime" in: *British Journal of Aesthetics*, 45(4): 323~341.

Sowell, Debra Hickenlooper(2011). "Romantic Landscapes for Dance: Ballet Narratives and Edmund Burke's Theory of the Sublime" in: *Dance Chronicle*, 34(2): 183~216.

Vandenabeele, Bart(2012). "Beauty, Disinterested Pleasure, and Universal Communicability: Kant's Response to Burke" in: *Kant-Studien; Philosophische Zeitschrift*, 103(2): 207~233.

Vermeir, Koen / Funk Deckard, Michael(eds.; 2012). The Science of Sensibility: Reading Burke's Philosophical Enquiry(International Archives of the History of Ideas, Vol. 206), Dordrecht / Heidelberg / London / New York: Springer.

White, Stephen K.(1994). *Edmund Burke: Modernity, Politics, and Aesthetics, Thousand Oaks*, Calif.: Sage Publications.

Wichelns, Herbert A.(1922). "'Burke's Essay on the Sublime and its Reviewers'" in: *Journal of English and Germanic Philology*, 21(4): 645~661.

찾아보기

찾아보기

에드먼드 버크(Edmund Burke; 1729~97)

버크는 1729년 1월 12일 아일랜드 더블린에서 태어났다. 더블린의 트리니티 칼리지에서 수학했다. 1750년 런던으로 옮겨 온 버크는 1765년 의회 내의 자유주의자를 중심으로 한 휘그당의 지도자 로킹엄의 비서로 정계에 진출하였으며, 1766년 하원의원이 되었다. 버크는 영국왕 조지 3세의 독재와 미국 식민지에 대한 과세에 반대하고 미국 혁명을 지원했지만 동시에 프랑스 혁명에 강력히 반발한 것으로 잘 알려져 있다. 프랑스 혁명에 대한 분명한 태도로 그는 찰스 제임스 폭스가 이끈 휘그당 내의 혁명 옹호세력에 반대하는 보수주의자 그룹의 지도자로 손꼽힌다. 또 인도 통치에 관해서는 당시 벵골 총독 헤이스팅스를 탄핵했다. 1790년 『프랑스혁명에 대한 성찰』을 써서 혁명의 과격화를 경고했다. 웅변가로서 정의와 자유를 고취하였으며, 영국 보수주의의 대표적 이론가로서 명성을 떨쳤다. 하지만 오늘날 버크는 보수주의 정치사상가보다는 미학 이론가로서 더 높은 평가를 받고 있다. 그의 유일한 미학 저술인 『숭고와 아름다움의 관념의 기원에 대한 철학적 탐구』는 서양의 미학사 전체를 통틀어서도 고전 중의 고전으로 손꼽힌다. 고대의 롱기누스의 『숭고론』 이후 미학사에서 크게 다루어지지 않았던 숭고를 수면 위로 끌어올려 아름다움과 구분해 논의함으로써, 칸트의 『판단력비판』에 큰 영향을 미친 이 책은 아름다움과 숭고에 관한 경험론적·심리학적 저술 가운데 가장 탁월한 작업으로 평가받는다.

김동훈 옮김

서울대학교 법과대학 사법학과, 총신대학교 신학대학원 신학과, 서울대학교 인문대학 미학과를 거쳐 독일 브레멘 대학교 인문대학 철학과에서 '근대의 주체 개념에 대한 하이데거의 비판'에 관한 연구로 박사학위를 받았다. 독일 유학 시절 브레멘 주정부가 시행하는 희랍어 검정시험(Graecum)과 라틴어 검정시험(Großes Latinum)에 합격했다. 또한 에라스무스 교환학생 프로그램 장학생으로 프랑스 파리 소르본 대학 철학과에서 수학하였다. 유학을 마치고 귀국한 후에는 2003년부터 서울대학교, 홍익대학교, 한국예술종합학교 등에서 미학 강의를 해왔다.

　　서구 사상사 전반에 걸쳐 수행된 예술에 대한 철학적 성찰에 관심을 가지고 연구해왔으며, 특히 근대 미학 태동기에 아름다움과 숭고의 개념이 어떻게 구분되었고 그것이 이후의 예술실천에 어떤 영향을 미치게 되었는지, 그 이전에는 존재하지 않았던 예술이라는 용어가 어떻게 고안되고 체계적으로 연구되었는지를 지속적으로 고찰해왔다.

　　노숙인들이 예술 작품 감상과 토론을 통해 존재와 삶의 의미를 성찰함으로써 자존감을 회복하고 다시 일어설 수 있도록 돕고자 2007년부터 노숙인을 위한 인문학 과정 성프란시스대학 예술사 담당 교수로 재직하고 있다.

　　저서로는 『행복한 시지푸스의 사색: 하이데거 존재론과 예술철학』이 있으며, 『숭고와 아름다움의 관념의 기원에 대한 철학적 탐구』, 『독일 음악미학』, 『헤겔의 눈물』 등 영어, 독일어, 프랑스어 철학서를 한국어로 옮기는 작업 또한 꾸준히 해왔다.

숭고와 아름다움의 관념의
기원에 대한 철학적 탐구

에드먼드 버크 지음
김동훈 옮김

초판 1쇄 발행 2006년 7월 10일
개정판 1쇄 발행 2019년 7월 19일
개정판 2쇄 발행 2021년 10월 20일

발행처   도서출판 마티
출판등록   2005년 4월 13일
등록번호   제2005-22호
발행인   정희경
편집장   박정현
편집   서성진, 전은재
디자인   오새날

주소   서울시 마포구 잔다리로 127-1,
            레이즈빌딩 8층 (03997)
전화   02. 333. 3110
팩스   02. 333. 3169
이메일   matibook@naver.com
홈페이지   matibooks.com
인스타그램 matibook
트위터   twitter.com/matibook
페이스북   facebook.com/matibooks

ISBN 979-11-86000-89-2 (93160)

표지와 표제지에 사용한 서체는
옵티크(Optique) Bold, Regular Display입니다.